凱大熊——著
盧靜、劉維人——譯

異國 兩制

從香港民族主義
到香港獨立

TWO SYSTEMS, TWO COUNTRIES:
A Nationalist Guide to Hong Kong

目次 Contents

誌謝

這世上大概沒幾本書會讓相關人士因為誌謝頁沒列出自己的名字而欣慰不已，本書大概就是其中之一。接下來，這裡的名字將能少則少。

如今香港的政治局勢讓我不能感謝那裡的任何人，而且即便可以，這些人在研究過程中對我的體貼、忍耐、善意依然無法用任何文字述盡。因此，我將本書獻給每一位曾為香港設想更美好未來的人，無論你心中的未來是什麼模樣。同時我也希望，這本書真的寫出了你們其中一些人的想像。

當然，雖然我不能感謝個人，但還是可以感謝贊助單位。本書的撰寫計畫一開始由澳洲麥考瑞大學（Macquarie University）新進職員補助金贊助，之後的研究經費則感謝蔣經國國際學術交流基金會的研究補助（RG-010-P-17），以及澳大利亞研究委員會（Australian Research Council）的研究新星獎（Discovery Early Career Researcher Award，DE190101210）。

第三章的內容有一部分改寫自之前發表在《香港研究》（2, no. 1 [2019]）的

〈Seeing (Exactly) Like a State: Knowledge/Power in the Beijing-Hong Kong Relationship〉（2, no. 1 [2019]）。感謝這份精彩的全新期刊接受我的稿件，也感謝他們讓我引用該文並改寫進這本書中。

感謝蒙納許大學（Monash University）的語言、文學與文化學院（School of Languages, Literatures, Cultures, and Linguistics）以及中國研究中心（Chinese Studies program）的諸位同儕。他們在我離開墨爾本前往香港的那一段長長的日子中，給予我極大的包容與無盡的支持，並在我過去兩年寫書時繼續給予接納。幾年前我跟家博（Bruce Jacobs）在晚餐時聊到了本書的初期大綱，如今家博已逝，我希望他在天之靈會喜歡最後的成果。

打從最初的寫書企劃與審查，到之後的修改、編輯、出版，加州大學出版社（University of California Press）都是很棒的夥伴。感謝你們在過程中的耐心和支持，也要感謝出版社每位同仁每天盡心盡力把諸多作者的成書願景化為現實。

另外，我必須感謝香港《蘋果日報》。感謝你們讓我能在二〇二〇至二一年與讀者分享想法，本書提到的許多觀點都來自這每週練習中的不斷淬鍊。二〇二一年六月，香港非法關閉《蘋果日報》，恣意拘留多名編輯與高層，敗壞了祖宗給這座偉大城市留下的名聲。

另一方面，我也一定要感謝備受推崇的《文匯報》諸多同仁，多年來亦步亦趨地關注我的研究，並不遺餘力地廣為散播。

最後，我要感謝我在澳洲與美國的家人，感謝我的爺奶、爸媽、叔姨、姊妹、甥侄。對我而言，香港這兩個字最早是爺爺奶奶幾十年前去過的地方，雖然他們在本書出版時早已去世，但我想他們應該會喜歡。我的爸媽總是無盡地給我支持，一直鼓勵我追求心中的理想，即便我因此被中國官媒跟蹤。我也要感謝最好的朋友Leaf，她在這本書的冒險過程中給與我的各種愛與支持，我們今後也要繼續一起彼此陪伴。我想我兒子Teddy大概不會再記得香港了，對他來說，香港大概只剩下香港公園旁邊的幾家玩具店和公園裡的猴子，但我還是希望有生之年能夠和他一起再次踏上香港的土地。

二〇二一年十一月，於墨爾本

引言

初生的民族想像

從前談到香港未來在政治上會走向何方時，每個人各有不同主張，但所有人都同意香港不可能獨立建國。在二〇一一年以後，香港獨立雖然依舊不太可能成真，但這個曾經是禁忌的想法卻逐漸進入主流的政治討論。從一九九七年開始，香港就被中華人民共和國納入統轄，而統治中國的共產黨絕不會允許這座城市獨立出去。況且香港也沒有自己的軍隊，連食物和水源都必須依賴中國，這讓獨立建國更顯縹緲。

就連縹緲一詞都不足以描述香港獨立的難處，因為光是這個想法本身就威脅著東方明珠的自由。自一九九七年開始，中國便以「一國兩制」的原則統治香港，允許這個特別行政區享有高度自治以及言論自由、出版自由、集會自由等權利，這些都是中國其他地方所不存在的自由。然而，中國共產黨對於違背國家統一的行為非常敏感、絕不寬貸。因為共產黨的統治正當性是以國家統一的敘事為基礎，強調英國從一八四二年開始殖民香港，直到一九九七年才正式結束統治，將這座城市的主權移交給中國；上百年的列強侵侮終於結束，中國人終於站了起來。利用香港寶貴的自由宣揚脫離中國是非常不切實際的想法，注定一無所獲，只會引起北京的忌憚，並讓中央政府有絕佳的藉口進一步緊扼這座城市的咽喉。

然而，如果上面這些假設都錯了呢？如果香港獨立並不是瘋狂的妄想，而是人們反省過去二十年來香港政治發展所得到的結論呢？如果投入「香港獨立運動」的理論家和社運人士，並不是高舉著某種注定失敗的怪奇理念，而是超越過往的主流論調，在繁茂的討論中探索這座城市的未來呢？而且，如果這些理論家和社運人士其實比中央更了解中央呢？

本書是一份挑戰狀，要求各位讀者認真看待香港獨立這個經常被輕視的主張。但本書絕不只是挑戰狀，正如香港的理論家和社運人士絕對不只把獨立當成是對中央政府的挑釁。我當初會被香港獨立吸引，是因為這份在二〇一一年崛起的理念讓我有機會直接觀察民族認同怎麼形成，這對於研究族群和民族認同理論的人來說實在是難得的良機。而我最一開始研究的課題是，為什麼人們在十幾年前還難以啟齒談論的「香港民族」會在這個時間點躍上檯面？我花了將近十年探索這個問題的答案，並在二〇一六年開始接觸鼓吹獨立的社運人士，進行田野調查，花了許多時間研究我一度覺得完全不切實際因而不屑一顧的想法和理論。在這段日子裡，我發現從我對香港民族主義的研究固然可以發展出一個討論族群的意義，或是討論民族主義的學術理論，但更重要的是，這些研究資料本身就匯集了各種創見，甚至是新穎的理論，足以顛覆我們對香港歷史、香港認同、港中關係，乃至於香港未來發展方向的認知。[1]因此，除了分析香港的民族想像、了解民族認同是如何形成的，本書也會介紹幾個主要的香港民族主義流派，讓讀者看見獨立運動人士眼中的世界，理解他們對香港和中國研究有何意義。

所以說，本書雖然是一份挑戰狀，但也沒有那麼挑釁。在香港複雜的政治環境下，知識份子和社運人士花了十多年的時間進行過各種細緻的討論，提出過各種理論，這些豐富多元的思考都值得我們細心了解。香港獨立很容易被當成是不切實際的理想，既然如此，為什麼仍有越來越多人對這看似不切實際的理想懷抱熱望？這個問題不僅有趣，也確實值得我們了解，而答案或許會完全改變我們對香港政治樣貌的認知。

從「一國兩制」到「異國兩制」

一九九七年七月一日，經歷了一個半世紀的英國統治後，香港殖民地的主權轉移到中華人民共和國手中，成為香港特別行政區。在六月三十日的交接儀式上，中共主席江澤民說：「值此莊嚴的時刻，我向回到祖國懷抱的六百多萬香港同胞，表示親切問候和良好祝願！」[2]

時間來到二〇一七年的同一天，上百人聚集在香港浸會大學的校園裡舉行著一場氣氛迴異的活動，他們來此是為了哀悼香港在二十年前落入中國統治。香港民族黨召集人陳浩天站在寫著「中國殖民廿載，香港終必重光」的大字報前，帶領著群眾高喊「我們不是中國人」、「我們是香港人」和「香港獨立」等口號。

二十年前沒有人想得到這一幕。一九九七年的移交是以中英雙方在一九八〇年代討論出的「一國兩制」原則為前提，但由於兩國的協議從未諮詢香港人民的意見，一國兩制原則在一九九七年以前就飽受質疑，一九八九年後的中國政治愈發獨裁，[3]也讓這種擔憂顯得更加合乎情理，人人都懷疑北京會不會信守承諾，讓香港保有《中英聯合聲明》和《香港特別行政區基本法》中承諾的自由？[4]儘管有這些擔憂，一九九七年實施的一國兩制似乎真的保存了不少香港獨有的政治制度、法律體系、公民權利和出版自由，一方面將這座城市納入中國，另一方面又讓其留有原本的特色。看到一國兩制成功限制北京的干涉，又維持了實質的自治，香港人開始相信這十年來對於「香港淪陷」的悲觀預測只不過是誇張的危言聳聽。

只是隨著時間推移，政治、法律、媒體和社會制度相對開放的香港開始不斷和中國高壓的政治文化產生拉扯，當初的悲觀預測如今反顯得過度樂觀。二〇〇三年，港府推出了國安法草案，該法條威脅到香港的言論、新聞、結社自由與法治，讓五十萬人走上街頭反對該草案，這還是香港開埠以來頭一遭。[5]二〇一一與一二年，又有一群學生發起行動，抗議政府要對香港幼童推行愛國教育，灌輸具有中國特色的狹隘意識形態。[6]二〇一四年，經過了數十年延宕，《基本法》保障的普選權終於實施，但前所未有突如其來的「占領中環」行動讓整個市中心癱瘓了七十九天。[7]

在政治張力不斷加劇的局勢下，嶺南大學學者陳雲在二〇一一年花了許多力氣將自己的文章修訂出版為《香港城邦論》一書。[8] 陳雲的文章裡談到，香港一直被人們想成是屬於英國的殖民地，或是屬於中國的特別行政區，但這些標籤都沒有準確捕捉到這座城市的歷史經驗和現有文化。陳雲提出，香港其實是一個城邦國家。這個說法乍聽之下平平無奇，也不大可能徹底改變香港政治的面貌。但陳雲提出城邦論的目的，是為了借用歐洲的城邦傳統，為整座城市和人民勾勒出不同於中國的獨特文化。這種區別可以讓人們在討論香港的未來時，不再認為香港必然成為中國的一部分，開始著眼於「香港」這個政治體。陳雲的做法為這座城市對政治的思索帶來了真正的典範轉移：香港人對香港未來的想像逐漸超越了「一國兩制」這個折翼的理想。

從陳雲出版《香港城邦論》開始，這個羽翼初豐的民族想像就在香港政治和文化上留下了不可磨滅的爪印，各種觀點、出版品、抗議運動、政黨和殺雞儆猴的政治清洗，都隨著它的振翅四處飛揚。各所大學的學生紛紛編寫特刊，利用最新穎的後殖民理論和最前線的國際法研究，提出「香港人」是個擁有正當自決權的民族[9]。新聞網站和線上談話節目也紛紛串連起來推廣港獨理念，扭轉了人們對這座城市裡每個生活片刻的思考和討論。在政治領域上，香港民族黨也公開提出「建立香港共和國」這個目標，提倡用任何必要的手段抵抗殖民統治。有關香港獨立的學術和大眾著作也迅速增加，爬上每一間書店的書架，帶著人們回顧這座城市的獨特歷史遙望其獨特的未來。甚至還出現了一個相對邊緣的訴求，也就是主張香港根據國際法應該回歸英國。儘管政治願景多采多姿，但每個香港民族主義者都清楚意識到一國兩制已經失敗，他們需要想像「異國兩制」的可能性。

這些發展帶出了兩大類亟需探討的問題，而本書正是為了這些問題而寫。第一類問題是針對香港以及這座城市在中國統治下的政治和文化困境：我想知道我們該如何解釋，為什麼從一九九七年以來，特別是從二〇一一年以後，香港的身分認同和政治局勢會劇烈轉變？為什麼香港民族主義這個曾經是禁忌的想法會在此時崛起？「香港民族」這個一度不見天日的概念在香港民族主義者眼中有什麼意義？而他們對這座城市提出的種種觀點又是如何普遍流行的？中央政府又如何回應這些發展？最後，這些討論對香港政治前景以及跟中國的關係又會有什麼影響？

第二類問題則是從更廣、更大、更人類學的角度來思考新的民族認同（ethnic-national identity）如何形成。我想知道社運人士是如何想像和實踐「香港民族」這個新的身分認同？從這個正在建構中的民族認同之中，我們能否發掘民族認同建構的基本過程？從這些積極重塑民族想像的思想家身上，我們又能對港中關係有怎樣的新理解？

在本書中，我會試著基於這十年來的研究回答這些問題。從二〇一一年《香港城邦論》問世開始，我就一直在追蹤香港民族主義的討論，有時甚至會跳下去參與，直到中國在二〇二〇年試圖用《國安法》將這些討論消音。這十年雖然短暫，卻非常充實，新知識與舊權力在一連串出乎意料的發展中激烈對抗，改變了這座有七百萬人居住的城市，無論政治、文化還是社會運動都徹底換了一副模樣。

同時，所有曾經參與這場對話、開口討論過香港獨立的人，生命也都徹底改變了，包括我也一樣。

中國監視與本書行文

注意到她是一時的無心之舉。那天是個溫暖的十二月早晨，港鐵車廂的窗戶透著陽光閃耀，列車上了地面，前往大嶼山北邊的東涌。當時我還不知道我整路都會跟她待在一起。

當時我站在車廂裡東張西望，對上了她的目光，她立刻低下頭看手機。幾分鐘後，我再次打量車廂，我們的目光再度交會。我覺得很奇怪。她顯然在看我，沒有看向其他人，但我不知道她為什麼要這麼做。老實說，直到現在我仍然不知道她是否有意讓我注意到她。

我身上那件印著「我愛夏威夷」的T恤緊緊包著我微凸的肚子，和腳上老舊卡駱馳涼鞋很搭，所以我確定她盯著我看絕不是因為我很性感。我注意到她穿著一件牛津大學的運動服。七年前我曾在牛津的一場研討會上發表論文，討論香港的國民教育中心，或許她那時候有見過我？還是她讀過我的香港研究，然後碰巧認出了我？但這應該不太可能。這麼想有點自戀，而我平常也不會想到這些。不過平常也不會有人這樣無緣無故盯著我看，偏偏站在車廂裡又沒有什麼事情好做，於是我思考著每一種可能性，但都不太可能。沒錯，我們的目光交會只不過是巧合。

終於，車子到了東涌。我來這裡的目的很單純，只是想了解一下這附近大致的氛圍。自從附近的港澳大橋於幾個星期前通車以來，中國旅行團就常在這裡跟當地人起衝突。[10]我沒有特別安排要跟誰見面，只打算沿路隨便找人聊聊，所以大概不會碰到什麼新鮮事。不過下星期就要忙起來了，所以這樣也不錯。

我穿過東薈城名店倉，走廊上到處都是從中國來買東西的人。他們在地上打開行李箱，把到手的戰利品一件件往裡頭塞，打算走私過關。我正猜想這些突然湧進的遊客也許會讓當地居民不堪其擾……接著我一轉身，居然又看到那個穿著牛津大學運動服的女生。我開始覺得不對勁了。

繞了大概半小時以後，我到地下室去上洗手間。走出廁所時，我發現那個女生又出現在洗手間外的等候區。我無法再把這當成普通的巧合，只是腦海中想到的各種解釋依舊不太說得通。當我踏上電扶梯準備前往一樓時，發現她也跟了過來。這次我一下電扶梯，就站在樓梯口旁拿出iPhone準備拍照。但她一看到我拿手機就轉了過去，用後腦勺對著我。我被弄得一頭霧水，最後一張照片也沒拍。而她一下電扶梯也很明顯在閃躲我的目光，匆匆穿過了商場中的人潮。

從那刻起，我在東涌度過了人生中最莫名其妙的一個小時。我走向商場另一頭，打算前往外面的廣場，卻發現她又跟了過來。我再次舉起手機拍照，而她也再次轉頭離開。我往前面的兩個警察走去，想告訴他們我碰到什麼事情，但老實說，我不知道跟蹤我的到底是誰，也不知道該怎麼跟警察解釋這種困擾。畢竟我自己也還在思考，沒辦法有條理地描述整個情況。當我來到商場北邊的昂坪360纜車時，我發現她又跟了過來。於是我決定走過去，搞清楚她到底在幹嘛，此時她卻突然被另一名年長的女士帶走了。

我爬上纜車站的樓梯，看著兩名跟蹤者在下面的公車站等我回頭，腦袋裡想著是誰在跟蹤我、她們為什麼要這麼做之類的問題。我知道我今天做不了事情了，只好放棄計畫走回地鐵站，坐下看著列車一班班開來開去，確認有沒有人在跟我一起等。當我一覺得跟蹤的人已經離開，我就立刻跳上列車，回到位在九龍的酒店。

在接下來的一週裡，我跟不少人碰面、訪談，在城裡到處散步，偶爾也會感覺好像有人在跟蹤我，但一直不太確定。說實話，隨著時間過去，這種被跟蹤的感覺也變得不太真實。我跟朋友提起這件事情時，他們也露出不明所以的表情，顯然想的跟我差不多。不過就算這樣，我的困惑也沒有減少。到底那天在東涌是不是我自己想太多？

十天後，我搭乘夜間航班回到雪梨，本來打算先在家裡打個盹，下午再去接兒子下課。這時我看了一眼手機，發現一封朋友傳來的訊息，寫著「你出名了」，下面附了一張《文匯報》的頭版截圖。這份香港中聯辦的宣傳刊物上刊出了好幾張我在香港的照片，並搭配「澳洲獨人授港獨經」的標題，副標題則寫著「凱大熊多次來港，與陳浩天稔熟，學獨聯陳家駒聽講座」。內文詳細介紹了我在香港的行程，中間還離奇地提到我在二〇一八年十二月十一日星期二的下午，在兩次會議間回到酒店換衣服。我不知道有沒有人好奇是怎麼回事，但我只是汗流太多而已。二〇一八年的香港面臨那麼多挑戰，而中國官方卻選擇將精力用在追蹤我的一舉一動還有換衣服上。

監視的功能之一當然是了解目標和誰碰面、做了什麼事，但我很懷疑中國能從我這挖到什麼有價值的情報。我研究的重心以及我跟香港獨立倡議者的交情都不是什麼祕密，雖然我到現在才知道自己被人監視，但我和他們碰面時討論的任何內容都算不上機密。不過監視還有一個更陰險的功能，就是影響目標的思緒，讓人思考那些永遠沒有答案的問題。當我看到《文匯報》的頭版報導證實了我曾被人跟監，我便不自覺地進一步追問，這種監視究竟有什麼目的？跟蹤我的人是想祕密行事卻失敗了？還是他們根本就希望我注意到？如果是這樣，又是為什麼？為什麼我有時候很明顯感覺到被人跟蹤，有時候又沒有感覺？還是說其實我每天都被人跟蹤，只是沒有發現？

這次監視大幅改變了我對香港的感受與認識，也讓我在最後一刻決定改變本書討論香港的方式。各位只要讀下去，就會相信我沒有在自我審查，畢竟這本書討論的是香港政治中最敏感的話題：獨立。我並不擔心自己，因為我早就不指望能再去中國了，而且自從香港國安法實施以後，我對於再次前往香港一事基本上也是持同樣的態度。我擔心的是在研究期間跟我合作的香港民族主義倡議者。身為人類學家，我的研究都奠基於跟他們來往時的對話討論。然而，考慮到我的研究至少從二〇一七年七月開始就遭到監控，再加上香港國安法在二〇二〇年六月強行通過，我不得不調整敘說故事的方法。

在目前的政治和法律情勢下，就算我在書中匿名處理私人對話，仍舊有很高的風險。當局可能會利用我發表的內容迫害那些處境已經很艱難的人，根據《國安法》，光是言論罪就可能被判處終身監禁。考慮到該法的條文和執法方式都刻意設計得模稜兩可，我也無法知道有哪幾次對談曾被人監視，而且有些言論只要登上我這種「反華勢力」的作品，中國就能揪出是什麼時候、在哪裡說的，並在政治迫害中拿來當作證據。我不希望本書淪為迫害的工具，但也不希望放棄這些對談中聽到的重要觀點，因此我決定修改行文方式，拿掉原本看似安全、但實際上可能受到監視的對話，改成分析公開發表的書面文本或聲明，因為這些文本或聲明的內涵都跟原本的對話很接近。舉例來說，我曾多次和人討論到用武力爭取獨立的可能性，而我在本書選擇分析香港民族黨刊物《眾議》上一篇相關的公開文章，因為這篇文章有很多觀點和我在之前談話中聽到的觀點一致。

基於同樣的原因，我也沒有在書中放上我在香港時拍攝的照片。經歷了過去幾年深入、充實的田野調查，我非常在乎這座城市的一切，也正是因為這份心情，讓我在公開分享這些經歷時不得不萬分謹慎。

《國家安全法》在二〇二〇年六月強行實施，支持香港獨立的凶險也更勝往昔；正因如此，我才必須盡快將香港長年以來的奮鬥告訴世人。因此，我選擇了一種既能如實講述香港獨立議題中的殘酷，又能兼顧道德責任的敘事策略。身在香港的朋友可以放心，中國當局不可能將本書當成政治迫害的證據，因為我在本書中使用的所有資料都早已公開刊登在其他出版品上。此外，不管是我的香港朋友還是各位讀者都可以放心，儘管當年林培瑞（Eugene Perry Link）筆下那條「吊燈上的巨蟒」①已經長成吞象的巨妖，

① 譯注：二〇〇二年哥倫比亞大學漢學家林培瑞（Eugene Perry Link）發表的〈吊燈上的蟒蛇〉（The Anaconda in the Chandelier）一文，將中國的審查制度比做一條蟒蛇，沉默地威脅著每個人注意自己的一舉一動。此處沿著這個比喻做了延伸翻譯。

將牠的陰影伸向中國的國境之外，但我可沒有膽小到會因此自我審查。你會看到我毫不保留地講述真相，講述我在多年討論中觀察、了解到的一切。

我想，在本書即將付梓之際，我卻不得不為了這些考量而大幅修改書稿，大概也證明了本書中提到的人物和思想都頗富遠見。無論是香港獨立運動人士的預言，還是我自己的親身經驗，都告訴我在一國兩制底下，香港絕不可能繼續保有自由。如今，他們預言的一切確實成真了。

本書架構

本書的三大章節分別了討論三個主題：（一）香港民族主義思想的源流，（二）香港民族主義的流派，以及（三）中央政府對這些發展的反應。

在第一章〈民族源始〉中，我會先分析為什麼一九九七年香港主權移交給中國後，會有越來越多人不再認同自己是中國人，轉而接受香港民族的願景。我會從四個不同的理論來分析和解釋這個現象，最後討論到香港民族如何從政治情感和邏輯批判的交匯之處誕生。隨著中央政府越來越明目張膽地干涉香港事務，人們顯然已經無法再忍受北京步步進逼，才會邁開腳步跨過中央劃下的一道道紅線，以更凶悍的姿態將香港人描繪成一支有別於中國人的新民族。然而，香港民族主義並不只有抵抗中央的干涉，更不斷批判一國兩制，扯開「接受中國統治也有前途」的太平幻景。也就是說，香港民族不只是一個「想像的共同體」（imagined community），還是一個「富有想像力的共同體」（imaginative community），在這座政治前景日漸烏暗的城市中尋找、開鑿著縫隙，讓光能照射進來。

第二章〈異國，兩制：二〇一一年後香港政治思想的新方向〉則進一步探討了這些縫隙。根據我多年來和獨立運動人士的討論，還有他們的主要著作，我整理出英語世界第一份完整介紹香港民族主義流派的文本，這四個流派分別是：城邦派、自決派、獨立派和歸英派。陳雲在二〇一一年出版的《香港城邦論》中，提出香港是一個具有獨特文化的城邦。他新穎的主張徹底扭轉了人們的認知，許多人都是由這本書出發，開始探尋香港的政治與身分認同，並在過去十年間遠遠超越了陳雲一開始的願景。例如自決派就將香港的政治處境放入國際法框架，提出香港人民具有明顯特殊的獨特地位，並主張要舉辦自決公投來解決目前的政治困境。相比之下，獨立派則認為面對一個拒絕遵從國際法的強權，妥協毫無意義，所以他們提倡要打造一個反殖民社群，利用任何必要的手段抵抗中國統治。而回歸派則提出了一個看似矛盾的主張：以再殖民（recolonization）達成去殖民（decolonization）。他們認為中國既然再三違反《中英聯合聲明》，那香港的主權理當重新歸還英國。這一章呈現的是在香港民族主義的大義下，仍然存在著豐富、分歧的見解與倡議。香港民族主義並沒有定於一尊，而是眾人在醒悟一國兩制已然失敗後不斷進行的一連串對話。

在第三，也是最後一章〈宛若國度：港中關係的知識／權力〉裡，我分析了北京對這些知識和政治發展的反應。我首先深入研究了中國官方學術研究對香港民族主義的論述，接著借用了愛德華・薩依德（Edward Said）在《東方主義》（*Orientalism*）中提出的知識／權力框架，進一步發展並將其套用在一個新的殖民關係，也就是北京對香港的統治上。藉著分析「被寵壞的孩子」、「歇斯底里的可憐人」、「法外狂徒」、「病毒」這四個中國官方學術中最主要的比喻，我們可以看見國家機器如何在敘事中重複這些意象，將香港批為不成熟、不理性的存在，需要中國的協助才能恢復正常和健康。每次分析完香港反抗中央控制的方式後，北京政府就會更確信唯一的解方就是進一步「加強中央控制」，然後繼續撞牆，試著從造成當前緊張局勢的政策裡找出解決方案。而每當北京出手打壓香港這十年來從探討民族主義所獲得的知識，就會讓局勢進一步惡化，也讓香港的政治前景愈發混沌。同時，北京的政策也不斷為香港民族主義的主張提供難以忽視的明證。我們可以從這個過程中發現，知識和權力並非一體，而是存在於殖民主義對立的兩面，在殖民者與被殖民者不斷升級的衝突中相互滋養，沒有辦法一刀兩斷。

在最後的結論中，我回顧了最近在港中衝突中發生的一連串事件，從二〇一九年的反《送中條例》抗爭，到北京在二〇二〇年強硬實施《國家安全法》這個前所未有的決定。從這些發展可以看出，關於香港民族主義的討論已經深深影響了這座城市的政治與身分認同，無論北京再怎麼努力也無法抹滅。而這些討論與分析，對於我們理解港中關係也有著不可忽視的價值。

第一章

民族源始

二〇一七年六月三十日，數百人從香港各地來到浸會大學九龍塘校區的一個小角落，記念香港主權移交給中華人民共和國的二十週年。但是跟二十年前的慶祝活動，以及再過十二小時就要在維多利亞港舉行的盛大典禮不一樣，這些人來到此地並不是為了慶祝，而是要哀悼一九九七年的移交。

這場活動濃縮了香港過去二十年來的變化。香港民族黨的陳浩天聯合全港各大學的學生會共同組織了這次活動，他明快地總結了香港人的改變：「我哋就係唔同意過往的一套思想，唔同意過往的一套手法。比如，我哋唔認同建設民主中國。我哋唔認為我哋係中國人，我哋係香港人。我哋唔覺得我哋要繼續一國兩制呢個框架。」②陳浩天毫不掩飾人們停止認同中國，遠離中國的政治事務，將心思放回香港這塊土地上。這些想法非常新鮮，在幾年以前根本還無法想像。香港在一九九七年回歸中國時，十八到二十九歲的年輕人中還有三十一．六%認為自己是「廣義上的中國人」，亦即認同自己是中國人，但不見得認同中華人民共和國。到了二〇一七年，這個數字已經遽降到只剩三．一%。[1]民意調查也顯示，有越來越多人支持獨立的理念。一項二〇一六年的民調指出，十五到二十四歲之間的受訪者中有四十%支持最近才冒出頭的香港獨立理念。[2]諷刺的是，自從移交過後，「廣義上的中國人」在香港迅速轉變為小眾認同，反倒是一度被視為禁忌的港獨理念引起越來越多香港人的共鳴。

香港回歸中國的二十週年原本應該值得好好慶祝一番。就連中國國家主席習近平都在這天租下了緊鄰維多利亞港的萬麗酒店，計劃在隔天發表勝利演說；然而，不管習近平再怎麼吹噓一國兩制的成功，現在會買單的人已經不多了。與此同時，身在浸會大學的陳浩天繼續說道：「今晚，我哋有個好重要嘅信息要畀全世界聽。七月一號唔係一個值得慶祝嘅日子。七月一號係我們香港淪陷嘅日子。二十年前，七月一號，我哋香港被一個文明嘅政權，英國，搞到一個殘暴嘅政權，中國共產黨，嘅手上。係我哋香港淪陷嘅開始。」③就像是要證明陳浩天的論點一樣，香港政府對這次集會百般刁難。活動原訂要在尖沙咀的鐘樓廣場舉行，正對著習近平下榻的萬麗酒店和隔天官方慶祝活動的香港會議展覽中心。然而，鐘樓廣場卻正好因為「維修」而封鎖，而且沒有人知道到底是在「維修」什麼。眾人只好移師尖東重新布置活動，卻又收到逮捕威脅，最終只好在浸會大學一個偏僻、遠離城市地標的角落容身。這場行動中的矛盾恰恰反映了「一國兩制」

②譯注：我們就是不同意過往的那套思想，不同意過往的那套做法。比如，我們不認同建設民主中國。我們不認為我們是中國人，我們是香港人。我們不覺得我們要維持一國兩制這個框架。

③譯注：今晚，我們有個重要的訊息要讓全世界聽到：七月一號不是值得慶祝的日子，七月一號是我們香港淪陷的日子。二十年前，七月一號，我們香港被一個文明的政權，英國，交到一個殘暴的政權，中國共產黨，的手上。這就是我們香港淪陷的開始。

的本質：它必須剝奪當初承諾的言論和集會自由，才能遠離批評、如常運轉。

我和其他準備發言的學生會代表們坐在一起，看著結束演說的陳浩天帶領人們高呼口號。他們用廣東話和英語高喊著「香港獨立」、「我們不是中國人」、「反對中國殖民」。我的目光慢慢飄向舞台的赭紅色背景上，看著上面寫的「中國殖民廿載，香港終必重光」，我開始思考一切是怎麼走到這一步的。十年之前，沒有人會相信在二〇一七年會有個政黨舉辦集會悼念香港移交並主張獨立，放到二十年以前就更不用提了。人們曾相信一國兩制會是「香港問題」的解方，同時也將會是解決「臺灣問題」方向；諷刺的是，它卻開闢了一條徹底背反的政治想像路線：有越來越多生活在一國兩制下的香港人民渴望像臺灣一樣，脫離中國建立一個獨立、自由的國家。

這到底是怎麼發生的？為什麼在這個時刻會有越來越多人被「不同於中國的香港民族」這個想法凝聚起來？親眼觀察這個過程又能讓我們對民族認同的形成有什麼新理解？本章會探討四個關於香港民族想像如何湧現的理論架構，探尋香港特別行政區神話背後的政治情感和邏輯批判，如何催生出「香港民族」這個認同。

一：從精神病學看認同

第一本關於香港獨立的英文書籍是章小杉和祝捷的《香港排外主義批判》（*Critique*

of Hong Kong Nativism），於二〇一九年由施普林格（Springer）出版。[3] 章、祝兩人都是受僱於中國全國港澳研究會的成員，這是中國國務院港澳事務辦公室下屬的官方學術組織。關於這個組織，我在第三章會進一步討論，此處暫且不表。根據他們官方網站上的介紹，該協會的宗旨是在其三個專業（政治與法律、經濟、社會與行政）上「統籌、協調『一國兩制』理論與實踐研究」。[4] 這兩人都是法律學者，他們的研究重點是香港族群意識的興起背景，還有伴隨而來的香港民族主義願景。換句話說，他們的著眼之處和我大致相同，都是研究為什麼香港民族主義會在這個時刻崛起，以及它對港中關係又會有什麼影響。

然而，祝捷和章小杉對這些問題的看法與我的觀點截然不同：簡而言之，他們認為香港民族主義是這座城市和祖國之間不正常關係的病態產物，絕無可能成真，只會帶著香港走向不可逆轉的自我毀滅。

兩人從歷史角度分析香港民族主義的發展，將香港歷史分為三個階段：（一）一八四二年到一九四九年，邊界模糊，港中雙方交流頻繁；（二）一九四九到七〇年代末，邊界封閉，差異日漸明顯，以及（三）一九八〇年代至今，上下尊卑錯亂且嚴重病態化。他們的理論框架背後有著嚴重的大中國中心論，每個階段都只看見香港和中國的關係而忽略了其他的因素，並且特別強調雙方關係是否吻合作者擅自假設的大中華統一進程。[5]

在一八四二年香港殖民地成立到一九四九年共產黨接管中國之間的第一階段裡，兩人筆下的港中邊界大致上是開放的，人口與貨物不斷來來去去。[6]他們主張，這樣的流動性與開放性不只展現在跨邊界的移動上，也展現在族群認同上。根據章、祝兩人的說法，當時很多人雖然已經長居香港，卻仍然沒有把這座城市當作久居的家園，而是當成一座避風港，讓他們能夠遠離十九、二十世紀那一連串顛覆中國政治與社會的動盪。[7]的確，學術界普遍認為在香港開埠的前一百年裡，人們的身分認同十分靈活，所以他們的論點在某種程度上並沒有問題；但另一方面，兩人很明顯也利用了這層共識，忽略掉鄉土籍貫等民族以外的身分認同，以便套用他們僵化的大中華民族主義來詮釋歷史。

到了毛澤東時代結束前的第二階段，港中邊界變得相對清晰。從一九五〇年代開始，無論是英國殖民政府還是毛澤東政權都開始加強對邊界的管控。[8]章小杉和祝捷特意把重點放在兩地的邊界上，就是想暗示，香港人的身分認同出現變化只是邊界區隔導致的結果，並沒有那麼複雜。事實上，邊界兩端出現相異的文化、社會和身分觀點都是社群形成的自然發展，但是章、祝兩人的寫作目的是要為大一統的中國背書，因此他們必須把這種自然趨勢標記為異常。而在他們看來最不妙的，就是兩個社會之間的上下尊卑在這段時期開始翻轉。一九五〇到七〇年代正是香港崛起成為重要區域經濟中心的時期，「香港人」這個認同亦是在此時萌芽；同一時期的中國仍困在毛澤東幻想的烏托邦裡，不斷在政治動員中重複著自我毀滅與自我複製。經濟和社會的發展讓香港人有了自信，開始為這座城市的「繁榮、效率、廉潔與自由」感到驕傲，因為一跨過邊界就只剩下永無止境的動亂和貧困。[9]章小杉和祝捷認為，這個時期不只讓香港人覺得自己和中國不同，還讓他們覺得自己比中國更優秀，用兩人的話來說，就是「香港沙文主義」。[10]

到了一九七〇年代後的第三階段，這種不正常的沙文主義終於被中國的崛起打破了。一九九七年，香港主權移交到中國手中，名字也變成「中國香港」。而且中國經濟在移交過後一直飛速成長，挑戰了香港作為區域經濟中心的地位。[11]曾經卑下的中國現在不只掌握著香港的主權，經濟成長的光芒也蓋過了東方明珠的光澤。章、祝兩人主張，過去的尊卑反轉讓香港喪失了高人一等的氣派，這座城市的居民因此愈發堅決地拒斥現實：「許多香港居民的心裡和認知都還滯留在一九八〇年代中葉，從未準備好面對一九九七年後的轉變。」[12]也就是說，在兩人的分析下，香港獨立思想的起源只不過是對中國強勢崛起的病態反應。香港居民渴望維持心中高於中國一等的幻想，卻又感覺到這份優越正快速消逝，於是他們轉而發明了香港民族主義。在兩位作者的筆下，這不過是一座城市被時間遺忘之際所發出的絕望怒號。[13]看著香港一天比一天邊緣，港人過去的沙文主義終於扭曲成病態的自我肯定，明知掙扎注定無用，卻仍在中國崛起這股勢不可擋的歷史潮流中，偏執地想要掩埋內心深層的不安。[14]

討論完香港的心病以後，作者們接著開始討論現實問題，並告訴我們：香港獨立不僅病態，也行不通。不過他們採取的論點既不特別新穎也不怎麼有趣，所以我簡單介紹一下就好：首先，香港的生計和整體經濟都依賴中國，不管是食物和水等基本需求，還是經濟成長都一樣。[15]其次，中國永遠不會允許香港獨立，因為這樣就無法像中共宣傳的一樣「超克充滿分裂與屈辱的現代歷史」。[16]最後，香港獨立是非法的，它直接違反《基本法》的第一條：「香港特別行政區是中華人民共和國不可分離的部分。」[17]兩位作者在這裡並不打算提出緻密的論述，而是直接告訴我們香港獨立不僅病態，而且非法、不切實際，本質上就不可能實現。他們主張這種不可能是本質性的，並指出香港獨立的理念必然會產生暴力傾向，試圖藉著不斷升級手段，超越必然的失敗：「為了維持影響力並實現分離的夢想，許多國家的分離主義者都利用街頭暴力、縱火、暗殺、綁架、大屠殺和炸彈襲擊等手法散播恐慌和恐懼。在中國，『新疆獨立』和『西藏獨立』都不被社會接受，因此這些想法都走向了極端主義和恐怖主義。」[18]作者還告訴我們，香港也會走上類似的方向。

章小杉和祝捷警告，絕對不能向這些思潮妥協。中央當局早期的妥協都讓南方不受管束的刁民對中央政府的決心產生了錯誤印象，例如在二〇〇三年撤回《基本法》第二十三條立法，還有在二〇一二年撤回的國民教育計畫：「不幸的是，這種妥協被當作『軟弱』的象徵，導致許多民運人士相信只要『強硬』地動員群眾，北京最後就會讓步。」[19]他們還說：「民間也有一種『大事大吵，小事小吵，會吵的孩子才有糖吃』的心態。」[20]繼續沉溺於這種病態、不切實際的幻想，堅持不可能的目標，最後只會讓香港政治走上死路。因此，中央需要「以香港居民可接受的方式，解釋『香港獨立』有多麼不可行」，「對違反法律的分離主義份子提起訴訟」，並且解決經濟和民生問題，這座城市的居民才不會一直這麼憤怒、這麼絕望。[21]

想靠更多解釋、更多逮捕或更多大型基礎建設讓香港乖乖順從北京，簡直就是大錯特錯。但話說回來，身為中國港澳研究會的御用學者，章、祝兩人的工作本來就不是發展一套獨立的分析來解釋當代政治的動態如何導致香港萌生不同的族群和國家認同，而是攻擊一切有可能讓香港走向自由的政治思潮，並且將北京強化控制的謀算說得像是最好，甚至是唯一的辦法。因此兩人總是有意無意地省略研究過程，沒有闡釋研究方法，沒有提供參考文獻，沒有提出訪問紀錄，甚至沒有提到他們為了研究香港所花費的時間，彷彿「香港獨立」的病態和無謀根本不值得他們認真看待，只需要掛個官方香港專家的身分就足以讓他們比任何香港居民更了解這座城市——畢竟，他們的工作就只是說出腦中一直以來的定見。更荒謬的是，章小杉和祝捷反覆批判香港民族主義的「意識形態」，卻好像完全沒意識到自己的批判從未走出官方意識形態森嚴的限界，反而因為這道限界產生了某種虛假的自信和篤定。

雖然章、祝兩人沒有對香港民族主義的崛起提出什麼可靠分析，但我們仍舊可以從這本書看到各種北京對港中關係的各種誤解和曲解；至於北京是怎麼根據這些錯誤制定香港政策並且搞砸港中關係，我準備留到第三章再來探討。此處我打算先討論兩位作者居高臨下的姿態，以及暗示政府應該加強控制的結論，因為這比他們書中的理論更能解釋香港民族主義的起源與發展動力。

二：對峙的螺旋

章小杉和祝捷宣稱他們從歷史的角度分析了香港民族主義的興起，但他們斷代的方式，卻是把一九八〇年代至今的所有事件全都歸在同一個時代，而這個時代裡唯一的重點就是中國崛起，他們聲稱就是這件事讓香港人嫉妒得失去理智。然而，仔細觀察就會發現獨立的理念在一九八〇年代並不常見，而是到了二〇一〇年代才出現在主流的政治討論裡。因此，儘管章、祝兩人的分析漏洞百出，最大的問題還是他們的歷史架構根本不符合史實。那麼，一九九七年以來的香港究竟發生了什麼事？具體來說，到底是什麼因素導致獨立的意識形態在這時崛起並迅速普及？而章、祝兩人又為什麼百般簡化對近代史的討論，試圖單憑中國崛起來總結過去四十年的歷史？我們很少有機會能親眼觀察並理解民族和國家的概念如何形成，而香港獨立的思潮就是這樣難得的機會。因此我在香港進行田野調查時，一直想要擬出一個架構來了解這座城市的居民是怎麼開始將彼此視為同胞，並產生獨立建國的想法。雖然乍看沒什麼關聯，不過我在跟港獨支持者對談、討論香港移交二十多年來所發生的各種事件時，常常會想起施堅雅（G. William Skinner）和韋愛德（Edwin Winckler）一九六九年合著的〈共產中國農村的順從螺旋：一個循環理論〉（Compliance Succession in Rural Communist China: A Cyclical Theory）一文。[22]

韋愛德和施堅雅在這篇文章裡分析了在毛澤東時代的前二十年（一九四九至六九年）裡，農村地區的社會與政府之間是如何互動的（state-society relation）。儘管那時的社會和政治環境都跟當代香港差距甚大，但兩人分析當時政策變動後提出的「順從螺旋」（compliance cycle）卻遙遙呼應著我對香港這二十年來發展的印象。

在毛澤東時代的中國，政府因為意識形態持續動員社會執行教條化的政治和經濟計畫，試圖實現違背現實的政治信仰，造成了災難性的後果，最終整個社會和政治領袖即便不情願也不得不服從現實，終止動員。相比之下，我在一九九七年後的香港則是看到一個對峙的螺旋（noncompliance cycle）：政府想強迫香港低頭信仰「大中華」的意識形態，卻反而讓香港人感受到雙方的差異，開始抗拒中國施加的一切。但中央政府遇到這些抗拒，非但沒有調整施政方向，反而愈發瘋狂、飢渴地加強控制，於是又引來更強烈的排斥和抵抗。就這樣，隨著中國政府施壓連連，香港公民社會的反彈也一再升級，彼此的敵意反覆交織成了一個對峙的螺旋，將雙方越甩越遠。接下來，我會解釋韋、施兩人理論的主要內容，以及我借用來解釋香港社會時做了哪些調整，並用這個對峙螺旋來解釋章、祝兩人忽略的發展。

順從與對峙的螺旋

韋愛德和施堅雅在這篇僅有二十頁的論文中分析了毛澤東時代的前二十年，發現當時在政府的政策以及共產黨和農村居民之間的互動中，都存在某種宏觀的循環模式，他們稱之為順從螺旋。[23]而順從螺旋又可以分成三個性質各異，卻互相影響的小循環，分別是施政目標循環（goal cycle）、權力模式循環（power cycle）和人民參與循環（involvement cycle）。所謂**施政目標循環**指的是政府高層指定的施政目標，往往在經濟、意識形態（例如「唱紅」）和社會秩序（亦即現在說的「維穩」）之間循環。[24]**權力模式循環**是指政府運用權力動員平民執行上述目標的方式，也會在規範（道德壓力）、報償（提供獎勵）以及脅迫（政府施壓和執法）等三個類型間循環。[25]最後，**人民參與循**

環指的是農民對各種動員手法的態度和應對方針，從對政策目標茫然到積極參與，再到徹底失望，大致上可以分成六個步驟：漠不關心、逐漸投入、熱心奉獻、察覺矛盾、逐漸失落、徹底厭棄，然後又回到漠不關心。[26]

施政目標、權力模式、人民參與這三個小循環會互相影響，彼此交錯著推動形勢演變，形成兩人所說的順從螺旋。而毛澤東時代前二十年的政策和政治參與，也可以依照這道螺旋區分成正常、動員、高潮、變質、退潮、解除動員六種狀態。[27]我知道這套理論架構有點繁雜，有些人可能已經看不下去了，現在就讓我替各位整理一下，韋、施兩人是怎麼把它套用在現實世界的。

一、在比較安定的時期裡，政策目標會以經濟為重，動員手段則以報償為主，這會讓社會比較正常、穩定。[28]

二、社會在安定下累積一些正面成果後，不知節制的國家高層變得過度自信，開始冒出一些「激進」的意識形態幻想（從後人看來，正是這些幻想摧毀了毛澤東時代的中國）。[29]

三、國家高層開始推行更激進的措施，動員「人民大眾」，追求意識形態目標，以道德規範動員農民，無償為（社會主義初步過度之後的）大躍進之類的意識形態幻想奉獻。[30]

四、由於這些政策根本就不切實際，一推行就會跟現實衝突，導致悽慘的後果。可是道德規範動員卻會誘使村幹部謊報各種「奇蹟」，因為這麼做雖然沒有實際報酬，卻能讓人累積更多社會政治資本（sociopolitical capital）。[31]

五、當越來越多人察覺這些政策有多不切實際，發現毛澤東的幻想其實無法實現，社會就會逐漸失去熱情，國家再怎麼鼓動，人民也沒有動力投入，因為現實的矛盾就是這麼教人失望。[32]

六、最後，施政者只好開始收斂，逐步解除動員，回頭執行比較安定、實際的政策，社會也會漸漸恢復秩序。[33]

這個分析中最核心的一點在於，他們選擇從「順從」來了解毛澤東時代的國家與社會關係。這種切入點有幾個好處。首先他們舉出了好幾種黨國動員農村居民，讓他們配合政策目標、實現毛派意識形態幻想的手段。其次是這麼做也可以呈現出毛澤東的無產階級專政雖然號稱永不失敗，卻終究必須屈從於殘酷的現實。因此用「順從」來理解毛澤東時代的政府、社會與現實之間的關係，實在是相當發人深省的切入點。

如果要用這個架構來解釋過去二十年香港社會與政府的關係，那最適合的切入點應該會是「對峙」，一來可以點出中共從來沒能遵守承諾，給予香港高度自治，二來也可以強調面對中央政府愈發不講道理的統治方式，香港的公民社會是怎麼拒絕配合。雙方在這二十年來一直互不相讓，衝突像螺旋梯一樣反覆來回，持續製造出更強烈的敵意。

香港的對峙螺旋也可以和韋愛德、施堅雅兩人的分析架構一樣，拆成施政目標、權力模式和社會回應三個子循環。

施政目標循環是關於中國在處理香港事務時的方向，這些政策大致上在自治與集權，或是存異和求同之間擺盪。確實有些時期中央政府比較願意遵守承諾，給予香港自治和相關的權利，讓香港維持和中國的差異，例如一九九七年移交後的前五年裡，中國大致是這種態度。然而，在中國統治的大部分時間裡，北京都傾向集中權力、同化香港，拒絕按照承諾給予港人高度自治，這在二〇一四年以後尤為明顯。

無論是哪個方向的政策目標，北京使用權力的模式同樣會在懷柔、威壓和塑造認同三種路線間循環。其中懷柔和威壓應該不用解釋太多：前者主要見於容許香港自治的時期，而後者則用在加強中央控制的時期。[34]至於第三種模式則是利用中國官方打造的「大中華」認同，強調港中之間的共通點，模糊雙方的差異。因此，這個模式同時包含了懷柔和威壓的成份。對於時常尊頌「大家都是中國人」的香港人來說，大中華認同會讓他們感到寬慰，變得更溫順、更服從；但對於不認同中國的香港人來說，這句話不是什麼團結口號，而是中國對香港宣告所有權的發言，是在警告他們盡快恢復「正常」，歸順北京頒布的大中華意識形態，不然就等著受罰。

面對中國施政目標和權力模式的循環，香港社會的回應方式也有一定的週期；同樣地，這個循環也會隨著中央政府是否容許差異、對待香港的態度是溫和還是強硬而擺盪。至於塑造認同，則是將中央政府和「大中華」劃上等號，這也導致同化和順從常被混為一談。儘管香港公民社會的權力完全不能跟中央政府相比，但他們抗拒中央政府加強控制的態度還是讓政府的控制欲不斷增長，而政府的控制欲又回過頭來加劇了公民社會的反感和抗拒。結果就是兩邊對彼此的反感持續相互增強，導致中央政府和香港社會漸行漸遠。[35]

以下幾個段落將會用對峙螺旋來解釋香港和中國的互動，因為相較於章、祝書中那一套單調、片面的「中國崛起」敘事，施堅雅和韋愛德的理論分析更有助於我們了解一九九七年以後的香港歷史。

第一槍：SARS與《國安法》

政治學家熊玠（James C. Hsiung）在二〇〇〇年曾這麼描述香港移交之初的尷尬情景：「香港回歸已經兩年多了，我們可以放心地說，人們的生活並沒有陷入許多『信心薄弱的人』所預言的世界末日，反而一切如常。」[36]某方面來說，熊玠說得沒錯，在一九九七之後的幾年裡，北京都有依循一國兩制的原則，承認香港和中國社會有所差異，並且予以尊重。事後看來，他不僅話說得太早，也放心得太早了。舉例來說，在談到「一國兩制」的成功時，熊玠還進一步建議用此原則來解決魁北克、加泰隆尼亞、波多黎各、庫得斯坦、喀什米爾和臺灣等地方的自治和主權爭議；如今看來，這種建議顯然不合時宜。[37]的確，香港局勢在移交的前幾年算是頗為安定，最悲觀的預測並沒有成真。但這樣的安定卻有另一個問題，那就是沒有任何制度能夠保障這份安定，因此也沒有人能確信那些最悲觀的預測永遠不會成真。相反地，一國兩制初期能夠成功完全是因為中華人民共和國的領導人願意自制，而自制在新中國的歷史上一直很罕見，要是扯到地方自治就更稀奇了。而在許多年以後，那些悲觀的預測也一個接著一個成真。

熊玠在他主編的《極度矛盾的香港：回歸中國後的日子》（*Hong Kong the Super Paradox: Life after Return to China*）中這麼總結：

> 許多人批評《基本法》二十三條要求香港特別行政區「應自行立法禁止任何叛國、分裂國家、煽動叛亂、顛覆中央人民政府及竊取國家機密的行為」……儘管這條規定在一九九七年以前讓許多真誠熱心的民主倡議者感到不安，但實際上，在我撰寫

本文之時，也就是移交的兩年後，香港特別行政區政府仍不急於在立法會提出這類法案。據我所知，北京方面同樣不急著這麼做。[38]

結果熊玠這本書出版不到兩年，港府就開始根據基本法第二十三條擬定國安法，只是當時香港並未出現任何迫切的威脅，沒有必要急著推出這類法令。更教人不解的是，從法律的必要性原則來看，要滿足《基本法》第二十三條根本就無需進一步立法。[39]

在這些前提下，港府還推出明顯是為了擴張政府權力、縮限法定權利的草案，實在令人匪夷所思。根據港府諮詢文件中的定義，行使法定權利的和平抗爭者都有可能遭控叛國罪；行使言論自由評論台海局勢，或是中共對西藏、新疆等地的統治，也可能變成草案中定義的「分裂國家」；「顛覆」和「國家機密」的定義過度寬鬆，很容易會像中國一樣出現各種被政治操縱的指控；最後，該法也要求禁止中國公布的非法政治組織活動，問題是中華人民共和國根本沒有半點法治基礎，所謂「非法組織」到底是什麼意思？[40]總而言之，儘管完全沒有制度保障，但移交初期的香港確實享受了幾年的自治與仁政，而國安法草案登場則預告了政府權力開始轉向威壓模式，並迅速發展成我們如今所看見的對峙螺旋。

香港政府花了許多力氣想要通過這份規劃倉促、充滿嚴重缺陷的法案，[41]要不是歷史突然開了一個大玩笑，該法說不定就順利通過了。二〇〇三年二月二十五日，香港立法會正式提出這份草案；而在三天前，來自廣州的劉劍倫醫生剛從維景酒店退房，以病人的身分住進沙田的威爾斯親王醫院，因為他罹患了一種未知的呼吸系統疾病，陷入高燒和呼吸困難。在劉醫師來港後的一個月裡，平均每天有六個香港人確診嚴重急性呼吸道症候群（severe acute respiratory syndrome, SARS）。國安法和流行病都是中國共產黨緘默文化的產物，兩者第一次碰上就讓國安法脫離了預定的軌道，並永遠改變了香港在中國統治下的發展。[42]

人們常把瘟疫當成某種社會困境的隱喻，而二〇〇三年爆發的SARS疫情就是這種隱喻的典型。[43]二〇〇二年底，北京正要在全國代表大會中選出新一代的領導集體，照理說應該要隆重慶祝一番，怎料中國政府關心的卻是不讓會議期間傳出任何壞消息。[44]當然，災禍要是真到臨頭，怎麼躲也躲不過。面對新型的致命呼吸道疾病這種災難，中共的處理方針一如既往，就是全力掩蓋事態發展、壓下所有討論。不過我們都知道，緘默並非對抗傳染病的良方，反而是病毒大肆傳播的理想環境。SARS跟十八年後的新型冠狀病毒一樣，在中國政府的重重掩蓋與緘默之下繁衍壯大，最後隨著劉劍倫醫生傳到香港。[45]香港媒體揭露了SARS，警告全世界這場疫情有多危險，同時也凸顯出國家安全法準備要摧毀的香港體制正好是香港相對於中國的優勢——如果該法通過，報導

SARS的媒體就很有可能因法條中有關國家機密的條文而入罪。

香港人一面看著SARS迅速蔓延、攻佔公共空間，甚至連躲在私人空間也逃不過致命的疾病；一面看著過去覺得理所當然，此刻卻救了許多人性命的自由陷入危機，不禁開始反思並試著挽回一切。[46]於是，民間人權陣線（Civil Human Rights Front）在二〇〇三年七月一日這天發起遊行，呼籲中止即將進入二讀、眼看就要通過的《國家安全法》。這天也是香港移交的第六年。他們預估，如果一切非常順利，大概會有二十萬人響應。結果到了示威當天，足足有超過五十萬人湧上街頭，成為「香港歷史上最大規模的在地社運」，徹底震撼了港府。[47]大眾拒絕順從北京的威壓，以前所未有的聲量擁護自治、抵抗中央集權，也讓那些宣稱一國兩制成功的評論顯得言之過早。

北京的「新」香港政策：政治、經濟、文化集權

七月一日的示威過後，國安法草案被擱置，並在年底撤銷。這股強烈的反彈是因為中國政府沒有遵守承諾、維護香港的自由，反而推行威壓的中央集權，導致人民起而抵抗這種侵略性的政策。曾大力監督和推動立法的保安局長葉劉淑儀辭職，以及特首董建華遭到免職，都可以視為某種懷柔的妥協。然而，北京從這一刻開始轉向了所謂的「新香港政策」，利用懷柔、威壓和塑造認同等權力運作模式，試圖逼香港社會順從中央政

府的方向。[48]

懷柔的中央集權主要體現在經濟層面，最能體現這點的，就是港中在二〇〇三年六月下旬簽訂的《內地與港澳關於建立更緊密經貿關係的安排》。這是一份港中之間的自由貿易協定，規劃了一個促進雙方貿易的架構；不過其中最重要的措施，還是逐步允許中國四十九個城市居民可以不跟團前往香港的「個人遊」計畫。[49]這個計畫為香港開闢了多達數億人次的旅遊新市場，也為旅遊業和零售業開啟了新的成長模式，讓這兩個產業在SARS疫情結束後迅速恢復活力，香港的經濟結構也隨之變動。從此，香港的經濟變得比以往更依賴中國，這座原本就人滿為患的城市變得更加擁擠，居民和中國遊客之間的文化衝突也日益增加。[50]因此，即便中國使出懷柔手段，香港人還是反抗連連，在二〇一二年發起了一場針對中國遊客的抗議，並在二〇一五年的光復元朗行動中抗議中國人在免關稅的香港大肆搜刮商品，拿到中國出售盈利。

政治領域的中央集權則是高度威壓，阻止香港走向真正的自治。[51]第二十三條引起的爭議，還有行政長官董建華因此下台，都讓許多人熱烈討論起政治改革的可能性。當時的討論都合理假設，只要政府更具代表性、對香港市民負有更多責任，就可以避免類似的失敗。[52]然而，到了二〇〇四年的四月，中國人民代表大會常務委員會重新解釋了《基本法》，進一步大幅擴張權力，牢牢握住政治改革的控制權，甚至不讓香港對改革的程度與步調有半點發言權。[53]做出解釋的一個月內，北京便多次利用這份權力，扼殺了二〇〇七年和二〇〇八年的行政長官與立法會雙普選。[54]二〇〇七年，行政長官曾蔭權在泛民主派的壓力下，暗示會為二〇一二年的下一輪擬定改革時程，但此時北京又一次介入，認定二〇一二年毋需放寬選舉權，[56]實現普選的機會又要繼續拖延到二〇一七年。這讓香港人再度意識到，無論《基本法》該怎麼解釋才合理，真正能決定是否放寬選舉權的永遠都是北京。[55]

到了二〇一四年，也就是香港移交十七年後，行政長官的直選辦法才終於定案。鄧小平曾對香港的未來提出過一些空泛且毫無法律概念的原則，強調香港行政長官必須「愛國愛港」，因此《全國人民代表大會常務委員會關於香港特別行政區行政長官普選問題和二〇一六年立法會產生辦法的決定》也要求行政長官候選人必須由北京控制的提名委員會提名和批准。[57]從對峙螺旋的分析框架來看，儘管這個決定沒有實現承諾中的普選，但不得不說，如果北京在十年前就提出這個方案，立法會和社會應該普遍能接受。然而，由於社會對普選這個終極目標的期待不斷提高，或者說，由於中央不斷干預、民主化不斷延遲，導致香港民間對實質改革的要求不斷升級，北京在二〇一四年提出的方案反而顯得中國完全不了解香港社會，只想加緊控制，而這個提案也引起了激烈的反彈。中國這十多年來不斷推遲普選的承諾，表面上雖然確保了北京能牢牢掌控香港政治的發展，實際上卻適得其反，只讓對峙螺旋不斷升級，最終引發了二〇一四年的占領中環，中國政府和香港社會的關係也在這一刻扭轉，再也無法回頭。

最後是認同塑造的中央集權，這部分主要針對教育下手。二〇〇三年的示威逼退了《國安法》草案，但示威剛結束，港府就成立了「國民教育工作小組」，以提升學生的「國民身分認同」。至於國民是什麼？身分是什麼？怎麼算是認同？都是他們講了算。[58]國民教育的主要內容包括設計「愛國」課程和教材、安排學生參觀大埔國民教育中心（主持該中心的香港教育工作者聯會從不掩飾他們親北京的政治傾向），以及規劃行程充滿愛國宣傳的「教育交流之旅」。[59]這些計畫和一九九〇年代中國在各級學校實施的愛國教育如出一轍，而當時制定這些教育計畫是為了防堵一九八九年全國民主運動的餘波，並阻止六月四日天安門大屠殺的後續影響持續發酵。愛國教育將重點放在一九四九年以前外國列強對中華民族的羞辱，將共產黨對中國人民施加的暴行全部推托成外部勢力的責任，重新將政府塑造成救世主而非壓迫者。國民教育計畫沒有將中國各地人民共通的文化黏合為一把多元廣納的五彩羅傘，反而將之雕刻成一柄不容異趣的朱紅戒尺。二〇〇九年初，我曾在大埔的國民教育中心待過一段不短的時間，那裡就和《環球時報》一樣，正大光明地替黨國傳聲發話。但中共依然沒有如願掌控香港的意識形態，各種針對文化、教育和身分認同的手段都只是一再激起香港公民社會的反彈。這些反彈在二〇一二年匯集成「反洗腦萬人大遊行」，並永遠改變了香港政治。60

說到底，北京的「新」香港政策根本毫無新意，只不過是把天安門事件後的維穩三板斧（經濟利誘、政治壓抑和愛國教育）打磨一下，就直接砍在香港這個徹底迥異的社會上。我們不只能從這麼不知變通的施政看出北京政府毫無想像力，也可以從後續的影響得知北京根本無法理解香港社會，也應付不了任何公民社會尚有一絲獨立性的政治形勢。二〇〇四年以後，北京為了集中權力，選擇在政治、經濟和文化上施加壓力，卻使這三個領域成為對峙的戰場，公民社會的抗拒也愈發堅定，接連發起了二〇一二年反對國民教育和愛國主義的「反洗腦萬人大遊行」、二〇一四年反對中央主導政治改革並加深掌控的「占領中環」，還有二〇一五年反對與中國經濟整合的「光復元朗」。所有改變和整合香港的嘗試都成了對立和反抗的導火線，展現出中央的政策有多麼失敗；可是他們非但沒有調整政策，還拿出更強硬的手段，逼得香港人也使出更激烈的手段抵抗。

中共越是想要強行把香港整合進中國，中央政府與公民社會之間的距離就越遙遠。只要北京一再強調香港人也是中國人，把中國的政治和意識形態包袱運來這座城市，就只會有越來越多人覺得自己其實不是中國人。一旦有越來越多人覺得自己不是中國人，北京又會覺得更有必要教育他們正確的身分認同。「改革開放」的四十年後，香港特別行政區照理說應該要成為北京願意遵守國際承諾的樣板，展現出對制度差異的尊重，並允許真正的自治；但實際上我們看見的卻是中央政府對民意反應極盡愚鈍，又被意識形態縛手束腳，甚至比施堅雅和韋愛德在五十年前分析的毛澤東政權還要嚴重。這些被章小杉和祝捷完全忽略的對峙，以及在對峙下螺旋升級的相互抗拒，才是香港獨立思潮湧升為主流的原因。在香港所有的政治思潮中，獨立建國絕對是最挑釁、最叛逆的抗拒姿態，因為它挑戰了北京口中神聖不可分割的國家主權。中國政府和香港公民不斷測試著彼此的紅線，雙方的關係也日益緊繃。最後，香港獨立運動人士奮力躍過了中國政府最後的紅線，而這一舉動就跟基本法第二十三條一樣，永遠改變了港中之間的互動模式。

以上的分析似乎頗有道理，足以解釋香港獨立倡議的起源與發展脈絡。但是稍等一下，香港獨立真的是這麼來的嗎？會不會只是部分社運人士對中國統治幻滅以後，才走上這條激進的路？或者這只是一種挑釁手段，目的是測試和挑戰北京的控制力和敏感度？如果我們相信這種說法，那麼前面討論那麼多移交後的政治發展，以及章、祝兩人在著作裡避談的歷史，都會變成浪費時間。因為繞了這麼一大圈，我們的結論還是跟他們一樣：香港的政治局勢不過就是一群吵著要糖吃的小鬼。然而，如果我們拒絕接受兩人輕慢、不嚴謹的邏輯，改從對峙螺旋來理解港中關係，就可以得出比較令人欣慰的結論：中央政府要抵擋香港獨立的思潮，最好的辦法是退出對峙螺旋，並給予香港真正的普選與自治權。這個辦法非常合理，唯一的缺點就是它永遠不會發生。說真的，就連對香港獨立嗤之以鼻的人，都會覺得中國寧願讓香港獨立建國，也不可能放下面子退出對峙螺旋。因此，我認為香港民族主義遠遠不只是單純的挑釁，而是一場覺醒，醒悟了在北京壓抑的統治之下絕不可能實現自治、民主與自由。

「一國兩制」充滿了內在矛盾。中國想維持「一國」，就需要抹除香港和中國的基本差異，從「兩制」走向「一制」；而香港想保住「兩制」，就得揚棄「一國」，成為「異國」，但這樣絕對會跨過北京的每一條紅線。然而，主張揚棄「一國」成為「異國」絕不只是為了挑釁，而是在重新思索政治運動究竟是為了什麼。也因此，香港獨立的理念在引燃北京怒火的同時，也啟發了大量探討港中關係可能性的研究文章、政治評論、書籍著述、線上電視台，甚至是政黨。接下來，我會離開對峙螺旋這個宏觀架構，直接討論香港獨立運動者的具體主張和願景。雖然對峙螺旋理論可以解釋香港民族主義如何從香港和中國的互動中誕生，但我們更應該了解的是香港思想家如何從港人的經驗分析，並提出各自的理論，重新詮釋雙方的關係。只有這樣我們才會真正了解並接受事實：香港民族主義既不是心理病態的產物，也不只是從對峙螺旋誕生的挑釁情緒，而是香港人在認真批判、反思北京的統治後，破除一國兩制的催眠才得出的政治覺悟。

三：批判中國對香港的統治

香港於一九九七年在「一國兩制」的前提下，從英國手中移交給中國。「一國」是指香港屬於中華人民共和國的一部分，「兩制」則意味中國承諾香港能以「特別行政區」的地位享有自治。[61]自治權將保障香港的各種權利，並保證香港會走向全民普選。香港進步的政治很有可能引導中華人民共和國走向更開明的政治模式，並回過頭來鞏固香港的自由。而且，無論中國政治會不會跟著進步，《基本法》都限制了北京只能在國防和外交事務上介入香港，明文保障這座城市的自治與政治發展。另一面守護香港自治的城牆是香港開放、蓬勃的政治文化，而這面堅壁還有廣受民眾支持的泛民主派支撐。這些態度堅定、動能豐沛的反對黨，在港英時期的每一屆立法局直選中都贏得了壓倒性的多數。除了政治領域之外，香港經濟也將大大受益於與快速成長的中國經濟整合。儘管和中國大陸有許多差異，但最重要的是香港將走出殖民的屈辱，變回一座中國人的城市，還能享有更高度的自治。

乍看之下，這樣的未來似乎很值得期待。然而，從二〇〇三年《基本法》二十三條的爭議開始，這二十年來的每一件事都是在當年的美好願景上打一記耳光。在我看來，香港民族主義的崛起其實代表香港人終於被打醒，不再相信那些黃粱夢。香港民族主義打破了過去意識形態的限制，促使香港人民討論起當前的處境，也破解了中國政治進步、香港的法律與政治能守護自由、經濟整合的利益、解除殖民回歸中華等過於樂觀的大敘事（metanarrative）。當香港人說出「香港獨立」的那一刻，啟蒙的光輝就驅散了以前那些幻想的沉重霧霾，照出一個新的政治想像。

獨立才現實？

雖然香港獨立普遍被當成不甚現實的夢話，但這個理念最初被拿到公共討論裡，反而是出於某些現實政治（realpolitik）的盤算。這個「現實政治」的分析是前嶺南大學中文系教授陳雲在他二〇〇一年的著作《香港城邦論》中提出來的，他在書中將各種關於民主化和港中關係的樂天想法稱作「民主回歸論」，[62]並將這些想法一一拆毀，不留絲毫餘地。

陳雲首先解釋了他如何區分理想政治（idealpolitik）和現實政治，他強調前者是基於理念，後者則是基於利益。[63]接著他告訴我們，香港政治陷入了自我毀滅的理想主義，不斷犧牲整座城市的利益來滿足對中國的美好幻想。陳雲認為，第一波關於「民主中國」的討論是基於一一九八四年《中英聯合聲明》的發布，確認香港將在一九九七年移交給中國。[64]這一派論調最初的樣貌是「民主回歸論」，認為香港在一九九七年以前發展出的民主制度可以在移交後繼續保護這座城市獨特的政治文化，並成為中國政治開放的範本。[65]要是香港能順利對大陸輸出民主，帶領北京走向自由化，就能反過來塑造一個更理想的政治環境，保護香港的權利和自由。[66]「民主回歸論」的樂觀反應了那個時代的風氣：一九八〇年代的中國才剛走向改革開放，任何發展都有可能，況且當時也普遍認為經濟開放自然會導致政治開放。

接著，陳雲分析了「民主」和「回歸」兩個詞的意涵，進一步批判民主回歸論。首先，他指出「回歸」是中國大一統意識的詭詞，為的是把香港被殖民的歷史貶為「恥辱」，而一九九七年的「回歸」則是靠著共產黨才得以實現的光榮時刻。[67]然而，要是有數以十萬計的難民願意犧牲一切逃離毛澤東支配的中國來到香港定居，被英國殖民真的有比被中國統治還要屈辱嗎？而且到了一九九七年，大部分的香港人根本就不認識中國，又要怎麼「回歸」？說到底，「回歸」根本就只是為意識形態服務的修辭，先是完全抹煞香港受英國殖民的複雜經驗，再用大中華主義的修辭來粉飾中華人民共和國的統治。因此陳雲建議，在討論一九九七年的時候應該用比較中性、不帶感情的「主權移交」來代替「回歸」。[68]除此之外，陳雲還指出了「民主回歸論」的另一個問題，那就是「香港回歸」和「實現民主」之間沒有什麼關聯。相較於「回歸」已經明訂要在一九九七年七月一日完成，「民主」何時兌現卻始終沒有定案，只是一個位處遙遠未來的「承諾」——沒錯，這是堅定不變的承諾，但也是可以拖延到無量劫後才會成真的承諾。[69] 誠然，要是香港真的民主化，確實有可能讓中國發生真正的政治變革；但更有可能的是，直到山無稜、天地合，香港和中國都不會實現半點民主。

幾年過後，回歸與民主化的時間表又變得更加刺眼，因為天安門大屠殺發生了，這代表香港「回歸」的對象是一個會在首都大馬路上開著戰車輾過公民的政權。陳雲指出，有鑑於中國民主化在六四過後已是無稽之談，原來的「民主回歸論」也變成第二代的「民主抗共論」。[70] 香港無法帶領中國走向民主，但至少一九九七年以前的民主成果還能保護香港的生活方式不被中國共產黨摧毀。[71] 然而，這個看法還是太過樂觀，北京在移交期間就解散了一九九五年全民直選的立法局，民主化也從此永久停滯，待續無期，顯示「民主抗共論」的樂觀實在是無稽之談。

究竟理想政治是否像陳雲說的那麼不切實際，現實政治又是否真像他說的腳踏實地，這都還有很多討論空間，而我在下一章也會更詳細地討論這個問題。無論如何，陳雲都一針戳破了「中國民主化」的氣球。表面上是不斷膨脹的寄望，裡頭卻只有不停增加的失落，而寄望破滅的巨響，也在聽膩了每天祖國來祖國去的香港人心中激起共鳴。認真說來，應該很少人會認為中國民主化不值得追求。但是隨著時間流逝，還有北京政治愈發僵化，這個目標只會越來越遙遠。改革開放和經濟成長並沒有讓中國走向民主，反而強化了黨國體制，讓中國政治的封閉和獨裁達到人類史上前所未有的高度。看著列寧主義這台古董戰車經過中共的改造，已經轟隆轟隆繼續奔向未來，陳雲告訴香港人，是時候拋下過時的希望了，他們既沒有資源、能力，也沒有責任幫助中國民主化。[72]他說，香港人唯一的責任就是照顧好自己和這座城市，保護好香港人的生活方式。《香港城邦論》出版於二〇一一年，書中不斷呼籲香港人拋棄二〇〇〇年代那些關於中國政治的主流說法，令人想到美國記者詹姆斯·曼恩（James Mann）在二〇〇七年出版的《中國幻想》（*The China Fantasy*）。這本書雖然有不少爭議，但書中呼籲美國政治菁英停止期待北京走向民主化的呼籲，在今天看來實在很有智慧。[73]

然而，正如我會在第二章說到的，陳雲不愧是一位大膽的思想家。他繼續依循上述邏輯，做出更令人意想不到的推論，指出「中國民主化」不只難以實現，還很可能不符合香港的利益。陳雲認為，一國兩制其實對中國共產黨非常有利，因為他們能藉此將香港當成貿易和技術轉讓的前哨戰，不受制裁和其他國際貿易限制影響。美國在一九九二年通過的《香港關係法》（*US Hong Kong Policy Act*）中，就把香港視為一個有別於中華人民共和國的通商口岸。[74]因此，共產黨最起碼會願意讓香港維持表面的自治，以便繼續和世界保持「特殊」貿易關係；[75]相反地，民主化的中國卻未必會理性衡量得失。他推測，如果中共倒台，換成一個更民主的新政府當政，香港反而有可能會失去自治地位。因為民主化以後，民族主義情緒多半會席捲民間，這時新的執政黨也必須對民意負責。

就算天佑香港，港中關係也勢必需要重新談判；[76]要是天不從人願，民主中國很可能會直接解散香港政府、命令香港開放邊界，甚至逼迫香港補回徵稅。[77]如果中國建立了一個直接選舉、具有完全代表性的立法機構，取代現在只是橡皮圖章的全國人大，香港就會淪為泱泱大國中的一座普通城市，代表權將極其有限，整座城市也會更容易受到叵測的政治發展擺布。[78]香港最害怕的就是像這樣變成「一座普通的中國城市」，但諷刺的是，最可能讓香港淪喪至此的就是許多人一直以來追求的民主中國。

《香港城邦論》的第一章標題為〈放棄民主中國，保住香港城邦〉。[79]後來受陳雲啟發的香港民族主義論述，第一步也是先走出民主中國的神話，認清無論是中國要走向民主，還是香港要在中國統治下走向民主，都極其困難，甚至絕不可能。從二〇一一年出版以來，越來越多人聽進陳雲的忠告，社會運動的焦點也離開大陸，回到香港這塊土地和在地事務，改變了這座城市的政治文化。

學習基本法！

《基本法》可以說是香港特別行政區的小憲法，條文中明白指出香港依法享有自治與自由，申明法律之前人人平等、港人有參選和投票的權利，也有言論、出版、結社、集會、宗教和思想自由，同時也保證香港會走向普選。

從法律的角度來看，《基本法》賦予了香港人這些權利和自由。但從政治實務的角度來看，香港在一九九七以後就必須處處委從中央，才不會失去他們以前就擁有的權利與自由。在《基本法》中，最重要的是第十三和第十四條，這兩條明文限制了北京只能干涉香港的外交與國防。[80]因此基本法不只是給予香港自由，也防止了北京用最直接的手段干預這些自由。

才怪。如果《基本法》真的打算禁止中央干預以保護香港的自由，就不會留下第一百五十八條的致命闕漏：「本法的解釋權屬於全國人民代表大會常務委員會。」[81]第一百五十九條又說：「本法的修改權屬於全國人民代表大會。」[82]換句話說，解釋和修改《基本法》的權力都屬於它本來要限制的中國共產黨，這怎麼想都很詭異。雖然熊玠一再強調一國兩制初期的成功「極度矛盾」，但最離奇的矛盾還是在《基本法》裡頭。這個專橫野蠻的政府已經不是第一次剝奪「自治區」的自治權了，但這部理應限制國家權力、保障香港表面自治的法律，卻還是繼續把最終解釋和修改條文的權力交到它手中。因此，北京對香港的干涉權根本不像《基本法》說的一樣僅限於外交和國防，因為北京可以恣意解釋這部用來限制它的法律。也就是說，根本沒有東西能阻礙北京干預香港。

雖然《基本法》明文限制了北京的權力，卻也明文表示這些限制派不上用場，因此北京也恭敬不如從命，再三利用解釋權，一面宣稱自己遵守《基本法》，一面將權力擴張到該法限制之外。北京第一次解釋《基本法》是因應港府在一九九九年提出的要求：該年一月，香港終審法院依據《基本法》對吳嘉玲案做出判決，讓所有香港永久居民在香港外所生的子女都有權自由遷入並定居香港，且判決立即生效。[83]於是，突然間就有一百六十七萬人隨時可能從大陸湧進香港定居。[84]雖然就法律而言，終審法院的裁定非常合理，但在政治上卻令人不安，而此後類似的事件還有很多。研究香港民族認同發展的歷史學家徐承恩寫了一本《香港，鬱躁的家邦》討論香港「是漢非漢」的歷史。他在書中指出，「身分認同與法治於此案中卻互不相容。」[85]一九九九年五月，香港行政長官董建華向全國人大常委會提交報告，請求解釋規定香港永久居民資格的《基本法》第二十四條。人大常委會的答覆是，所有香港的合法永久居民都需要持有中國發放的「前往港澳通行證」才能前往香港定居。由於該許可證每天只發放一百五十張，即便終審法院的裁定讓一百六十七萬人有權移居香港，他們還是得排隊等待。這讓人口早就飽和的香港終於鬆了一口氣。

但長遠來看，香港實在不該放心，因為人大常委會這次釋法雖然化解了終審法院教人為難的裁定，卻也化解了香港的司法自治。[86]徐承恩指出，儘管這起爭議並不涉及歸北京掌管的外交和國防事務，港府仍向中共提請解釋《基本法》以推翻終審法院的裁定，這不只損害了香港司法制度的權威，也為日後的干預開下先例。[87]此外，無論人大常委會的解釋在法律上是否合理（通常都不合理），香港都求助無門。

日後，中央政府也藉著每一次釋法，將爪子伸出《基本法》規定的外交和國防領域之外，掌控香港的選舉改革進度、行政長官如何產生與交接、他國外交人員在港的豁免權等級，以及第三章談到的公職人員資格等種種事務。[88]每次釋法都自然而然地讓北京獲得更多權力，香港很快就無法和中共抗衡，只能呈上一張張偽裝成法條的空白支票，任由中央以「解釋法律」的名義隨意填上各種要求，甚至打著「捍衛《基本法》」的口號，公然侵犯《基本法》所保障的權利。

有好一段時間，我一直不懂為什麼中央政府要連年呼籲香港人學習基本法。在二〇〇〇年代中期的兩次釋法後，許多中共高層、國營媒體和親北京的香港菁英都呼籲香港人應該學習和「了解《基本法》」。[89]二〇〇九年參觀大埔國民教育中心時，我也拿到了一份《基本法》，那裡的老師不斷強調他們多麼希望每個人都好好「學習」基本法。[90]但我不懂，為什麼當權者會熱切鼓勵香港人學習一部賦予他們自治與自由的法律？後來我才慢慢意識到，他們呼籲的遠不只是學習《基本法》，而他們所說的「了解」，也絕非一般人所知的了解。首先，呼籲學習和了解可以在了解和不了解的人之間營造出一種高下尊卑的區別，而有權解釋法律的人當然又比這些只能學習和遵守的人更尊貴。根據這種區別，呼籲學習法律的中國政府和代理人就像學校老師一樣，已經對法律滾瓜爛熟，可以出功課叫其他香港民眾回家學習。這就是法國哲學家路易．阿圖塞（Louis Althusser）所說的「意識形態召喚」（interpellation）：呼籲香港人學習《基本法》的潛台詞其實是：「喂！你們這些不懂《基本法》的香港人！」這句話不僅是在說他們需要學習共產黨最新的釋法，更是在說他們是有缺陷的人，需要由高聲呼籲的有力者來動手修復。[91]有了高下尊卑的區別之後，只要有人對法律的了解和北京的釋法不一樣，就會被當成缺乏了解，需要繼續學習。於是，法律再也容不得公開的探討和辯論，也無法約束官方的權力，只能按照國家的規定來學習了解。

其次，隨著北京日益積極在《基本法》容許的範圍外插手香港事務，看到人們聽從黨國「學習」和「了解」《基本法》的呼籲，認真從這種高下尊卑去讀法律，就讓我想起另一名法國哲學家安德列．格魯克斯曼（André Glucksmann）所寫的《思索宰制的人》（*Les Maîtres penseurs*）。他在這本書中分析了許多虛假的解放宣言（pseudo-liberating command），例如「你是自由的」、文藝復興小說《巨人傳》（*La vie de Gargantua et de Pantagruel*）裡德廉美修道院的戒律「從心所欲」，當然，還有毛澤東那句「造反有理」。[92]根據格魯克斯曼的分析，「造反有理」一句話就囊括了毛澤東思想固有的矛盾。革命名義上是追求全然的平等，然而下令造反的卻是掌握權力的高層，也就是革命的對象：「如果我服從你，我就沒有服從你，但如果我不服從你，我反而是在服從你。」[93]在這種時候，唯一能真正看出人是否自由的就是他是否會反抗毛澤東思想，不過這當然是絕對的禁忌。因此，所謂的反抗只不過是「用一種約束取代另一種約束」，人們不是在造反中服從，就是在服從中造反。[94]

同樣地，要求香港人學習了解《基本法》，也只是要他們學習法條中的「自由」和「自治」等虛假的解放宣言，了解黨所解釋的自由和自治，從而預防有人質疑《基本法》目前的施行方式是否真的有在保障自由跟自治。因為這個問題只有北京才有權做出最終解釋。一般人無權質疑中央政府是否了解和遵守《基本法》，也無權思考香港的法治系統在《基本法》下還能否維持。因為這都是只有北京才能判斷的事。隨著北京已經不斷擴權，讓自己可以插手《基本法》規範以外的事務，以便限制香港公民的自由，《基本法》自然就不再能約束北京，也不再能保護港人的權利。雖然《基本法》一開始就沒能保護香港，但現在的《基本法》又變得更像是毛澤東那句「造反有理」，完全是統治的詭詞。靠著這部愛怎麼解釋都可以的法律，北京把尊重法治的精神變成意識形態的武器，蠶食著香港原有的法治制度。[95]香港民族主義就是醒悟了《香港特別行政區基本法》其實是在賦予北京凌駕法律的權力，並意識到港人必須先跨出這道壓迫的柵欄，行動才會有意義。

香港沒有反對派

即便不再指望中國民主化，並承認《基本法》原本就沒有辦法約束中央政府，有些人還是懷抱希望，相信泛民主陣營的反對派。直到二〇二〇年以前，泛民主派在每場選舉中都是大獲全勝，足以在立法會中形成龐大的勢力，不讓建制派議員輕而易舉實現北京的謀圖。在立法會外，泛民主派也是各種政治和社會運動的核心：每年七月一日的爭取普選遊行都能號召數萬人走上街頭，是中國領土上規模最大的例行性示威。幸虧有泛民主派，才讓這座選舉制度不公平、公民社會飽受壓抑的城市裡還有一些異議能發出聲音。因為他們的努力，香港才不至於被中國徹底吞沒。

不過，一直站在港獨討論最前線的時事評論家盧斯達卻覺得這麼想太天真了。他在二〇一八年的文章〈科舉與選舉〉一開頭就語出驚人，指出香港儘管表面上有，實際上卻從未有過真正的反對派，甚至也沒有過真正的公民社會。[96]盧斯達當然知道泛民主陣營的存在，也見過他們積極活動，但他分析，所謂的公民社會應當是由團結的平等公民組成，可是泛民主派並沒有對這種理想做出貢獻，反而協助中國鞏固了政治領域的金字塔。儘管他們表面上反對這一切，實際上卻強化和複製了當前政治制度的工具。政治金字塔的最上層是擁有政治權力、進入立法會的人，其他人則落在金字塔的底端。他還認為，泛民主反對黨的存在反而阻礙了香港出現真正的反對派運動。儘管這些對香港政治文化的解讀相當憤世嫉俗，卻也讓許多人深有共鳴。

在該文的一開頭，盧斯達質疑了每年行禮如儀的示威活動是否真能發揮效果。[97]好比七一遊行年復一年地舉行，如今也過了二十多年，每年的這一天都有數十萬人在紀念主權移交的日子走上街頭，想藉這個充滿象徵意義的日期呼籲中央給予香港真正的普選。考慮到這樣的示威抗議在中國應該是絕無僅有，七一遊行似乎也能證明香港並未喪失自由。然而，這種看法只是把自由變得廉價，廉價到只要還能繼續抗議就應該買單這種「自由」，顯示出香港仍沒有走出中國的帝王之術。接著，盧斯達又提出更深層的質問：每年舉辦這些遊行究竟實現了什麼？數十年來的抗議和爭取普選的訴求是否真有影響過中國對香港的政策？還是這些遊行只是要讓民眾宣洩一下對北京持續加強控制的不滿？過去從來沒有人問過這些，但這些質問確實振聾發聵，也令人心驚肉跳。從二〇〇三年以來，七一遊行就是反對派運動的核心，但這些年來北京對香港的政策卻是日趨強硬、軟土深掘。

當然獨立運動人士一定了解，政治運動的內涵跟價值不能只從直接取得的成果來評判，但也不能完全不考量這些。隨著中華人民共和國的政治急速退化，北京的香港政策也愈發強硬霸道，這讓盧斯達提出了一個至關重要的問題：除了七一遊行以外，香港人還能做什麼？數十年來的和平抗爭並未讓局勢好轉，我們是否還要這麼等下去，等到改變發生的時候來到？

重新檢視這些例行性活動的成果後，盧斯達提出了另一個憤世嫉俗的看法，主張泛民主派真正的目的不過是要替各自的選情凝聚聲量。他甚至挑釁地宣稱：「所有『公民社會』的活動都是選舉的伸延。」[98]凡是參加過香港七一遊行的人都一定會記得現場洶湧的情緒、眾人彼此聯繫的感受，以及長久以來對改變的盼望。但政治人物沿途高喊口號、勸募捐款的景象，同樣也是七一遊行的一部分。盧斯達認為，政治金字塔頂端的泛民政客就是這樣以崇高理想為幌子，年復一年動員香港人民加入他們的政治老鼠會，好確保自己能永遠連任下去：「金字塔下層的人想改變那件事，但其實去錯了場合，那些活動其實本質上都是金字塔上層人的曝光活動、競選集會。」[99]

不過，即使這些例行示威的實際效果就只是幫泛民主陣營募款，但確保立法會中有一批能發揮作用的泛民主派議員難道沒有價值嗎？德國政治學家馬康寶（Malte Philipp Kaeding）認為，香港民族主義者不該像這樣同時跟建制派和泛民主派政客「雙線作戰」；不過盧斯達卻斬釘截鐵地說，泛民主派在議會裡毫無作用。[100]「這些活動搞得越多，泛民的選情其實越穩陣……他們的仕途越穩固，鐵票越來越鐵，但香港卻沒有變好，越來越壞。」[101]接著，為了解釋政治運動興盛和泛民主陣營的成長是怎麼反讓香港政局持續惡化，盧斯達提起了宋代以降中華帝國的基礎，也就是選任官員的科舉制度。[102]科舉主要以經學取士，題目往往艱澀刁鑽，但只要考上，不分出身都能入朝為官。這樣的機會讓許多人趨之若鶩，有些人甚至大半輩子都在苦讀應試，因為他們相信科舉制度能公平地選出最有資格當官的人。

對於這種制度的誘惑和社會影響，盧斯達自然是破口大罵：「它以極少數的官位和希望，誘騙天下的所有能人異士，耗費精力於科舉考試。」[103]每個時代裡最了不起的人才都被這些希望所吸引，把整個人生都用來準備科舉，擠破了頭想鑽進體制內工作。如果沒能中舉並獲得官位，他們就等於是把生命浪費在虛無縹緲的機會上，沒有把才智拿去從事更實際、更能改變社會的政治行動。而順利上榜任官的人看似功成名就，實際上也是在浪費生命，任由政府的意識形態馴服他們的良知與才智，靠著帝國體制的運轉獲取一些蠅頭小利：「朝廷的底線，就是他們的底線。」[104]

在他看來，香港的選舉制度也是一樣的東西。香港現有的民主政治就跟科舉一樣，吸引著數百萬名熱心人士，讓他們相信要實現變革和更美好的未來，唯一途徑就是運用他們的智慧和行動，讓眼前的制度繼續運轉下去。[105]無論是過去的科舉還是現在的選舉，只要成功躋身金字塔頂端，人自然會不遺餘力地延續讓他成功的體制，確保所有政治和社會運動都不會真正改變什麼。盧斯達接著聳動地指出，香港人數十年來寄予厚望的泛民主反對派其實也是殖民體制的一份子，是剝奪港人政治權利的共犯。盧斯達根據香港政治學家金耀基提出的「行政吸納政治」（the administrative absorption of politics），提出了「選舉吸納反對派」這個新概念：「我們一直以為那一半直選議席是整個體制之中少少的民主元素。其實真相是，選舉就是香港最大的統戰活動。這個道理就像一千年的科舉，它以極少數的官位和希望，誘騙天下的所有能人異士，耗費精力於科舉考試。」[106]，因此，既然「所有『公民社會』的活動，都是選舉的伸延，那麼「選舉以及它派生的公民社會，說白了只是政權的延伸。」[107]

盧斯達的分析揭穿了香港政治運動的無能，讓那些示威運動的榮光變得黯澹、昏暝，但他刺眼的輕蔑卻也照亮了我們一直以來昧於常理而沒有看見的東西：這些體制內的傳統政治運動並沒有真正促進民主化，反而把這座城市困在失敗的制度裡；更諷刺的是，正是這些爭取代表的政治運動讓無法代表人民的殖民統治不斷延續下去。香港民族主義認為，要擺脫中國統治就要先徹底看清目前的制度，如何藉著收編反對派延續下去，最後醒悟到，要真正表達異議以及真正實現改變，都必須和現有的體制完全決裂。按照盧斯達的說法，這也是為什麼中央政府要極力禁止香港人討論獨立，因為這才是香港人第一次提出真正的意義。

祖國的經濟奶水

如果沒有政治和法律問題，和中國經濟整合應該不太會引起爭議。畢竟，和一個擴張速度前所未見的經濟體拉近關係並不算是件很糟糕的事情，至少不會死人。港中兩地在一九九七年後的經濟整合是以二〇〇三年的自由貿易協定《內地與港澳關於建立更緊密經貿關係的安排》（後文簡稱經貿安排）為基礎，這也提醒我們，二〇〇三年的意義比一九九七年更重大：該協定簽署於六月二十九日，當時SARS慘劇才剛結束，而且簽署的兩天前還有五十萬人走上街頭抗議國安法草案。

《經貿安排》的前言表示，該協定旨在「為促進內地和香港特別行政區（以下簡稱『雙方』）經濟的共同繁榮與發展，加強雙方與其他國家和地區的經貿聯繫。」[108]為了實現這些目標，《經貿安排》主要依靠三個手段來促進中國與香港之間的貿易：逐步取消香港原產貨物銷往中國的進口關稅、對特定行業的香港服務供應商開放中國市場，以及鼓勵增加「貨物、資本和人才的雙邊交流」。[109]經過SARS造成的經濟衝擊後，中國要繼續整合權力只能改用懷柔的手段。

《經貿安排》一簽署，親北京的社會評論家幾乎第一時間就將該協定說成是「來自中央政府的一份大禮」。[110]但經濟夥伴協定不是在做慈善，而是要讓雙方發揮各自產業的相對優勢。讀過人類學就會知道，人們絕對不會無緣無故贈送禮物，因為每份禮物都帶有「某種精神」④，而這種「精神」來自於送禮的人。[111]而且，每份禮物都有某種代價，會從根本上改變雙方的關係，因為它帶有三重義務：被送禮的人有義務收下禮物，有義務接受收禮所建立的連結，而且有義務回禮維繫連結。[112]儘管送禮這種舉動看似慷慨，但或許正因如此，交換禮物所建立的連結從來都不平等，因為禮物，還有收禮與回禮的義務，都必然牽扯到權力以及禮物所構築的想像（imaginary）。[113]而中國和香港這次「交換禮物」就構築了這麼一個想像：有個巨大的新興市場慷慨解囊，施恩給另一個日益邊緣的小市場。《經貿安排》一簽訂，這個想像也隨之推展開來，隨著協定的實施，在往後的幾年裡逐漸成為現實。

港中的貿易關係打從一開始就非常不平等，簽署《中港貿易安排》更進一步加深了這種不平等。評論家蕭傑在《香港本土運動史》中，甚至借用了中國人談到近代歷史時最痛恨的「不平等條約」來比喻《經貿安排》。[114]儘管雙方在協定中都承諾相互開放，並承認彼此的規範與標準（mutual recognition），但中華人民共和國的司法和商業環境既不透明也不講理，就算《經貿安排》答應開放香港公司進入中國市場，多半也是看得到吃不到。蕭傑認為，儘管香港的運輸物流業得利於《經貿安排》，進入了中國市場，但香港的核心產業，例如會計、證券、保險、金融和電影等高附加價值產業，卻幾乎沒有因此拓展版圖。[115]真要說起來，反而是中國在香港市場的地位有了巨大改變。徐承恩在《鬱躁的家邦》中也認為《經貿安排》大幅扭曲了香港的經濟發展，導致這座城市過度倚仗金融、服務和旅遊業，而且幾乎把所有精力都放在經營大陸市場。[116]圍繞中國發展的產業急速增長，導致香港對經濟多元化和持續創新失去興趣，像是跌入無底深坑一樣越來越依賴大陸。徐承恩指出，所謂中國政府的「大禮」，實際上只是一種經濟殖民的手段。[117]

迄今為止，《經貿安排》中對香港經濟和社會影響最鉅的措施莫過於「個人遊」計畫：在過去，中國人必須參加旅行團才能前往香港旅遊，如今這項措施允許某些城市的居民用個人身分前往香港。在二〇〇三年，這是協定中最少人討論的措施之一；到了二〇〇七年，整個中國北起遼寧瀋陽，南至廣西南寧，東起上海，西至成都，已經有四十七個中國城市的居民可以自由前往香港旅行，旅遊市場的潛在遊客爆增了數億人。二〇〇三年，六百七十四萬的人口就已經讓香港擁擠不堪，但這座城市還接待了一千五百五十萬名遊客，其中八百萬來自中國。然而，隨著開放的城市越來越多，香港的遊客人數也在之後的十年裡指數型成長。二〇〇四年，香港總共有兩千一百八十一萬名遊客；二〇〇七年是兩千八百一十七萬；二〇一一年有四千兩百萬；二〇一四年更有

④ 譯注：馬賽爾·莫斯（Marcel Mauss）的《禮物：古式社會中交換的形式與理由》（*Essai sur le don: Forme et raison de l'échange dans les sociétés archaïques*）

六千零八十萬，而其中有七十七．七%來自中國。[118]

作家林匡正在《香港抗爭運動史》裡承認，自二〇〇三年開始，這波史無前例的市場擴張確實為香港的旅遊業帶來空前的成長。從二〇〇四到一四年，旅遊業的收入翻了四倍多，這一年中國遊客帶來的入境消費已經高達三千五百九十億四千萬美金。[119]不過林匡正認為，這種發展不僅扭曲了香港的經濟發展，也像《經貿安排》的其他措施一樣，對社會造成前所未有的壓力。首先，旅遊業成長的紅利大部分都流入酒店、連鎖商店和房地產大亨的手中。[120]遊客帶來的消費成長使得房東們信心大增，開始調漲店面租金。這苦了沒有跟上趨勢大發利市的小店，因為面對飛漲的成本，小本經營的商店根本無法繼續營業，剛起步的生意也幾乎不可能在市場上站穩腳跟。[121]香港市場原本的生命力和多樣性逐漸被外來因素擠壓，日漸淪為一座塞滿名牌、珠寶、化妝品和藥品的無聊超市。[122]零售業服務的不再是居民，而是遊客的需求，和在地人的生活越來越疏離，[123]街道上也擠滿了遊客。這些人遠道而來，一落地就到處爆買，拚命把貨物塞進行李箱，準備帶回中國。然而，直接吃到旅遊成長紅利的人並不多，但所有搭乘地鐵或是去購物中心逛街的人都得被迫承擔旅遊熱潮的代價。

當人的心裡只想著追求經濟效益，除了利潤最大化以外什麼都不在乎，這就可能會導致非常恐怖的後果，例如中國的毒奶粉事件就是一例。二〇〇八年九月，北京奧運會剛結束不久，就有新聞爆料好幾家乳製品企業在牛奶中添加三聚氰胺，以在品質檢驗時增加乳品的含氮量，冒充蛋白質較高的純牛奶。這樣一來，公司就能用跟純牛奶相同的價格出售這些加料的牛奶，賺取更多利潤。問題是，攝取被三聚氰胺汙染的牛奶會讓嬰兒罹患重病，導致腎結石、腎衰竭，甚至死亡。全中國至少有三十萬個嬰兒喝過這些加料的牛奶，其中有五萬人病情嚴重，需要住院治療，最後至少有六人死亡。[124]在我和香港獨立運動者的討論中，毒奶粉事件經常被認為是人們對港中關係改變看法的關鍵。這種匪夷所思的冷血惡行固然嚇人，但有個人告訴我，真正讓他震驚的是這些惡行背後的邏輯。他認為造成這種行為的是某種唯利是圖、只關心成本利潤的思考方式，而這種邏輯也早已隨著港中關係的加深蔓延開來。當人們把利益當成一切的答案，一切的問題也都將因此而來。

毒奶粉事件同時翻轉又複製了《經貿安排》中的上下尊卑。一直以來，官方的民族主義敘事都說香港需要依賴中國，才能滿足水、食物，甚至經濟成長等基本需求；但在二〇〇八年的毒奶粉事件中，反而是香港在滿足中國的某些基本需求。此時的香港成了無數中國父母的希望之泉，讓他們可以買到口碑良好的進口奶粉回去餵小孩。這顛覆了原本的上下尊卑，也提醒了我們，香港與中國的關係遠比官方敘事所描繪的還要複雜（關於這點，我會在第三章繼續討論）。由於監理完善的經濟和法治的社會，香港可以買到「品質更好、更安全也更值得信賴」的商品，成功將這場危機轉化成新的機會。[125]

但從另一方面來看，這場危機也延續並進一步強化了中國對香港的經濟支配。個人遊開放後，許多水貨商都跑到香港搜刮奶粉，再走私到中國轉售。這麼做不但能規避關稅，還能賺到雙倍以上的價差。水貨商以深圳人為主，因為他們憑一張簽證就能多次入境香港。沙田、上水、大埔、元朗和屯門等新界北部市鎮的商店開始大量囤積奶粉，以供應這彷彿無窮無盡的市場需求。慢慢地，這些市鎮的經濟徹底朝走私市場靠攏，被《經貿安排》重創的市場多樣性也衰退得越來越嚴重。霎時之間，香港變得滿地都是奶粉，不管哪家商店都買得到；但只要碰到中國遊客爆買，庫存又會瞬間短缺，使當地父母買不到需要的東西。[126]最弔詭的是這場危機也凸顯出，香港的體制越是優秀，反而越會把整座城市拖向中國；香港會越來越融入和依賴中國市場，也是因為這座城市擁有的戰略優勢。

隨著邊界貿易的發展，曾經熟悉的景象也逐漸面目全非。原本服務在地人的商家現在都改做水貨生意，火車站和人行道被遊客佔據，旁人光從儀態跟雙手揮舞的範圍就能看出那些人已經準備好瘋狂掃貨。[127]二〇一七年初，我去了一趟上水，發現那陣子的邊界貿易正流行盒裝紅酒，因為這玩意在當時的中國炙手可熱。所以說水貨市場的風潮真的不是很容易理解。我跟朋友來到一條街上，這裡的每家店都在賣盒裝紅酒跟奶粉。「你們是要拿酒來泡牛奶嗎？」我開玩笑。而我朋友則是聳起肩，搖著頭，心累地嘆了口氣：「這太荒謬了。」他告訴我，這裡在他小時候有哪些店鋪和餐廳：這裡是餐廳，那邊是雜貨店，再過去還有一家書店，但現在全都成了綿延的奶粉跟盒裝酒倉庫。

水貨商和這些被他們攻佔的街道之間有如某種奇異的鏡像：前者原本是同鄉，現在卻被當作陌客；後者一度熟悉，如今卻面目全非，只見生疏。走在擁擠的街道上，看著整片人潮忙亂地重複一樣的行為，我忍不住覺得，香港雖然還不是中國，但某些方面已經在變成中國了。但我知道，所謂的變成中國，不管是身分認同上的「回歸」，還是經濟方面的「大禮」，實際上都是深入靈魂、無法修補的斷裂。

「一國兩制」與「兩國兩制」，以及圍繞「不可能」的政治

香港民族主義最後也最難破除的關卡，就是「香港自古屬於中國」的神話。

這個神話既沒有歷史，也沒有文化基礎，只是單純的種族建構，其背後的邏輯是：大部分香港居民原本都來自現在叫「中國」的地理空間，因此擁有「中國血統」；既然如此，他們便一直都是，以後也永遠都是中國人，所以香港一直都是，以後也永遠都是中國的一部分。這種血緣觀和歸屬觀雖然過時，卻仍然很有情感號召力。然而，這些想法不只同時遺漏了香港的族群多樣性，過分簡化了港中之間複雜的歷史關係，也忽略了

由過去兩百年的獨特歷史經歷所產生的社會文化差異。

北京鼓吹的大中華種族想像壓制了結構更細緻的身分建構論。後者認為自從一八四一年英軍登島，香港人和中國人的歷史經驗就徹底分家，雙方也因而有了截然不同的社會與文化。但前者錯誤的種族想像卻支持另一種假設，主張一九九七年的香港移交是歷史的自然，這將會增加兩邊人民和文化的接觸，增強港人對中國的「理解」與歸屬感。這種想法也不算全錯，前所未有的密集接觸的確讓香港對中國的政治和文化有了空前的熟悉和理解。然而，這些熟悉和理解並沒有讓香港居民感到自己終於跟失散多年的手足團聚，反而對這些突然冒出來的親戚感到越來越陌生和疏遠。

有個叫做「本土工作室」的匿名藝術家，就在《香港不是中國》這系列插圖中表達了上述感受，並於二〇一五年自費將該系列作品印成小手冊出版。[128]手冊每一頁都對比了香港和中國的政治、文化、經濟社會現象差異，一再強調雙方的差異。手冊內容指出，從歷史來看，香港誕生於一八四一年，而中華人民共和國則在一九四九年建國。[129]在政治上，香港實施行政、立法和司法三權分立，而中國的政治制度則是中央集權、一黨專政。[130]在文化方面，手冊則指出香港和中國的語言有別，而且香港還擁有自由的媒體及開放的網際網路。[131]在經濟上，香港使用的是港幣，而非人民幣，同時香港對股票市場的監理也比中國嚴格得多。[132]

「本土工作室」的這本小冊子清晰描繪了香港在政治、社會、經濟和文化制度，指出香港不僅不同於中國，而且更優於中國。當然，手冊裡也有一些粗暴、惡毒的言論。例如有一頁就是嘲笑中國的蹲式廁所，還有一頁宣稱中國人「喜歡被中共奴役和操縱」。[133]但如果暫時忘掉這些誇張且多少有些冒犯的訊息，就會注意到手冊的描述點出了一個重要的真相，就是中國和香港經歷過兩百年不同的歷史，已經發展成相異的兩個民族，而大中華民族主義的想像卻百般試圖模糊這個現實。北京想要我們相信，有些人是對偏見和沙文主義中毒太深，才會說出「香港不是中國」，但真相並非如此。真相是，無論北京再怎麼搬弄大中華民族主義來壓制，香港和中國之間都存在許多無法抹滅的根本性「歧議」（differend）⑤。獨立運動者會這麼說並不是因為章小杉與祝捷批判的「香港沙文主義」，也不是因為誤解或偏見，更不是只為了誇張的譏諷，而是經過互動、了解和反思以後，才說出「香港不是中國」。

說出這些無法抹滅的歧議，也就揭穿了一國兩制那些唬人的敘事。相較於一九九七年後統治香港的北京政府，英國確實是遠在天邊的殖民母國。但是經歷一百五十六年的

---

⑤ 譯注：法文原意為差異、不可解決的爭執。李歐塔區分了爭執和歧論，前者有明確的爭執目標，可以受公理、道德、常識等共同的規則評斷；但後者爭論的對象和內容都完全不同，難以溝通，沒有客觀的標準可以區分對錯。

殖民統治後，許多香港居民都認同了英國人建立的制度和價值觀。相反地，一九九七年後的北京雖然離香港近了許多，血緣也更為相近，但他們和建制派盟友在一九九七年後帶來的政治文化卻跟這座城市格格不入。在政治上，中國長期拖延普選改革的承諾，又極力壓抑政治參與，使得大眾普遍感到失望和挫折。在法律上，中國每次對《基本法》的解釋都沒有限制中央政府，反而賦予中央政府進一步干預香港事務的權力，破壞了香港的法治傳統。在文化上，中國一再對獨立出版商施壓，又大力推動愛國教育，都是在公然侵犯香港原有的言論和思想自由。「大家都是中國人」的種族神話，只不過是用來抹消香港和中國歧異的工具，儘管跨越兩個世紀的歧議是不可能抹滅也不可能否認的。

法國哲學家李歐塔（Jean-François Lyotard）在一九五六到六三年之間，曾寫過許多文章討論阿爾及利亞獨立戰爭；日後穆罕默德．拉姆達尼（Mohammed Ramdani）在將這些文章編輯成《阿爾及利亞人的戰爭》（*La Guerre des Algeriens*）時，發現他在這時就已經提出了「歧議」概念的雛型。李歐塔認為，阿爾及利亞衝突的源頭是當地人對法國存在一種情感層面的差異感和斷裂感，他們渴望表達出這種感覺，但這種感覺本質上是無法溝通、不可能解決的。[134]在《歧議》（*Le Différend*）一書中，李歐塔指出歧議的咎患在於「傷害發生了，卻沒有辦法指出傷害的發生」，因此這種咎患無法以「回歸」、「統一」、「解殖」（decolonization）等既有的詞語來表達。[135]拉姆達尼在序文中引用阿爾及利亞史學家穆罕默德·哈爾比（Mohammed Harbi）的話：「殖民者和被殖民者是兩個不同的世界。這兩個世界之間不只是語言無法相容，兩邊所描述的甚至不是同一個對象。」[136]思索歧議的目的並不是為了提供單一、明確的解決方案，而是要超越壓迫者的言語霸權，發展全新的表達方式與願景，以便了解造成歧議的外在條件，說得更具體一點，是造成歧議的各種咎患。[137]只要我們放下以往對殖民主義的印象，不再將其視為西方國家對其他未開發國家所做的惡行，而是想成一個民族對另一個民族的苛虐統治，就很容易看出中國根本就是在殖民香港，雙方無法解決的歧議也會變得顯而易見。這種殖民先是用「一國」把「華人」這個空泛的種族認同套在每個人身上，再用「兩制」下的自治掩飾實質上的殖民統治，並像唸經一樣複誦這個口號，直到再也沒有語言可以表達香港看似自治、實際上再度被殖民的處境。但《香港不是中國》這本手冊卻一再指出雙方在根本上難以改變的歧議，確立了「香港不是中國」這個嶄新的概念，也創造出一種深刻的力量。

二〇一四年，香港大學刊物《學苑》上刊登了一篇題為〈香港是否應有民族自決的權利？〉的文章，作者李啟迪在文中對照了中國對香港和西藏的殖民統治，提出對港中歧議的另一種看法。（我在第二章會進一步探討該文的立場）。[138]在其中一個段落，李啟迪特別提到《和平解放西藏的十七條協議》。這份由中國和西藏在一九五一年簽訂的協議，從標題開始就是典型的「雙言巧語」（Orwellian-named treaty），因為協議雖然承諾給予西藏高度自治，但中國根本不打算遵守承諾，就跟中國給香港的「一國兩制」承諾一樣。例如，《基本法》允許香港享有高度自治權，在第二條承諾香港可以行使行政權、立法權和獨立的司法權；而《十七條協議》的第三和第四條，也承諾保障西藏的地區自治，並禁止中國干涉西藏的政治制度。《基本法》的二十七到三十四條，承諾會尊重香港的生活方式，保障言論自由、新聞自由、集會自由、思想自由和宗教自由；《十七條協議》第七條也承諾保障西藏的宗教信仰、風俗和習慣。正如中國在《十七條協議》的第十四、十五條中承諾只會接手西藏的外交和國防事務，香港也在《基本法》的第十三、十四條得到了一樣的承諾。於是，李啟迪問了一個可怕的問題：香港的自治會不會淪落到跟西藏一樣的命運？[139]

由於我之前就研究過西藏的自焚事件，因此李啟迪在這篇文章裡的比較格外讓我不安。畢竟，當時的香港還能公開反對政治改革草案，並在隨後的幾個月以和平抗爭連續占領城裡大部分地區好幾個月；而同一年生活在種種「安全措施」下的西藏人民，除了自焚之外，再也沒有其他手段能抵抗中央的政策。[140]不過回頭來看，李啟迪對港中關係走向的描繪其實比任何一篇主流學術文章都更清晰、更有遠見，這也代表香港民族主義者其實非常了解他們的敵人。很多人會拒絕這種比較，認為香港和西藏一點都不像。但這種想法卻忽略了一個事實，那就是香港和西藏都被同一個政權以類似的殖民手段統治。二〇二〇年，《國安法》通過，政府藉此大規模逮捕異議犯，政治運動人士紛紛逃離香港，流亡海外。這在幾年前還是無法想像的光景，如今卻突然成了無法逃避的現實。無論是自治區還是特別行政區，最後的下場都一樣。預見到這點的人很少，敢公開說出這種未來的人更少。然而，在北京的統治下，所謂的「自治」根本不可能有其他結局。

香港民族主義是這座城市的政治啟蒙，指出中國的民族團結和民族復興敘事終究不可能壓制所有無解的歧議。「香港不是中國」這句話，不只是以憤怒回擊中央政府的惡意，更是從認知上抵抗和批判這些惡意。這句話毅然決然摒棄過往神話裡的虛情假意，醒悟到不管是中華民族、《基本法》、自治等意識形態，還是政治改革、愛國、解殖和經濟成長等承諾，統統都是夢境，全是協助北京進一步控制香港的政治文化符碼。更重要的是，這句話也指出了「一國兩制」早晚會失效，變成「一國一制」。

既然一國兩制注定失效轉變成一國一制，那原本關心「兩制」的人也會發現，只有兩國兩制才能真的保護他們關心的事物。雖然「香港獨立」聽起來不太可能實現，但這種不可能卻也暗示著它所批判的一國兩制同樣不可能實現。就像林匡正在《香港抗爭運動史》第一卷裡說的一樣：「只有政府真正由本土香港人授權，控制與管治，才會真正明白香港人所需，以及照顧香港人的利益。」[141]乍看之下，香港似乎不可能脫離中國統治，像鄧小平承諾的那樣由香港人自己來統治，但這不代表香港在本質上不可能獨立，而是移交後二十年的處境在阻礙它獨立。如今的香港就像落入了一道深淵，左邊是被神話重重圍困、無法逃脫的現實，右邊則是一個不可能的憧憬，偏偏只有往右邊走，才能真正讓香港人獲得當年承諾中的自由與權利。在這道深淵裡，只有一句話能夠解開這種無法抹滅的歧議，帶給香港人力量，那就是曾經被視為禁忌，但卻一針見血的「我們是不是中國人」。

四：香港警察如何成為外族

本章的第二節分析了香港人的族群（ethnicity）和民族（nation）想像如何演變。隨著中央政府和香港公民社會的對峙逐步升級，香港人的主張也越來越強烈，最後香港民族主義者越過了最後的紅線，拒絕認同「香港自古屬於中國」的想法，從干預日漸加深的中央政府手中奪回主動權。然而，就像本章討論的一樣，雖然北京認為香港民族主義是嚴重的挑釁，但這不代表這只是單純的挑釁。事實上，強調語言、文化等區別的族裔民族主義（ethnonationalist thought）對於香港在中國統治下的命運有著非比尋常的影響，它既是政治啟蒙的產物，也不斷繼續啟蒙著更多人。在這之前，香港流傳著許多跟中國統治有關的神話，像是中國必定走向民主化、《基本法》可以維護香港獨特的制度、反對派可以捍衛民主價值、與中國經濟整合可以彼此互惠，還有殖民統治已經結束。這些神話有的是從外界聽來的，有的是香港人自己告訴自己的，但它們都被香港民族主義破解了。這幾年來，香港和中央政府的對立情緒不斷升溫，但香港人能夠冷靜地分析這些對立，並逐漸意識到香港的生活方式不可能在中國統治下繼續維持，也意識到自己和中國人屬於不同的民族，有權建立自己的國家。而在本章的最後一段，我打算從這個對立情緒與冷靜分析並存的模式，探討一個有別於香港民眾，卻又息息相關的族群：在二〇一九年的反送中運動期間，民眾對香港警察屬於什麼族裔產生了不一樣的看法。

二〇一九年六月十二日，我來到金鐘，看著抗議者聚集在立法會外，試圖阻止《逃犯條例》的修訂草案二讀，因為該草案會導致香港境內的任何人都有可能被押送到中國大陸。早上八點，夏慤道已經被示威者占領，氣氛開始不太對勁；正午過後，警方開始驅離群眾，此時我身邊的群眾已經多了好幾倍，占領了整個金鐘的馬路，甚至蔓延到中環。當然，我不只是看著，我也跟著人們拔腿狂奔，因為警察的驅離手段極其瘋狂。他們朝人群射出一波又一波的催淚彈，高舉警棍追打抗議者、人權觀察員和路旁圍觀的民眾，甚至舉槍朝手無寸鐵的平民開火，發射豆袋彈和橡膠彈。

隔天，我和一個朋友碰面，兩人都還因為昨天的催淚瓦斯連連咳嗽。我們回想著昨天既絕望又樂觀的神奇氛圍，絲毫想不到未來幾個月會發生些什麼。談話間，他問了一個出乎我意料的問題：「你覺得昨天那些追打我們、對我們射催淚彈的警察都是港警嗎？還是從中國越境過來的？」我吃了一驚。就算一國兩制到了二〇一九年已經幾近崩壞，把中國警察派到香港來冒充香港警察鎮壓示威也是非常囂張的做法，所以我從來沒想過這種可能性。就算有人當面跟我提起這種可能性，我還是認為不太可能。

不過我可以理解朋友的感覺。比起把那天的警察當成香港人，想像他們是外地人要舒服多了。畢竟香港一直都有示威抗議的傳統，加上《基本法》保障了集會權，人們幾乎沒看過警察像六月十二日那樣對待示威群眾。雖然在二〇一四年的占領中環後，香港的警民關係早已陷入低谷，警察的行為也愈發兇暴且政治化，還是不曾像六月十二日一樣毫無底線。社會學家張彧暋指出，根據香港中文大學傳播及民意調查中心的問卷，在二〇一九年的六月到十月間，民眾對香港警察的不信任已經從六．五%飆升到五十一．五%，反映出輿論風向的劇變。[142]香港很明顯已經變了，但人們到底該怎麼理解這些改變？最簡單也最有說服力的解釋，就是那天追打示威者的警察其實不是香港警察，不是那些跟民眾在同一座城市長大、發誓要保護這個共同體及法律的人；他們一定是在不同的體制、不同的社會文化下長大，才會以截然不同的方式處理抗爭。當然，你可以說這種「中國警察取代港警」的想法只是用陰謀論把中國人塑造成某種本質化的他者，就像我在上一本書中對漢服的分析一樣：陰謀論會畫出一條黑白分明的界線，為每件事提供全面的解答，讓生活在如今這個複雜世界的人們還能躲進自己的後花園，欣賞清晰、明白、平易近人的身分差別。[143]但與此同時，我還是一直覺得香港人的反應並不只是陰謀論，而是因為六月十二日發生的事太過離奇，他們只能用民族邊界的思維來合理化這些經歷。

整個二〇一九年夏天，一直有謠言說中國武警混在香港警察裡面。回想起來，這些陰謀論其實很不妙，因為它會讓人們繼續天真相信香港和中國的警察體系之間真的存在什麼差異。然而過沒多久，香港警察搖身一變當起了政府的私兵部隊，證明香港人在警察、示威遊行和法治等問題上，還是太過迷信「兩制」的差別可以一直維持下去。

八月十九日，香港警察暴力襲擊港鐵太子站內的平民就證明了這種樂觀毫無根據。從當天晚上車站內的監視器畫面可以看到，揮舞警棍和噴灑辣椒水的警察完全是見人就打，根本不管眼前是誰。不久後，警方開始大規模逮捕，不但將媒體驅逐出車站，還無法無天地拒絕醫護人員進站救治傷患。[144]

事發三天後，我回到香港，發現整座城市都因警察的暴行而沸騰。在這次暴力執法後的討論裡，我已經聽不到人們謠傳有香港警察被中國警察滲透了。畢竟同一夥人哪有滲透不滲透這種事？此時的香港人已經把港警當成另一個獨立的族群：他們跟這座城市的居民不一樣，他們為外來的權勢服務，他們是香港市民的敵人。太子站上方的旺角警署便在九月上旬見證了，當人們意識到這種差異後，會如何夜復一夜地重現、鞏固這層敵我意識。那陣子，兩個互相仇視的族群之間幾乎每晚都會發生緊張的對峙。示威者成群湧入，將太子道擠得水洩不通，用雷射筆照向警察，高喊著「香港警察知法犯法」、「黑警」，還有「死全家」、「冚家拎」等口號。而對峙總會發展到警察拿出散彈槍發射橡膠彈或豆袋彈，最後發射催淚瓦斯，提著警棍衝出警局追擊上來，朝他們抓住的每個人瘋狂揮舞，甚至壓制俘虜以後還繼續毆打洩忿。幾個月以前，香港警民還沒有承認彼此之間存在著界線，但是當人們一說出有那條界線存在，衝突就夜復一夜地上演，彷彿雙方都緊抓著每一次對峙的機會，想要更進一步鞏固這道界線。

在二〇一九年夏天，香港人認識到市民和警察的區別，並逐漸把他們當作外族，這雖然是相當微觀的變化，但整個過程和貫串本章的宏觀認同演變其實頗有雷同之處。在這個夏天裡，香港經歷了一連串充滿希望與折磨的抗爭，警民之間的敵意也隨兩邊的衝突不斷螺旋升級：警察使用過當的武力，導致抗爭者採取更激烈的手段反擊、捍衛自己示威遊行的權利，然後又反過來讓警察使出更兇殘的暴力對付抗爭者。不過，如果只把一切當成是不斷螺旋升級的敵意輪迴，那就太可惜了，這會讓整個過程扁平化，忽略兩個互相敵視的族群是如何看待彼此、建構彼此的形象，並產生後續的行為，也放棄了研究這些互動的機會。經過八月三十一日的太子站暴行，香港警民雙方的隔閡再也無法彌補，抗爭者不再認為警察只是被外族滲透，而是直接把他們當成外族。像這樣把同個社會裡的某個族群想像成另一個民族，其實就是承認了當前的社會及政治體制存在著無法解決的歧議；但承認的同時也是在批判這樣的體制，因為這等於是承認如今整個港警體系已經放棄捍衛法治，自甘墮落成鷹犬，事奉不知法律為何物的外來獨裁者。

說真的，我這輩子從來沒有碰過比二〇一九年九月八日更讓人不舒服的遊行。抗議者甚至不停對周圍的警察高喊：「黑警開OT，警嫂玩3P。」然而，更讓我恐懼的是在旺角衝突的幾個小時後，還有超過五個警察圍著一名逃跑的示威者，不由分說地舉棍就打，就算他倒在地上動也不動，警察的暴行還是不見停歇。

過去從來沒有人提出和討論過這些歧議，但這些歧議卻濃縮了香港公民社會和中國在一九九七年過後的關係。二〇一九年夏天的警民對峙讓港警變成了外族，具體而微地體現了一九九七年以來的整段歷史。在港警變成外族的過程中，不僅有憤怒和對立，也有各種觀察和分析，人們也在這裡頭逐漸認識到，所謂的「人民保母」都是在保護另一個外來的殖民政權。無論是拋棄虛幻的大一統意識形態、批判分析港中歧議的來源與發展，還是用「香港不是中國」來表達過去受到壓抑的歧議，都會帶來力量。這是因為所謂的殖民，就是外族對我族行使權力，所以只有在承認行使權力的人是外族以後，才能理解並對抗他們的殖民本質。

第二章

異國，兩制：二〇一一年後香港政治思想的新方向

香港民族主義是什麼？提倡「香港民族」這個理念的人究竟有什麼觀點？又有什麼建議？本章節是英語世界第一份對香港民族主義的完整介紹。香港民族主義可以分成四大流派：城邦派、自決派、獨立派和歸英派，這四大流派都有一個共同基礎，就是意識到「一國兩制」已經失敗了。然而，除了同樣的政治認知，這四大流派採用的哲學和政治觀點大不相同，因此他們對香港未來的展望也同樣南轅北轍。換句話說，我們不該把香港民族主義想像成那種萬眾一心的民族運動，它其實更像是一場探討香港未來的對話，這場對話沒有禁忌、充滿希望，而且開放任何人參與其中。

這一章將會介紹香港民族主義這個思潮的歷史，重點在於整個概念的發展過程，而非特定的人物或事件。當然，有些人物對這些思潮的發展格外重要，因此我們還是必須討論他們的人格與貢獻。然而，我在撰寫這一章的時候也發現，如果太強調某些人物的貢獻，難免會放大他們的人格，這樣一來，我們很容易被這些人複雜且充滿爭議的關係牽著鼻子走。問題在於，這樣除了讓我們看見政治運動家並不一定都很尊重彼此，深究這些關係實在沒什麼知識價值。同樣地，本章如果討論到二〇一四年的占領中環，或是二〇一六的魚蛋革命等重大事件，也必定是因為這些事件和某一段香港民族主義的發展密不可分。總而言之，我並不打算爬梳二〇一〇以來所有跟香港民族主義相關的事件，而是要解釋和追溯這些事件如何催生出一連串的論戰，而這些論戰又如何促成新的事件，例如：占領中環讓人們開始質疑，在中國統治下是否有可能實現民主？而魚蛋革命則讓人們開始討論，在抗爭中使用暴力有何道德基礎？[1]

在概述香港民主主義思想發展的時候，我想特別強調相關辯論的型態多麼千變萬化。與此同時，雖然知道現實中的香港相對不太可能如任何相關建議從中國分離出去，但本章還是要指出相關討論如何拓出新路，找到評斷中國統治之害的新方法，以及了解那種「四海都是中國人」（pan-Chinese）的民族主義又有哪些問題。

從城邦論到「永久基本法」

提到陳雲，每個人都有自己的話要說。陳雲原本是嶺南大學中文系教授，曾於港府任官，他在二〇一〇年代開始評論政治，認為香港必須改變與中國的關係。[2]可想而知，親中人士不會喜歡這種論調，他們稱陳雲在販賣「恐華情緒」。另一方面，即使是直言主張香港獨立的人，也對陳雲這個名字撇出斜視，嗤出冷笑。然而，當我繼續追問下去，我發現這些人全都同意陳雲的發言徹底改變了港中關係的討論方式。他成為一個不受拘束的媒介，讓人討論到底該怎麼處理香港在中國統治下的社會政治緊張關係，並且跳脫當前的束縛，用新的概念去設想香港的未來。他在二〇一一年出版的《香港城邦論》中，直言一國兩制已經失敗，並提出香港作為一個不同於中國其他地區的城邦的主張。[3]光是這份論述就讓陳雲以一己之力推動了香港政治圈的典範轉移：許多之前沒有明確表達的需求，如今都表達了出來，這座城市出現了一種新的思想體系，永遠改變了香港人看待與談論未來的方法。

陳雲顯然是一位蔑視傳統、勇於對抗的思想家，哪怕是社會最諱莫如深的議題，他也敢正面挑戰。這讓他能夠如尼采一般，超越傳統論述的陳腐平庸，對香港的正統政治論述施以致命痛擊。然而，這種百無禁忌的特質雖然讓他在二〇一〇年代前半葉聲名鵲起，卻也在後半葉失去人氣。若以尼采為喻，這種轉變便很容易想像，如果你在社群媒體上整天追蹤尼采的最新動態，你很容易會從心潮澎湃轉為大失所望。陳雲肆無忌憚、不按牌理出牌的性格雖然讓他寫出了永遠改變香港政治的書，讓港人開始辯論香港的未來，但之後也讓他在後續辯論中走向極端，遭人厭惡。

《香港城邦論》

陳雲的革命思想始於他在二〇一一年出版的這本書。書中的主張平凡無奇，只是提及香港應該成為一個城邦。[4]乍看之下，這似乎什麼都沒說，畢竟香港本來就已經是一個擁有自己的邊界、貨幣、政策，表面上擁有自治的城市。但在日後不斷衍生的「城邦論」系列書籍中，陳雲不斷在城邦與香港的概念中注入新的意義。因此，中華人民共和國香港特別行政區若是成為香港城邦，就絕對不只是文字遊戲這麼簡單。

什麼是城邦？陳雲認為這個概念有很多意義，他說城邦是一種可以追溯到古希臘的西方傳統，是柏拉圖《理想國》和亞里斯多德《政治學》這些古典政治學的想像基礎。[5]城邦是一種以城市為核心的小型自治實體，通常位於大國的邊緣，讓各國的人才、資本、商品、學者、文化習俗在此匯流集結。[6]有時候城邦是獨立的，但通常都跟另一個提供資源、為其抵禦外侮的主權實體有連結。[7]城邦是民主的發源地，它在政治上不認為人民應該為國家服務，而是國家應該為人民存在。[8]陳雲甚至引用亞里斯多德的話來主張城邦存在的主要意義就是實現「美好生活」。[9]

亞里斯多德……古希臘……的城邦（polis）。但這一切與我們眼前的現實卻相去甚遠，亦即目前香港跟中國的關係完全不是這樣。這正是城邦論的重點所在。陳雲所述的城邦傳統完全改寫了香港與中國之間的關係。陳雲明確指出，無論是只把香港當成英國統治下的殖民地，還是中國統治下的特別行政區，在想像香港時都會明顯漏掉一大塊既有的現實，以及許多可能的未來。

如果只把英國統治下的香港當成殖民地，便會忽略歷史的複雜性，以為當時的香港只有壓迫和不正義。陳雲認為，香港這座一八四二年建立的城邦並不像中國正史描繪的只是某個遭受殖民的國恥，反而是東亞獲得全新政治傳統與文化傳統的前哨站。[10]很多香港的居民都不是被動地遭受殖民，而是為了追求這座城市的「美好生活」，主動從中國移居到這裡。他認為，雖然香港的總督來自遙遠的倫敦當局，但香港幾乎擁有完全的權力能夠決定地方事務，於是時日益久，香港便發展出獨特的政治與經濟政策，這些政策反映了當地利益，使這座城市發達繁榮。[11]因此，香港在十九世紀與二十世紀成了一個桃花源，得以遠離中國連綿不絕的文化毀滅、政治動盪、人道危機。[12]

至於依照香港於一九九七之後的官方名稱，只把香港想像成中國的特別行政區，在陳雲的解讀中認為是更加貧乏的描述。法治、結社自由、新聞自由這些表面上讓香港顯得很「特別」的性質，其實在當代一點也不「特別」，而是非常「普通」的普世價值。[13]如果你認為香港人所謂的自由有任何一丁點「特別」之處，那只表示你把中華人民共和國的詭異政治、社會文化、法律狀況視為理所當然。[14]不過，如果無論從歷史還是當下現實的角度，香港都既不只是殖民地，也不只是特別行政區，那麼香港究竟是什麼呢？陳雲認為能夠反映香港「客觀現實」的概念，就是城邦。[15]

香港獨特的文化也是來自於這種獨特的城邦歷史。陳雲根據人們過去移入香港的歷程，提出一種備受討論（很多時候甚至是陳腔濫調）的觀點，他認為香港融合了三個不同時空的文化：過去的大清、之後的中華民國，以及維多利亞時期的英國。[16]在陳雲眼中，香港人繼承了大清遺民的保守和沉著，[17]繼承了民國時期的勇氣與探險精神，[18]以及維多利亞英國的自由主義、懷疑精神、理性。[19]我個人不太相信世上有所謂的民族性，而且要批評這種把不同時空的不同遺緒簡化為「香港民族性」的說法也確實容易。但若是我真的只花短短幾分鐘用一串膝反射的批評結束本書的這一段，就會錯過陳雲論述背後的真正要點，也無法解釋他為什麼能引發那麼大的迴響。陳雲這種「民族性」迷思論述其實想把香港歷史帶回建構身分認同的脈絡中，讓大家注意到中國中央政府「四海都是中國人」的永恆民族神話完全忽視香港獨特的歷史經驗。

但這種香港的獨特性能不能禁得住中國日益嚴苛的統治？陳雲認為不僅可以，而且必須。按照傳統的說法，一國兩制是中國共產黨給香港的恩賜，理論上隨時可以撤銷，不需要等五十年期滿。時間過得越久，這座城市就越來越不會是亞太的經濟重鎮，事實上也一直有人認為香港即將被深圳或上海等城市取代。香港的未來在於中國，是香港需要中國，不是中國需要香港。陳雲再次在這裡露出他的拿手絕招翻轉這種敘事。首先，他主張一國兩制既不是鄧小平新創的理論，更不是中共送給香港的恩賜。一國兩制只不過是一塊遮羞布，是因為採取英國體制的香港的實力跟文化都勝過中國，中共不願意正面承認，才編出來的一套藉口。中共想要香港體制帶來的經濟利益，但在政治上卻無法提供香港任何協助，所以只好在移交之後繼續讓香港維持既有的制度，美其名為「一國兩制」。[20]其次，他認為「香港會被超越」的炒作雖然由來已久，卻永遠不可能實現。早在一九五〇年，上海的城邦底蘊就被中共刨根殆盡，共黨的色彩深入骨髓；深圳則終究只是香港城邦的附庸，香港要是衰落，深圳也會跟著滅亡。[21]在他看來，在中國發展的過程中，這兩個城市都無法代替香港獨特的金融與科技角色。[22]陳雲以顛倒上下的方式，提出一套典範轉移的論述，讓香港的政治文化與港中關係的討論方式產生翻天覆地的變化。他認為香港不需要中共，是中共需要香港，真正的權力與主動權都握在香港手上。[23]

陳雲認為，雖然中國需要香港，中共卻拒絕承認，所以政策搖搖擺擺自相矛盾，一下子務實地採取結構功能論（structural functionalism），想用香港的獨特優勢來協助中國發展；一下子又不理性地「控制上癮」，破壞香港的重要特質。[24]一方面，中共知道香港對中國的未來發展與中國的世界位置都至關重要、無可替代，因此力求慎重地找出現實可行的政治出路。但另一方面，中共領導人與其抱持民族主義的支持者在情感上卻有一道過不去的坎，不願意承認香港的強大之處並非來自他們全能的偉大共產黨，而是來自英國政府和香港人民，更糟的是，中共接收香港之後，還不得不把這種外來的特質延續下去。[25]為了彌補過去遺留下來的制度赤字，官方論述開始主張香港人虧欠中國，說香港之前在中國陷入困境的時候，搶走了全國最優秀最聰明的人才，而且如今必須仰賴中國，所以只有中華人民共和國政府的支持才能讓這座城市的經濟順利運作下去。[26]但他認為這種意識形態只能暫時撐一陣子，如果繼續讓中共任意行事，政策只會越來越倒行逆施，然後香港的特色逐漸消亡，對中國越來越沒價值。[27]在二〇二一年重讀此語，不禁深嘆十年前的陳雲料事如神。

香港要怎麼樣才能避免毀滅？陳雲的提議是讓香港成為城邦。[28]這個願景該如何實現？這實際上究竟意味著什麼？是承認香港為城邦，還是把香港打造為城邦？這些細節陳雲在第一本書沒有太多解釋。或許因為他當時意識到自己提出了一個新的典範框架，他第一本書的重點只是希望港人承認這座城市過去以來都是個城邦，倘若一切理想，將能發生他所謂的「城邦運動」，在政治上開始著重香港利益，然後開始利用香港在港中關係之中的戰略優勢，以法治為基礎，明確要求中共放權。[29]之所以要提出城邦的概念，就是為了改變遊戲規則。

在這個情況下，陳雲有所本的自信果然應驗：當人們談到二〇一一年來哪些書對香港政治造成最大影響時，通常都會把《香港城邦論》排在首位。在這本書問世時，本土意識才剛開始在香港政治思想界初露頭角，而開啟日後細緻討論的第一本系統性理論論述就是《香港城邦論》。諷刺的是，《香港城邦論》日後引發的浪潮走向了港獨之路，但陳雲在該書卻特別小心地強調，他絕不支持香港獨立。他在書末甚至表示，「《基本法》賦予的自治權，比英國統治承認的所有權利都多。問題只是中國正在阻止港人自治，而港人在爭取自治時不夠積極。要真正實現香港自治，顯然不是走上獨立之路，而該真正落實『一國兩制』。」[30]雖然這本書倡導的是香港成為城邦而非獨立，卻因為改變了政治討論場域，而為港獨倡議打開大門。不過還沒等到香港完全獨立的說法進入主流政治圈，陳雲自己的思想卻已經發生了出乎意料的轉向。

封建萬歲！

陳雲在「城邦」系列的第一本書中，提出了一個思考港中關係的全新典範，而且無論你承不承認，這本書的政治影響都久久不衰。該系列的第二本書則試圖從這個新典範中再次翻出另一個典範，全書再次展現放蕩不羈的思維氣質，既引人入勝又充滿遺憾。

這第二本書叫做《光復本土》，英文版書名則取為《香港忠貞論》（*On Hong Kong as a Bastion of Loyalism*）。他在第一本書告訴讀者香港是一個城邦，在第二本書主張香港才是偉大文化遺產的真正守護者。而且雖然他在第一本書中以城邦的概念強調香港與中國的差別，卻在第二本書中堅定不移地為華夏傳統與封建主義辯護。沒錯，你沒看錯那句話，他認為華夏傳統與封建主義使香港有別於中國。簡單來說，該書主張只有香港真正保留了華夏傳統，港人若是想繼續守護這項祖先傳承下來的遺寶，就必須放棄「文化中國」的概念，以現代香港城邦復興西周封建制度，藉此推廣華夏文化，並有別於中國。希望接下來的幾段能有助於各位了解。

香港在討論身分認同時經常提到「文化中國」，這個概念很容易博取認同，因為它讓你在文化上接受自己是中國人，卻在政治上不必認同中共一九四九年之後帶來的各種慘劇。[31]但陳雲認為「文化中國」注定無法把中華文化跟中共切開，它沿用了「中國」這個詞彙，而地理上的「中國」就是過去七十年來被中共控制的東亞大陸空間。[32]因此，「文化中國」即使表面上想讓人跟地理上的中國保持距離，實際上卻反過來強調了地理區域的重要性，根本沒有做出區別。陳雲認為真正能夠捨棄地域連結的方法是完全不要提到「中國」這個地理空間[33]，直接承認這個空間經過中共七十年的摧殘，如今已經無藥可救：「中共已經綁架了中國，你心中的中國……已經不再是真正的國家。」[34]他為了強調這一點，甚至用了一個更粗俗的比喻，說那些想要繼續擁抱「文化中國」的人都只是戴綠帽的烏龜，明明自己的愛人已經跟中共通姦很久，而且根本沒有遮掩，卻依然相信對方始終愛著自己。[35]

陳雲批判完「文化中國」之後，提出「華夏文化」的概念，[36]主張「中國」只不過是某種特定文化視野的地理中心，「華夏」才真的是一種文化概念。[37]「華夏」不僅不綁定任何地理區域，而且現在只存在於香港，在中國根本找不到。他認為，香港應該根據「華夏文化」進行「文化建國」，把這個文化的主權搶回來。[38]這種論調乍看之下毫無新意，只是像之前的人一樣反對毛澤東信徒「破四舊」，試圖保留更純粹的中華文化而已；但陳雲沒這麼簡單，他認為毛派反封建破四舊的行為其實才是真正的舊文化。華夏的封建主義早就失傳了，它不但不像五四運動所言是阻礙共和的絆腳石，反而是走向真正共和的唯一道路。陳雲的論調極為挑釁，極為顛覆，他在宣稱香港是一個城邦之後，於二〇一三年再次出人意表：「中國如果真的要走向共和，就必須復興封建制度。」[39]

在提到中國歷史時，「封建」這個詞雖然感染力強大，卻經常無助於討論，因為中共一九四九年上台前的「舊社會」的所有錯誤都會被說成「封建」。[40]但是精於分析概念的陳雲給了「封建」更具體的定義：「各省各市自行其是，不服從中央指揮。」這個定義來自封建二字的本意：封，爵諸侯之土也。建，立朝律也。[41]陳雲認為真正的封建是西周特有的政治體制，天子律令限於直隸，不行於諸侯。這種體制在秦朝之後就消失了，中國正史記載的統一天下其實是指朝廷完全控制國家，淪為中央集權，扼殺其他光明未來的過程。正史鄙棄的封建反而才是政治充滿活力、學術百花齊放的黃金時代。[42]

陳雲這部分的觀點跟王飛凌的《中華秩序》很像，王飛凌在這本書中批判了從秦代一路延續至中華人民共和國的中央集權傳統。[43]該書有一個章節叫做〈戰國時代的輝煌與和平〉，主張「戰國時代」只是名字裡有「戰」這個字而已，其實反而比之後的中央集權時期還要和平，當時政治多元，思想充滿活力，儒、道、墨、法在這波濤洶湧的時代百家齊鳴，深深影響後世。[44]王飛凌認為，中國其實是在秦代之後才真的變得好戰，朝廷著名的中央集權和國家控制扼殺了過去的政治與思想活力。[45]然後從大漢以降，朝廷一次又一次地將中央集權包裹在儒家的糖衣中，只要這套體系被自己的體重壓垮，下一個統治者就會以新的名義重新包裝相同的控制欲望，然後國家就這樣永無止境地分分合合，永無止境地回到原點。[46]

陳雲也一樣，他認為封建制度並非中國歷史揮之不去的陰霾，亦非邁入現代化的阻礙。相反地，諸侯自行統治、大抵無視天子的封建時代，反而是中國歷史上一閃即逝的希望之光，日後的時代遠遠不能比擬。[47]中國歷史上真正的毒草是中央集權、掌御成癮的朝廷，而且當代的政權也只是披著革命與現代化的外衣，其實與之前的王朝毫無二致。[48]前一個王朝的覆滅只會帶來下一個純粹帝國的秩序，二十世紀主導中國的革命之夢終將幻滅，真正能夠跳脫螺旋的道路反而是回到最古舊的傳統：放棄中央集權的專制秩序，重拾失落的封建傳統，以香港城邦為核心建立一個自發性的中華邦聯，找回真正百花齊放的分權與活力。陳雲認為，「如果我們想讓中國再次成為中國，重新成為華夏，就只能回到西周那樣的安排。這意味著我們必須拋棄秦代以來的極權主義，消除中央政府喪心病狂的暴力統治。這意味著以地方政權彼此之間的協議來建立一個國家。這是復興華夏文化的宏願。」[49]

出乎意料的是，陳雲認為《基本法》是通向西周體制的鋪路石。他認為《中英聯合聲明》和《基本法》是秦代之後第一次以具有法律約束力的協議限制了中央權力，改變了中央政府與地方的關係。[50]如果《中英聯合聲明》和《基本法》能夠得到充分的尊重並且真正落實（看來是一個很大的「如果」），現代中國就會往法治邁向一大步。[51]而且這背後還有更大的意義，《中英聯合聲明》和《基本法》打破了看似千古不變的中央集權文化，重拾地方自治的傳統，讓天子不用管轄地方的日常事務，只需要負責維繫封地彼此之間的和平。有了《基本法》，中央政府的權限就只剩下國防與外交。[52]

陳雲想讓華夏文化重新成為香港城邦的中心，並設置一個中央與地方自由立約的模式，藉此使香港、臺灣等地自願成立一個華夏邦聯，然後澳門、中國、蒙古、西藏、新疆陸續加入。[53]邦聯的每個成員都保有獨立的行政、財政、法律體系，以及最基本的地方防禦，同時也為整個邦聯的防禦做出貢獻。[54]外交由中央政府負責，但邦聯各國還是可以自己締結國際協定、加入多邊組織，成員國實際上的外交權力範圍由各國在互利原則下協商得出。[55]當然，陳雲把臺灣納入願景的說法引起了爭議，畢竟在一國兩制令人失望透頂之後，香港人對臺灣這個民族國家的獨立地位越來越嚮往。但是陳雲認為臺灣會主動加入華夏邦聯，因為邦聯的基石是香港，而香港和臺灣的傳統華夏文化都比中國更純粹。他說臺灣人不會把邦聯當成吞併，而會把邦聯當成一種和平建立臺灣國族的必要手段。[56]他還說，在邦聯中納入臺灣這個已經獨立的國家，會讓其他成員國更能確保享有真正的自治與完整的國家權力。[57]他說到最後，這個邦聯會跟日本、南韓、新加坡、越南這些深受華夏文化影響的國家建立密切關係，成為一個全新的亞洲聯盟。[58]

為了復興西周的封建制度，陳雲大量引述《論語》、《左傳》、《易經》的艱澀文言文來批評「文化中國」這個概念。在《光復本土》出版後不久，他開始在正式場合穿著最近流行的「漢服」，也就是據說從黃帝時期一路流傳下來的漢族傳統服飾。[59]他跟孔子等人一樣呼籲復興周禮，認為這種制度是維持宗法秩序的關鍵，西周就是因為使用這套制度，才維持了後世望塵莫及的黃金時代。[60]

打從一開始，人們就知道要重塑港中關係必定道阻且長，但沒有人想到這條道路竟會如此難料。

永久基本法

如果說顛覆傳統的陳雲是香港的尼采，那麼第一本《香港城邦論》就是陳雲的《敵基督》（*The Antichrist*），毫不留情地粉碎舊觀念，用一個全新的視角觀看香港與中國。第二本《光復本土》重拾被塵封已久的舊文化，宛如《悲劇的誕生》（*The Birth of Tragedy*）那樣對比太陽神與酒神。如果我們繼續這麼看，那麼陳雲二〇一五年，也就是開始撰寫該系列的四年之後出版的《城邦主權論》，的確和尼采的《瞧，這個人》（*Ecce*

Homo）一樣，自信滿滿地回顧自己的畢生作品。不過陳雲並沒有像尼采一樣在書中編入〈我為什麼如此智慧〉、〈我為什麼能寫出如此好書〉等篇章，而是在《城邦主權論》和二〇一六年的續集《城邦主權論II希望政治》中把重點放在實作，例如〈我為什麼必須進入香港立法會〉。[61]

之前不斷主張香港城邦的陳雲，這時候突然提出一個新概念：「永久基本法」。這讓他的老粉絲不禁嘆了口氣，拿起老花眼鏡，想搞清楚這到底是什麼玩意。陳雲認為，香港有很多問題都跟《基本法》第五條有關：「香港特別行政區不實行社會主義制度和政策，保持原有的資本主義制度和生活方式，五十年不變。」[62]跟從西周源流至今的歷史長河相比，五十年這個數字簡直滄海一粟。在一九八〇年代提出「一國兩制」的時候，二〇四七年這個期限看起來相當遙遠；一九九七年香港移交的時候，大家也都把重點放在中國的吞併，而非制度何時終止。但是到了二〇一五年，這個二十一世紀中期的期限已經近在眼前，那些簽下三十年房貸的人，在「一國兩制」結束前就會還完；而且由於中共的政策越來越干預香港內政，香港的獨特體制早已無法維持。在《香港城邦論》展現獨特視野的陳雲，到了《城邦主權論》再次以《基本法》第五條切入，呈現香港的政治焦慮，並提出另一條全新的解方。

在二〇一七年的臉書貼文上，陳雲曾用他一貫的接地氣譬喻解釋他為什麼主張「永久基本法」。他說香港的狀況就像是一家幾個月後租約就要到期的商店，商家的經理就是香港人民，這些人知道自己不久之後就要搬走，當然不會花太多時間精力去經營客戶關係，也不會砸錢整修房屋。房子的主人則是中國共產黨，它知道租約實際上的影響力逐漸降低，不久之後房子就會落入其手，當然會得寸進尺要求商家經理開放各種特權。陳雲認為，中共之所以敢對香港日益干涉，香港人民之所以願意乖乖就範，都是因為二〇四七年之後一切混沌未明。

為了解決這個困境，陳雲提出了一個簡單的方法：跟中國共產黨達成協議，修改《基本法》第五條，取消五十年的有效期限，使《基本法》的一國兩制永遠持續下去。這就是陳雲所謂的「永久基本法」，他認為這可以保障中華人民共和國對香港的永久主權，因而對中共有利；同時也可以永遠保障香港獨特的制度與生活方式，因而對香港居民同樣有利。[63]值得注意的是，陳雲表示要實施這個方案顯然必須先讓他進入立法會，把所有精力用來推動「永久基本法」。若要讓永久基本法得到最終批准[64]，他說自己要勸說的目標不只是其他的立法會議員、選出這些議員的選民與選區，更包括中國人大的香港代表，以及北京的其他建制派。下面這句話精簡地描述了為什麼他會從單純提出新概念，轉而想要實現這宏偉的歷史使命：「這種事，只有我這種贏得中國共產黨尊重的批評家才能做到。只有陳雲才能這麼有效地用政治論述幫中國共產黨留面子，保護中國官員非常複雜又非常脆弱的感情。」[65]他認為只要各方都了解基本法永遠持續下去能夠帶來的利益，香港立法會就能進行表決，然後交給北京的全國人大確認批准。[66]一旦不再需要擔心二〇四七年之後的風險，香港人就能安心，就能把精力用來建設香港，實現他從《香港城邦論》以來一直設想的美好未來。[67]對於北京當局而言，「永久基本法」也能確定香港永遠屬於中國，消除各種不穩定因素。在《香港城邦論》對中國完全放棄希望的陳雲，如今認為要解決香港的困境，還不如跟中國達成一場大協議。[68]

而且只要開始修訂《基本法》第五條，就會產生更廣泛的影響。陳雲認為這會開啟一個新時代，因為中國會開始跟香港進行公開自由的談判，設法達成一個對雙方都有法律約束力的協議，他在《城邦主權論II希望政治》中稱之為「契約政治」[69]。中國一旦這麼做，等同立即承認了先前否認的香港主權，進而改變了雙方的權力關係，使香港能夠主動面對這長久以來的難題。《基本法》第五條若修訂完成，接下來就可以處理批准「前往港澳通行證」的二十二條，以及讓在香港出生的中國公民獲得永久居留權的二十四條。[70]

《基本法》第二十二條讓中國每天發放一百五十張「前往港澳通行證」，讓中國公民註銷內地身分，從此定居香港。這條規定正如本書第一章所言，多年來一直引發香港人的怒火。相關公共討論中最常提到的問題就是，這條條文完全不讓地方政府監督發證過程：誰能拿到通行證，完全由中華人民共和國政府決定，香港政府不但無法審查，更無法拒絕獲證者來港定居。[71]由於中共長年以來且根深蒂固的腐敗，許多報導都稱拿到「前往港澳通行證」的方法之一便是跟黨政人士打好關係，甚至有人說中共把通行證拿來拍賣，價高者得。[72]

《基本法》第二十四條的爭議更大，因為它賦予在香港出生的嬰兒居留權，如此一來其家人也會獲得居留權，這讓一大堆中國人利用這條規定跑來香港生寶寶。香港小孩享有十二年優質的免費義務教育，香港的醫療保健條件遠超過中國，社會福利比中國完善許多，而且香港的護照不用簽證就可以進入許多國家。因此，打從進入二十一世紀以來，每年都有七千至一萬名中國孕婦到香港醫院分娩，活產新生兒的數量高達全港的十五至二十％；在港澳自由行擴及更多中國城市之後，刻意跑來生產的女性數量更是不斷增加。[73]中國的旅行社甚至專門為此推出產婦旅遊套餐，刻意把住宿地點設在有婦產科的醫院旁邊，等產婦一開始分娩就護送她們去急診。[74]二〇一一年，在香港分娩的中國產婦已增至四萬三千九百八十二人，約占全港新生兒的四十六％。[75]這種爆炸性的成長讓香港的醫療設施根本不堪負荷，導致許多香港產婦甚至因此無法在公立醫院生產。[76]

所以陳雲把《基本法》的這兩條當成重新談判港中關係的下一步，並不如某些批評所言，只是想訴諸人性最卑劣的排外心態，而是真的試圖想解決一些目前最具爭議的問題，頂多只是方法不切實際。[77]陳雲認為，如果中央政府能在跟地方政府重新談判的過程中，發展出一套契約政治，那麼所有相關問題就會一掃而空。因此，他希望用談判的方式，使香港得以全面普選，並公正公開地選舉立法院和特首。他還提出一個「大城邦計畫」，讓香港向中國租賃土地，以香港的模式來治理：首先租賃深圳，接著是東莞，最後逐漸擴張到廣東省的惠州。[78]這些最新的新界將提供香港廣大的空間，處理香港最嚴重的地狹人稠問題。獲得土地之後，香港就可以繼續發展工業，甚至重拾製造業能力，而廣東居民也會了解香港體制的優點。[79]另外，香港一旦有了這種自治權，就不用擔心另外兩個陳雲預警多年的隱憂，那就是中國經濟可能崩潰，以及中國和其他民主國家之間的衝突越演越烈。可惜的是，這樣的藍圖雖然非常宏觀，但無論是否同意他立場的人都會懷疑這種方案的可行性。

雖然陳雲在反思現實政治的過程中得出了大概無法實行的出路，自己卻因此付出了真實的代價。二〇一五年，嶺南大學校長發信警告陳雲謹言慎行，不久之後該大學撤銷了他的教職。[80]二〇一六年，他以「永久基本法」為政見，於新界東區角逐立法會議員，也沒有成功。更令人唏噓的是，勝選者之中包含了比他更年輕的民族主義者，例如「青年新政」推舉的梁頌恆。[81]

陳雲雖然受挫，但是城邦和「永久基本法」的概念並沒有消失。同樣是學者出身的鄭松泰受到陳雲的觀念啟發，在二〇一六年由「熱血公民」推舉，以「永久基本法」為政見贏得了新界東的立法會議員席次。二〇一七年，鄭松泰和靳民知合著《基本法改良芻議》，詳細探討要改革那些法條，才能充分保障香港的生活方式。[82]內容包括：

將第五條的「資本主義生活方式」改為更具體的「香港一九九七年前的生活方式」；[83]

制定一套「防止外來干預法」，禁止中共資金資助政治活動，明訂中國共產黨在香港建立任何組織都需要港府批准；[84]

明訂港府在經濟健康時期必須保持財政盈餘，只有在低迷時期才可舉債；[85]

香港入境事務處有權拒絕中國公民以「前往港澳通行證」的方式來港移民；[86]

將香港的永久居民視為「公民」而非「居民」；[87]

將繁體粵語、英式英語訂為法定官方語言。[88]

《基本法改良芻議》對香港未來的看法相當發人深省，但這些建議的主要盲點還是跟之前一樣：中共很可能一條都不必同意。陳雲為了推動這類改革，主張自己應該要擔負起這宏大的歷史任務；但在現實中，無論一個人的理由多麼顛撲不破，只要大國不承認他的談判權利，他就永遠不可能跟大國達成什麼協議。舉例來說，鄭松泰無視政治環境日益壓抑，持續堅持在立法會裡推廣城邦理論跟「永久基本法」，成為《國家安全法》出現之後唯一的非建制派議員，但最後依然在二〇二一年八月被新設立的審查機構以不效忠香港特區為由褫奪議席。這不禁讓人懷疑，如果中華人民共和國政府拒絕遵守現行的《基本法》，並以強大的話語權扭曲原意，那麼即使港中真的重新協商了新的《基本法》，提升香港的自治權，為北京當局設下更多限制，怎麼可能期待北京當局乖乖遵守這套法律？自二〇一四年以來，中國政府越來越頻繁地違反《中英聯合聲明》，如果連這種具有國際約束力的協議都敢違反，那麼即使真正成立華夏邦聯，中國怎麼可能依照協議維持跟香港之間的關係？陳雲最初對現實政治的看法非常有想像力，但是卻變得日益不切實際，而且在中共不斷背棄承諾、升級鎮壓之下，更是讓這些夢想一一成空。不過，即使陳雲的城邦論在時局的演變之下成了泡影，他大破大立的嶄新思維依然徹底打碎了過去港人心中鐵板一塊的對中關係，自此開創了一條全新的思想之路，激發了新一代的勇士。

自決論：一廂情願的社會契約

陳雲的人生就像一場變形記，從一位教授變成一個香港城邦的夢想家，再變成復興封建制度的倡議者，最後轉而推動「永久基本法」。他以全新的視角重新評估港中關係，開啟了一套典範轉移，讓人們開始針對這座城市的政治現實與未來進行百無禁忌的討論。這段時間中，也有另一群人提出了不同的建議，他們認為香港人不是中國人，香港人應該要民族自決。這種觀點來自香港中文大學的學生會刊物《學苑》特刊：《香港民族，前途自決》，也就是之後再版的《香港民族論》。[89]它的觀點顯然受到陳雲最初那些開天闢地思想的啟發，但這些作者沒有像陳雲那樣，想以塵封的華夏傳統建立香港城邦，反而開拓了一個更新穎的視野：香港人是一個民族，基於國際法有權自決。

梁繼平在《香港民族論》序一的開頭，就先提到了陳雲的城邦概念，然後立刻超越了這樣的理念：「若要數香港近年來最具爭議的詞彙，非『本土意識』、『城邦自治』及『族群身分』莫屬。一言蔽之，其核心就是以香港為本位，發展出獨立而自主的歷史觀，身分認同及政治原則。港人不再視香港為借來的時空，而是扎根的家。」[90]短短幾年之後，我們已經忘了這種宣言在二〇一四年是多麼大膽，在當年公開倡議民族自決是多麼前所未聞。梁繼平承認，民族主義在香港還是很「政治不正確」，但影響力將日益增長。他以香港歷史學家徐承恩的說法預言，民族主義思想一旦出現，就很難收回或抹去，它將永遠改變每個人對自己的看法。[91]

這篇序文的主要創見在於，梁繼平把描述香港共同體的方式從陳雲那種城邦內的「族群」推廣成「民族」，喚起了公民心中的平等、自治、主權觀念。[92]熟悉「民族」

概念的中國學者在理解這個概念時，很可能不會聯想到平等、自治、主權，因為中國的族裔政治一直都以「自治」為名，插手各族群的大大小小事務，並以多元文化主義為名，讓漢人對其他族群進行殖民。當然，梁繼平並不認為應該讓中國的官僚承認香港人是少數民族，反而是借鑑管禮雅（Liah Greenfeld）的研究來看待民族主義與民主之間的關係，主張香港若要民主，就必須成為民族。[93]要建立真正的民主政治，就必須先擁有一個邊界明確的共同體；而真正的民主政治也會回過頭保障這個共同體的邊界，保障裡面的所有公民。正如梁繼平的總結：「在香港邁向民主之前，必須先解決身分認同的問題。」[94]

邊界不明的共同體

梁繼平在特刊的第一篇文章中闡述了民族主義與民主之間的關係，討論二〇一四年「孔允明訴社會福利署案」終審結果引發的輿論反應。如果真的像強納生・雷（Jonathan Rée）對班納迪克・安德森（Benedict Anderson）批評那樣，民族主義者的觀念要凝鍊到最清澄的程度才會為了時事而憤怒，那不就表示「孔允明案」幾乎注定無法激起任何人胸中的火焰嗎？[95]但梁繼平是刻意的，他以這個令人意外的點切入，反而讓自決願景的邏輯顛撲不破，對香港的影響一望即知。

二〇〇六年，中國移民孔允明向香港申請社會保障遭拒，因而向社會福利署提起訴訟。社福署認為，申請社會保障的居民必須在港住滿七年，孔允明在申請前四個月，也就是二〇〇五年才持「港澳通行證」移民香港，並不符合資格。[96]經過一連串的訴訟，終審法院判她勝訴，並要求港府將社會保障的申請資格從七年縮短為一年。據估計，港府的開支大約會因此增加八億港幣，費用當然是由港人買單。[97]終審判決一出，民調結果不出所料，港人對此極為不滿。[98]

梁繼平認為，人們確實可以從財務的角度評估政府能否撥出這麼多新的支出，也可以從財務的角度討論判決在普通法的架構下是否合理。[99]然而，這些都無法解釋為什麼這項判決引起香港人這麼大的反感。他認為香港人的反應之所以這麼強烈，其實是因為這件事直接涉及身分與權利，直接問到了「哪些人屬於香港人」的問題。也就是說，香港到底應該接納哪些人？這個問題又該由誰決定？[100]

梁繼平自己也開玩笑說，一定會有人反對他的說法：主張新移民不該使用社會福利，不就是在歧視中國人嗎？這種想法難道不會變成香港走入法西斯的第一槍？[101]如果用民族來劃分權利，香港不就變得跟中共一樣？我知道這些質疑在學術界很常見，因為光是我自己在最早討論香港民族主義的兩篇文章中也採用了類似的論點。[102]這種批評方式真的太過簡單，只要近乎膝反射地指出兩種民族主義之間的固有矛盾，乍看之下就好像提出了什麼新觀點，實現了什麼學術的社會功能；只要比較哪一種民族主義比較能站上道德高地，就可以洋洋自得地站上政治講台，指導整個社會應該怎麼思考怎麼行動。學術資本最無腦的運用方式莫過於此：發表一篇文章，以安全舒適的方式處理眼前的新素材，無論問題是不是本質上就複雜透頂，都想盡辦法雞蛋裡挑骨頭，反正文章寫出去也不會真的有誰反對，真的引來多少批評。然而，只要我們跳脫這種千篇一律的道德說教，放下這種乍看之下叫人思考、實際上根本反智的說話方式，就能立刻看到真正的問題：無論你是主張限制新移民的社會福利，還是質疑香港政府允許中國人單方面移民的做法，完全無法掌控移民的數量，你的想法在實際上跟北京的排外民族主義都完全不是同一個層級。所以真正的問題是，為什麼人們很容易以為兩者一樣？

尼克拉斯・魯曼（Niklas Luhmann）觀察到，思考政治時最簡單也最常見的方法就是把什麼都當成進步跟保守的二元對決。[103]「孔允明案」的爭議就是這樣：歡迎移民是進步的，讓所有移民都能享有社會福利的態度也是進步的，所以當然是好的；至於質疑移民政策，無論怎麼說都是保守的，甚至可能帶有種族歧視。所以我們怎麼可以質疑新移民的社會福利？這種想法實在太誇張了，根本是法西斯的同路人！[104]但只要仔細想想，就知道這種預設一切非黑即白的說法就像魯曼所言，讓分類變得太過簡單只會讓我們把現實世界「極端簡化」，看不見真正的現實。[105]

魯曼指出，真正的政策往往不是進步與保守這麼簡單，「保守立場光是要撐得過時代考驗，可能就需要不斷改變。反倒是進步立場得讓很多事物保持現狀，至少必須保留某些用來推動改革的結構和方法，否則一切改革就只是空話。」[106]香港就是這樣，它的地理位置和政治命運注定需要某種進步的保守主義或保守的進步主義，才能維繫這個地方的生命。這座城市的生活水準和社會福利都明顯超過了統治它的國家，但中國人口至少有十三億，香港卻只有七百萬。光是讓原本的七百萬人活下去，基礎建設、醫療服務、社會資源就已經應接不暇；如今隨著旅客和中國移民的快速增長，更只會加速香港建設的崩潰。一般來說，社會服務是進步的，所以讓這座城市能夠繼續提供社會服務應該也是進步的，既然如此，就只能用更保守的方式決定哪些人能夠使用。

梁繼平認為，香港人對此裁決最氣不過的就是這裡。該案表面上是在討論孔允明有沒有資格使用社會福利，實際上卻是把香港這個共同體的模糊邊界變得更加模糊，讓香港這個地方只提供權利而不需要盡義務。更羞辱人的不僅於此，因為這種新制定的福利體系就像一紙單方面的合約，它要求法律上人數有限的香港納稅人此後必須無止境地為新移民提供福利，但新移民什麼都不用回報。香港新移民的形象就像一則明顯的政治寓言：他們在沒有跟香港人討論過的情況下就闖進香港，要求各種利益，拒絕所有義務。對香港人來說，這就像驕橫跋扈的中國中央政府，不經協商、不顧民意、無視《中英聯合聲明》和香港《基本法》明列的義務，隨心所欲為所欲為，對香港拋出任何它想拋的要求。表面上這是依法行事，實際上根本就是任意修法。「孔允明訴社會福利署案」是香港自決困境的完美縮影，它讓我們思考身分、權利、義務的問題，並以此瞥見香港的命運——當一個社群無法決定自己的邊界與未來，注定被法律捆縛又不斷受其傷害。

新的社會契約

在一般香港人的眼中，孔允明案代表香港注定不斷被法律捆縛、不斷受其傷害。但《學苑》有另一種聲音，有些作者認為香港應該民族自決，重新用法律的方法來主張自己的未來。該期《學苑》的最後一篇文章〈香港是否應有民族自決的權利？〉來自李啟迪，他明確指出，無論根據何種合理的定義，香港人都不是中國人。因此，根據國際法，香港人有權決定自己的未來。[107]

在該篇文章中，李啟迪精確地整理了民族認同問題的最新研究進展，但主張香港人在法律上有權自決時，也引用了史達林對民族的定義：一群擁有共同語言、共同地域、共同經濟生活、共同心理素質的人。[108]在語言方面，他認為香港人使用粵語、英語、繁體字，顯然跟中國不同。[109]在地域方面，他認為香港有明確的領域範圍，南至香港島正南方的海域，北至新界與深圳的邊界。[110]經濟生活方面，他認為香港是一個採取普通法系的自由市場經濟體，而非北京的中國特色社會主義。[111]至於心理素質，他說雖然很難找到香港人有什麼「共同心理素質」，但早從一八四二年以來，香港的歷史就已經和中國分道揚鑣，兩地人民的文化也明顯不同。[112]

也就是說，香港完全符合民族的條件。但這套論述也帶出一個問題：李啟迪為什麼要用一套過時的理論建立自己的民族認同，而且這套理論剛好來自史達林？史達林的定義確實很有吸引力，但它就像許多馬克思主義公式一樣過度簡化，而且把自信用在錯誤的地方。民族問題當然沒有他講的這麼簡單，但史達林是世界的總舵手，是所有真理的最終仲裁者，即使他對相關現實一無所知，依然可以用這四項「客觀」標準讓人討論民族之間的界線。不過香港人似乎也對這四項標準相當滿意，框架的簡化還是很有吸引力。當然，無論是李啟迪還是專欄作家練乙錚（這四項標準就是從練乙錚那裡引述而來）都不相信史達林和這種過度簡化的客觀主義，也幾乎不會在其他地方引用史達林。[113]既然如此，李啟迪刻意用這種策略來支持香港民族論，可能就是為了提出更深層的批判：既然可以用史達林的民族判準主張香港人是一個民族，那麼另一個國家為什麼可以在表面上用同樣的標準主張香港人屬於中國？李啟迪可能深知這個自然科學式的民族框架過於陳腐，不值得認真看待，但既然中國共產黨表面上用同個框架把香港人化約為「中國人」，那麼他用同樣的框架把香港人說成一個獨立的民族，中共當然也只能摸摸鼻子認栽。這種論述策略不僅確立了香港人的民族地位，同時也讓採取相同民族論述的中共啞巴吃黃連。李啟迪落落大方使出解構的功夫，用中共自己的民族論述將中國的民族政策打回老家。

而這種起初令人不解、深思之後方知煞費苦心的論述策略還藏著另一層涵義。李啟迪不僅用史達林的民族標準打翻中共的民族論述，把香港人和中國人分開，甚至還同時證明中共違反了自己高舉的民族判準。也就是說，即使依照中共的標準來區分民族，香港人也不會是中國人，所以這兩個民族之間的關係仍必須回到法律來界定。上一章所提到的中國中央政府完全漠視《基本法》的態度，在這裡再次展現出來，那是一種為了區分而刻意作出的區分，先訂出一套標準來劃分彼此，再用劃出來的區別重新強化界線兩邊的差異。[114]無論中共高舉的民族判準是否真的客觀，中共實際上都無法遵守，無法藉此確定民族的邊界到底該畫在何方。既然如此，香港真真切切的法治文化與中共的民族論述相比便高下立判。

當我們能夠像這樣去區分標準是否合理，就能夠了解其他作者在這本《學苑》選集中，如何討論香港民族共同體的邊界。這些文章最後集結成書，名為《香港民族論》，額外收錄了王俊杰的序言。他在文章中明確指出，香港人之所以為一個民族是因為具備共同的公民價值觀。[115]傳統的種族民族主義強調共同的血緣、信仰和祖先，但「公民民族主義強調維繫整個群體的公民價值，如自由和民主，以及互相契合的意願。」[116]是否屬於香港人的決定因素不是看你的種族或體內流著誰的血，而是看你是否接受、是否符合香港從文化歷史傳承下來的獨特價值觀。[117]王俊杰不僅拒絕像那些簡化的論述，把種族跟民族直接劃上等號，也跳脫了史達林的四項民族判準，他稱「任何人願意加入香港，不論膚色種族，認同本土價值，忠於香港並以本土利益為先，即可成為香港人。」[118]

這種說法跟李啟迪有異曲同工之妙。李啟迪用史達林的過時民族判準來證明香港人是一個民族；公民民族主義則用孔允明案邊緣化香港人的法律理由，主張香港人有權決定自己的未來。李啟迪在自己的文章中也用了類似的方式，讓法律重新成為解放的武器，而非壓迫的工具：「國際社會中，民族是享有自決成為獨立主權國家的權利的。」[119]這種權利在《公民與政治權利國際公約》（*International Covenant on Civil and Political Rights*）和《經濟社會文化權利國際公約》（*International Covenant on Economic, Social, and Cultural Rights*）第一條都明文記載。「所有民族均享有自決權，根據此種權利，自由決定其政治地位及自由從事其經濟、社會與文化之發展。」[120]這兩份公約都已獲批准，至少理論上在香港依然有效。

除了上述兩公約以外，聯合國在一九六〇年的大會還做出了1514號決議：《給予殖民地國家和人民獨立宣言》（*Declaration on the Granting of Independence to Colonial*

Countries and Peoples），列出了一份有權自治的非自治領土名單。[121]香港是英國殖民地，所以在一九四六至一九七二年間都在該宣言的清單之列。但中國人民共和國加入聯合國不久之後，北京當局就在未經討論的狀況下單方面刪除了香港，剝奪了香港人民的自決權。[122]卡洛・彼得森（Carole Petersen）在分析民族自決的法律基礎時曾說，所謂「英國統治的香港並非殖民地，故沒有資格獲得自決權」的說法，實際上是在任意搬動邏輯論證的界碑。[123]無論你是否把自己的統治方式稱為「人民民主專政」，專政都不會變成民主；同理，無論你是否把香港踢出國際承認的殖民地列表，香港的殖民地地位都不會消失。香港尚未實現的自決權利一直都在，最多只能將其遮蓋。遵紀守法不僅讓香港的公民價值觀有別於中國，更理所當然地指出香港人有權以民族自決的方式將自己的公民價值觀付諸實現。

李啟迪在〈香港是否應有民族自決的權利？〉的文末，主張香港應該舉行一次具有法律約束力的開放公投來落實這些價值觀：

> 今天，在基本法下的一國兩制快要走進民主止步的絕境之時，讓全港選民公投表態一次，無論前途是獨立還是維持一國兩制，皆會令香港的前途更明朗。我們在八十年代錯過了機會，在二十一世紀應要自己把握自己的命運……現時的當務之急，是

香港人須走出既有的思維，認清自己的身分和在世界舞台上的位置，探索香港未來更多不同的可能性。[124]

這段說法翻轉了梁繼平在該書開頭的敘述。香港一旦能夠民族自決，法律就不再是讓人民失去力量的鐐銬，反而成為給予人民力量並讓人民爭取自由的武器。行使自決權變成在實現公民價值，是以法律守護的穩定社會契約將香港建造為一個共同體，讓積極參與公民社會的香港人重新獲得那些不斷被奪走的權利。

即便如此，還是有一個問題：要如何在越來越不講理的政治與法律環境中實現這項合理公道的建議？

自成一格的法律

這套清晰論證的法理論述使民族自決論成為關於香港未來的討論中最有影響力的流派之一。相關的倡議者已經進入立法會（雖然大半沒過多久都被褫奪資格），這套論述也成為國際媒體報導時的常客。

其中一個較有爭議的組織就是青年新政。在二〇一六年的立法會選舉中，代表本土民主前線角逐新界東的梁天琦被香港政府取消參選資格，由青年新政的梁頌恆取而代之。[125]該黨在選舉中喊出的綱領就是「香港民族，前途自決」，與前述的《學苑》特刊不謀而合。而且該黨直接主張公民民族主義，歡迎所有支持香港公民價值觀的人一起加入香港民族，《學苑》特刊的味道非常濃烈。青年新政發誓要利用立法會的席次推廣香港民族思想，為未來的全民公投打下堅實基礎。他們說這場民間公投將於二〇二一年線上舉行，目標是對二〇二二年的香港特首選舉施加輿論壓力，而且青年新政支持公民價值，所以對公投選項將完全不加限制，無論要提出獨立、內部自決、繼續一國兩制、完全跟中國統一都可以。[126]

那年的立法會選舉中，工黨的劉小麗和土地正義聯盟的朱凱廸也都提出民族自決的口號。[127]但是在以自決為宗旨的黨派中，最有名的無疑是抗議團體學民思潮所發展而成的香港眾志。香港眾志成立於二〇一六年，解散於二〇二〇年六月三十日。該黨以「民主自決」的願景取代之前被陳雲批評的「民主回歸」這個老舊觀念。它的英文黨名「Demosistō」來自希臘語，大致意思是「代表人民」或「代表民主」，也讓人想起梁繼平在《學苑》序言中提到的集結人民、建立民主。該黨的政治人物包括著名的黃之鋒和周庭，亦即先前反對國民教育科的學民思潮與二〇一四年占領中環的抗爭領袖，此外還有在二〇一六年代表香港參選拿下席次、史上最年輕的立法會議員羅冠聰。黃之鋒因為全球媒體的關注而成為全港最有名的青年抗爭者，他在《Unfree Speech》中主張「民族自決不但早就存在國際法之中，更是聯合國《公民與政治權利國際公約》中明列的人權。只是香港人還不熟悉。」[128]面對一國兩制在二〇四七年之後要何去何從，陳雲主張用《永久基本法》來取代；香港眾志則提議，在二〇二〇年代用十年的時間讓香港人思考、辯論香港的未來，最後在二〇三〇年舉行公投來決定[129]。香港眾志跟青年新政一樣，相信公民價值觀、堅持民主程序，認為到時候公投的所有選項都應該完全開放。

在此必須一提的是，上述所有主張都完全符合《基本法》。卡洛・彼得森在二〇一九年的《香港法律期刊》（*Hong Kong Law Journal*）中，檢視了香港民族自決是否具備法律基礎，他認為允許中國統治香港的《中英聯合聲明》和《基本法》，其原意都沒有排除內部民族自決。即使民族國家內部有好幾種領土主張互不相容，不可能達成完全的自決，但依然可以用內部民族自決的形式讓人民有權決定自己的未來。[130]這些文件讓香港特別行政區打從建立之初就擁有很多種通常只屬於獨立國家的權力，其中最重要的就是保障了香港人民的公民權利、政治權利、承諾舉行公平公開的普選，以及讓香港人民有權利決定自己的命運。[131]當然，如果這些保障當初都有落實，香港早就可以在中國內部進行民族自決，如今也無需做此倡議了。

然而，中央集權的中華人民共和國可想而知不會讓香港人民保有內部自決的法律權利。這時提倡民族自決的香港人就陷入了困境：他們雖然清楚證明了香港的文化與中國不同，根據法律理當擁有自決權利，但也必須承認，現實中的中國政府在面對香港的承諾時，完全拒絕遵守法律。在一個當權者不尊重法律的體制中，想要用體制內的方法來實現改革，不僅注定徒勞無功，很多時候甚至是飛蛾撲火。中國的維權律師就是慘痛的例子，在當前的政治法律體制內，他們試圖用和平的方式落實中國憲法賦予公民的權利，卻往往遭到非法逮捕、酷刑，甚至人間蒸發。[132]倡議自決的香港人也是一樣，無論再怎麼小心翼翼地在法律中找到空間，北京當局都可以翻臉不認人。

青年新政在二〇一六年的立法會直選奪得席次之後，梁頌恆和游蕙禎在宣誓就職時發表港獨言論，並以不雅的方式宣讀誓詞中的中國國號，讓香港政府開啟「褫奪議員資格」的先例，港府隨後又以宣誓前發表批評為由，褫奪了香港眾志的羅冠聰的資格。[133]事件結束之後，青年新政的立法會議員基本上完全消失了；香港眾志雖然還有幾位議員，卻在政治環境中坐困愁城。在二〇一八年的立法會補選中，港府以香港眾志的自決黨綱為由，褫奪周庭的資格[134]；二〇一九年又以相同理由在區議會選舉中褫奪黃之鋒的資格。[135]在現今的香港，光是支持民主就是一種罪。在這樣的環境下，香港眾志被迫在二〇二〇年一月宣布放棄黨綱中的民主自決條款，[136]但實在很難判斷這是否能讓該黨繼續順利參選，因為在二〇二〇年六月中國頒布《國家安全法》的前一刻，該黨已經立刻解散。而且即便解散了，中國還是在該年八月以《國安法》為由拘留周庭。二〇二一年底，周庭保釋出獄，但仍面臨好幾項嚴重指控。我在二〇二〇年九月交出本章初稿的時候，港府以試圖闖入立法會為由，關押了被褫奪資格的梁頌恆。他在二〇二一年底服完刑期後逃往美國，呼籲美國對中國政府與香港政府實施更嚴厲的制裁。至於全球公認的民族自決與抗議代表人物黃之鋒，在《國安法》下的命運就是未定之天。在本書書稿接受評閱之時，黃之鋒正因二〇一九年六月於香港警察總部外抗議，被判處十三個月半的徒刑。而且在他因該案服刑期間，港府還以二〇二〇年七月參加立法會議員的民主派初選為由（該年選舉後遭取消），起訴黃之鋒和其他五十二人違反《國家安全法》。

正如梁繼平在《學苑》序文中揭露現實的寓言：新來的移民只享權利不盡義務。香港政府之後也回以另一個意味深長的寓言：以違法方式監禁那些爭取法定權利的社運人士。這兩個故事都默示了今日香港的命運。民族自決的願景雖然是希望，卻同時是風險，只要政府當局把法律解釋成自己不用遵守的形式，公民的守法義務就注定淪為對違法威權永無止境的退讓，而香港的制度就成了一種完全不同的恐怖《永久基本法》。

因此，民族自決論那種殫心竭慮、精細入微的論述方式，雖然塑造出最強的魅力，卻也露出最大的弱點。雖然當地的法律和國際法都允許香港人民可以決定自己的未來，但直到今日，都沒有任何說法允諾這種自決之日何時到來。在當今的政治背景下，香港的自決始終是一紙只有付出沒有回報的社會契約。

香港獨立

各位對香港獨立有興趣的讀者看到這裡可以放心了，因為確實有些運動人士在提倡這個理念。和前述的城邦派、永久基本法派或自決派等流派不同，香港獨立派其實不算是全新的理念，因為至少從二〇〇〇年代中期開始就有些網站和小型匿名組織在提倡爭取自由，只是獨立派一直到非常最近才終於進入主流的政治討論中。在二〇一六年之前，香港獨立是非常邊緣的政治理念，幾乎沒有一個正經的政治團體會去碰這種想法。當時的運動人士普遍同意要在香港法律保障的範疇內爭取民主，朝著基本法所描繪的民主終點邁進，因此提倡獨立的小團體往往會被當成「中共代理人」，是在用有害且不切實際的意識形態破壞民主運動。

我們都知道「香港法律保障的民主」是什麼樣的結局。要了解獨立派如何從邊緣理念躍升為政治辯論中的主角，就必須再次翻開《學苑》。二〇一四年九月的《學苑》刊出了一篇名為〈香港民主獨立〉的專題，提出爭取普選的下一步就是爭取獨立。[137]有趣的是，總編袁源隆選擇以建制派政客田北俊的話為整個專題破題。二〇一四年，中國政府為了加深對香港控制，通過「八三一決定」，規定香港特首候選人需經由國務院任命的提名委員會決定，而田北俊在替這項決定辯護時，曾表示沒有預先篩選候選人的「真普選等於港獨」。[138]這段言論理所當然震驚了所有人，因為這麼多香港公民十多年來選擇在合法的前提下爭取民主化和普選，都是指望現行法律至少在表面上保證香港遲早能擁有公平公開的選舉；但田氏卻毫不掩飾地指出，這些期待與追求其實和北京萬分忌憚的港獨毫無區別。

袁源隆認為，如果要把法律保障的普選權和被視為洪水猛獸的港獨放在一起，就必須打破所有禁忌，不能再把香港獨立當成政治的第三條道路，民主運動不能繼續避之唯恐不及。[139]因為無論你為了尊嚴和現實與港獨保持多遠的距離，你都會被貼上港獨人士的標籤；無論你用合法的方式幫民主爭取多少空間，北京當局都會讓你斯文掃地，甚至鋃鐺下獄。袁源隆告訴我們，港獨運動一旦不再死守法律，不再把政治活動當成請客吃飯，它就是中央政府最大的恐懼。香港若要爭取民主，就不能把犯規當成禁忌，而是要當成合理的下一步：「除非我們這一代人願意放棄對民主的渴望，否則就得打破禁忌，開始討論獨立，共同宣傳民主與獨立的思想，高喊『香港民主獨立』！」[140]

從袁源隆在二〇一四年夏天寫下這些話到九月正式發行之間，北京當局已經在八月剝奪了香港舉行公開自由選舉的權利。北京的行為讓這套論述鐵證如山，幾十年的合法抗爭、和平抗議到頭來竟沒有改變任何東西。每個支持港獨的人都知道，香港在獨立之後勢必民主。而袁源隆告訴我們，香港若是真要民主，只能獨立。

香港民族黨

《學苑》特輯出版一年半後，一位名叫陳浩天的年輕人在二〇一六年三月二十八日走上講台，在一字排開的麥克風前開始記者會，身旁是一面寫著「香港民族黨」的深紅色旗幟。這是第一個公開呼籲香港獨立、建立香港共和國的政黨。陳浩天在介紹這個政黨時說，香港人必須喚醒民族意識，必須推翻那個符合中國利益而非香港利益的「殖民政權」，而唯一的出路便是獨立建國。他還宣布，香港民族黨將支持並參與一切有效的形式，對抗占領香港的政權。[141] 陳浩天的話語乍落，身邊立刻圍滿一群攝影師，此起彼落的鎂光燈立刻照亮了整個講台。即使在這個政治思想日新月異的時空，這場記者會及其闡述的思想依然獨一無二，令人耳目一新。

以香港的歷史和可見的未來而言，香港民族黨可說是空前絕後。如果香港的政治局勢真的如袁源隆所言，已經嚴峻到必須討論獨立才能守護民主，那麼香港民族黨就真的徹底掌握了時機，一舉革故鼎新。城邦理論把希望寄託在華夏文化的復興，民族自決論在法律中尋找自由的基礎，但香港民族黨要的卻是推翻所有過去的文化與法律，從頭開始建立香港的命運。它（一）明顯致敬了過去的革命政黨，（二）發展出一套全面性的香港民族主義理論，（三）用反殖民運動的語言和美學重述香港與中國的關係，（四）並且主張用所有必要的手段推翻中國共產黨的統治，追求香港獨立。接下來我們就要依序分析這些特徵，與其政治上的效果。

香港民族黨顯然致敬了許多過去的革命政黨，例如成功推翻大清的同盟會，以及在當前政治環境下有點諷刺的中國共產黨。該黨在檯面上只有召集人陳浩天和發言人周浩輝公開示人，其他成員全都匿名。也就是說，他們可以像同盟會一樣滲透大清的新軍，發動辛亥革命，因為政府理論上不可能把所有成員一網打盡。該黨黨員主要用Telegram聯絡以保持匿名，這個程式在幾年後也成為二〇一九年反送中運動的即時匿名通訊基礎。

香港民族黨用新的方式建立一整套完整的港獨理論，並且仿照民國初年新文化運動的《新青年》，創辦了《眾議》雜誌來開放討論、構築理論。《眾議》的編輯序如下：

香港民族黨絕非止步於推翻港共殖民政權，更放眼建立共和國後的人和事。敝黨出版刊物《眾議》，為讓有意改變現今香港社會種種流弊的有志之士，將各自的美好建國藍圖呈現於大眾面前，不再局限共和國的想像於禁忌。此平台探討香港立國之前後，主題包括政府組成、選舉制度、國防、外交、社會政策、福利、教育、民生等構建理想國家的元素，亦包括如何推動香港獨立的各種手段，或適合現今香港情勢之政治理論等等。敝黨衷誠希望諸位踴躍參與，切磋砥礪，各抒己見。最終透過眾議政治和付諸實行，為共和國奠下基礎，更為香港民族及我等後裔謀最大福祉。142

這每一句都展現出鴻鵠壯志。雖然《眾議》只出版了一年多，第三期大幅刪減，第四期胎死腹中，但它確實在那段時間中拓展出一個全新的空間，討論了各式各樣的問題，讓香港人對政治與族裔認同產生了深刻而持久的印象。[143]

建立反殖民共同體

在《眾議》著力的領域中，最全面的莫過於香港民族主義的理論體系。該雜誌前兩期刊登了三篇相關文章，顯示出整個討論如何發展，而梁繼平幾年前在《學苑》序文中提出的問題又要如何回答——香港人的身分問題。

在《眾議》的創刊號上，有個人以「啟琪」的筆名發表了〈衝破無理延伸的中國殖民霸權——史書美「華語語系」理論的啟示〉。[144]它從本書第一章提到的「香港不是中國」問題開始討論，主張這種說法雖然越來越深植人心，但也越來越常遭受訕笑。訕笑者主張香港人與中國人「同文同種」，有共同文化根源，很難說是兩個不同的民族。[145]這種說法把「中國人」當成一個事實，永遠沒有改變與討論的可能，只要你還繼續使用華語和漢字，你就永遠是中國人。為了反駁這種過分簡化的中國性霸權，必須引進史書美的「華語語系」（Sinophone）理論。該理論將各種所謂的「方言」重新整理為「華語」而非「漢語」，「粉碎了血統、語言和民族上的綑綁，不再將兩者混為一談。」[146]無論是美國人、澳洲人或世上的任何人，都不需要因為擁有英國血統而效忠英國；同樣地，世界上的任何人，也不會因為說華語或有中國血統，而自然成為中國人。人們之所以會忽略這項一望即知的事實，只是因為中國的中央集權意識形態以過於簡化的方式把語言、族裔、民族混為一談。

史書美的華語語系理論不僅質疑「中國性」霸權預設了許多疊床架屋的命題，更闢出新的戰場，處理長期以來都被忽略的中國殖民問題。中國的國族敘事和學術理論一直都以歐洲殖民為範式，將中國描述為殖民史中的受害者。然而，中國這個東亞強權數百年來一直都是殖民者，並且在現代持續推行這種以漢人為中心的殖民計畫：（一）在國內以疆域為界，針對自大清帝國以來境內的「少數民族」，（二）在國外則以種族為準，針對海外華人，無論這些所謂的華人已經移民多久、自我認同為何。[147]這種以種族為主的殖民模式在「香港屬於中國」的說法中顯而易見，但是也因舉國上下痴信「中國人都是受害者」，而看不見華語使用者之間的差異和衝突，同時強化了中國人和外國人間的二元對立。在這種意識形態之下，英國的殖民注定是國恥，即使香港被殖民之後，無數人民獲得更好的生活機會，依然只是「外國」的侵略結果。即使香港劃回中國的特別行政區後，北京壓制了這座城市原本的政治與文化活力，但畢竟回歸了「中國」的懷抱，總歸是對如此恥辱的救贖結局。對「啟琪」來說，華語語系理論帶來的新觀點不僅讓中國不能再將語言和民族混為一談，更解構了「中國人永遠都是受害者」的官方敘事，讓人能重新看見中國對西藏、新疆、香港等其他地區的殖民暴行。[148]

在「啟琪」以香港民族拒絕中國殖民之後，香港民族黨的發言人周浩輝（也是該期《眾議》唯一以本名投稿的作者）在〈建構香港民族〉中繼續闡述香港民族獨特的歷史淵源與未來道路。[149]如果《香港民族論》是用史達林的民族自決框架指出中國政府的民族理論自相矛盾，那麼周浩輝就是用建構主義明確指出民族是主觀與客觀條件共同自我建構的產物。他表示，「民族並不是自有永有的存在，民族的本質就是具有主觀與客觀性的經濟文化和政治的產物，亦即是代表民族可以通過長久時期的演化而誕生，其形成的條件亦可以有意識或無意識地創造。」[150]在逐步建構香港民族理論的過程中，我們擺脫了「中國性」的框架，甚至擺脫、解構了單一維度的民族條件列表，開始把民族的建構當成一種在特定的歷史背景下，客觀條件與主觀認同不斷動態互動的過程。

周浩輝認為，香港民族自我建構不接受大部分人承認的客觀條件，就是英國人在一八四一年正式建立香港殖民地。[151]他簡述了香港殖民地的由來，指出英國殖民者設置的社會機構、制度、法律與慣例跟當地的華語人民產生了「有機互動」，讓香港逐漸發展出自己的文化、生活方式、歷史。[152]這些主客觀條件的互動讓香港的文化與社會不僅既受英國影響又與英國不同，更與當時北方正在成形的中央計畫之下的中華民族明顯不同。[153]

因此，香港特有的經歷造就了香港特有的社會與文化。

周浩輝認為，雖然我們可以追溯一個民族的起源與歷史，但民族的建構注定是一種進行式，不會有完成及終結的一日。若要維持開放，民族就必須掌握自己的命運，「但民族的演進只可以由民族的構成者負責……只有香港人才是往後唯一的構建者。」[154]若要保持這樣的開放，就必須保有一個同樣開放的政治與文化體制，讓人們能夠不斷對自己的未來發聲。因此，民族建構和民主化是一體兩面。根據周浩輝的分析，中國的中央政府不僅剝奪了香港的民主，消除了香港人在政治進程中的發言權，更操弄了香港人的身分認同過程，扼殺了開放性，讓香港人注定逐漸認同中國。[155]北京當局打著民族融合的旗號，讓香港在經濟上越來越依賴中國，並且大規模引進移民、推廣普通話、使用簡體字，這一切都試圖把民族建構這個應該保持開放且永遠沒有盡頭的過程，變成殖民的手段。[156]另一位作者Quenthai則說，香港從一九九七年以來其實就已經被雙重殖民，除了領土殖民以外，還要加上「中國人」和「中國人都是受害者」的意識形態殖民。這兩種殖民的同時進行，讓大部分的香港人根本無法意識到自己正被殖民。[157]周浩輝認為，若要重新掌握香港的命運，就得認識到這種殖民，將其公諸於眾，然後共同抵制。[158]

Quenthai在第二期的《眾議》發表了〈從反殖角度看《香港民族論》的不足〉，解釋為什麼這種抵抗有助於香港人形成認同。[159]他首先表示，他相當支持這本從《學苑》二〇一四年特刊發展而來的《香港民族論》，而且認為它是當時最細緻的香港民族主義思想。[160]但也正因為《香港民族論》的思想極為細緻，而且具有影響香港未來政治的潛力，他更需要批判反思該書的框架，使其更上一層樓。Quenthai 增加的觀點跟之前周浩輝一樣，就是民族建構的開放性。[161]

Quenthai 對《香港民族論》的批判主要在於該書過度著重「公民民族主義」。這個概念最早來自恩斯特・勒南（Ernst Renan），經過安東尼・史密斯（Anthony Smith）的發展，最後成為羅傑斯・布魯貝克（Rogers Brubaker）《德法兩國的公民身分與民族認同》（*Citizenship and Nationhood in France and Germany*）的基底。[162]在 Quenthai 的簡述中，布魯貝克認為德國人的民族認同基於族裔或血緣，法國人則基於公民價值觀，前者是典型的族裔民族主義，後者則是公民民族主義。雖然布魯貝克在他的書中，同時提到各種公民身分觀念之間的衝突如何為歐洲整合帶來挑戰（這也表示香港融入中國將相當困難），但人們引述這些概念的時候，大部分卻都只認為族裔民族主義過於排他、危險，公民民族主義相對安全。即便理論上很難清楚區分現實世界中的民族概念，到底是族裔民族主義還是公民民族主義，但這種對立還是過於簡化地把民族主義好／壞二分。在民族國家目前仍是主流組織模式，且短時間內不太可能消失的當下，這種分類讓人可以很容易地主張自己的民族主義屬於「好」的那一邊。[163]

然而，Quenthai認為，公民民族主義這種分析性的安穩概念和抽象價值，在現實中完全無法喚醒香港人的民族意識、建立香港共和國。[164]如果真的像班納迪克．安德森研究幾百年來的「巨大犧牲」時指出的那樣，民族主義提出的核心問題是人們會在什麼情況下為民族而死，我們還是得記住海德格的另一句話：「光是價值無法讓人獻身。」[165] Quenthai認為，在香港尚未成為一個民族的當下，《香港民族論》那種急於支持公民民族主義、反對族裔民族主義的態度，很可能過度杞人憂天，沒有什麼實際幫助。[166]他認為在思考香港未來的時候，公民民族主義並非道標，反而是借鏡，主要的功能是讓香港人不要用族裔血緣來定義民族身分與公民身分，防止香港的民族主義走上歪路。[167]但即使只是當成借鏡，公民民族主義還是無法把相關概念定義清楚，也無法明確指出香港該如何擺脫目前的政治困局。公民價值太過模糊、太過流動，無法激勵人民共同動身建立民族。[168]

讀者在這裡可能已經開始發現，香港的民族主義者在討論時總是預先多想一步。例如Quenthai之所以要做此提醒，就是因為他認為光靠公民民族主義不僅無法建立香港民族，甚至無法用來捍衛香港共和國的自由。即使只把公民民族主義當成某種借鏡，它在很多時候也過於空洞，因為那些影響力強大的當權者可以把自己想要的願景當成某種公民價值觀，偷渡到香港社會之中。[169] Quenthai認為，這在討論「中國性」的時候特別危險。「華語語系理論」認為「中國性」這種殖民霸權概念把語言、文化、民族主體性劃上等號，而香港乍看之下的「中國性」正是讓香港人看不見北京當局殖民統治的關鍵，如果香港共和國的身分認同是由公民價值觀來判定，那麼過去的文化遺緒以及鼓吹「中國性」的政治力量就一定會趁虛而入。[170]那麼香港的民族主義便會再次被「中國性」的概念所殖民，香港只會被中國征服地更為徹底。

因此，如果公民民族主義即使當成借鏡也不足以用來建立香港民族，而且會讓香港共和國在建立之後繼續被「中國性」的概念殖民，[171]那麼公民身分和民族認同到底該如何建構？要用什麼方法，才能既建立民族保衛國家，又不會落入族裔民族主義，而與多元文化多元民族的香港社會格格不入？

Quenthai的解法是周浩輝之前提過的開放式民族認同。他認為這種過程可以兼納族裔民族主義和公民民族主義，讓兩者不會互斥而是互補，他甚至認為這是所有民族建構過程中的共同元素。[172]Quenthai建構反殖民的民族主義的第一步就是共同承認中華人民共和國是殖民者，而且威脅壓迫了香港的獨特文化與生活方式。[173]如果族裔認同是根據自己與邊界的距離而產生的，那麼香港人最初的族裔認同就會是在將中華人民共和國的政治、經濟、文化政策重新詮釋為外來者、將中國的統治視為殖民並進而明確反對的過程中所建立出來的。[174]Quenthai認為，在這種脈絡下，族裔民族主義跟反殖民抗爭是一體兩面，人們必須共同反抗外來者的殖民壓迫，才能將彼此視為同胞；同時也必須刻意建立一個民族，才能真正終結外來的殖民壓迫。

在轉向族裔民族主義的過程中，Quenthai的分析其實也幫公民民族主義解決了概念不夠清楚的問題。在反抗殖民的過程中，公民價值觀的界線會更為具體，族裔的邊界跟公民價值觀會融合成同一個「反殖民共同體」。[175]抵抗殖民壓迫的過程讓所有參與者共同奪回最基本的自由，共同了解這些自由多麼珍貴、多麼需要認真守護，二〇一九反送中抗爭的經驗就是這種詮釋的鐵證。[176]反殖民抗爭的經驗不僅能讓香港人產生一套具體的民族認同與公民價值觀，進而以此建國，更將讓香港人明白這些理想不容侵犯，未來建國之後也會堅決守護。

香港民族黨旗下的《眾議》雖然只辦了短短幾期，卻取得了重大成果，將香港民族的概念推向理論上前所未有的細緻程度。它明確指出，過去的中國論述都以過度簡化的語言、文化、民族觀聲稱香港人生來就是中國人，而真正的香港民族只能在一個主客觀不斷對話的開放過程中誕生。[177]而要讓這樣的過程得以進行，就得讓政治與文化制度保持開放，而一九九七年之後的香港顯然不具備這些條件。[178]因此，香港必須開始反殖民抗爭，重新奪回控制權，藉此建立自己的民族，並藉由共同的族裔認同和公民價值觀，讓這個民族保持獨立。[179]香港民族黨的《眾議》藉由闡述一整套完整的民族建構理論、分析當下政治情勢中的可行選項，以及刻意踏入政治言論的禁區，奠定出了一座新的基礎，讓香港人重新想像自己的未來。

不擇手段

不過Quenthai在《眾議》中提到的「反殖民抵抗」到底是什麼意思？在抵抗的過程中有很多方法都能達成效果，哪些在道德上可以接受，哪些不行？這是香港民族黨提出的眾多爭議問題中爭議最大的一個，相關爭論所得出的答案也在香港的抗爭文化中留下了不可磨滅的印記。

打從一開始，香港民族黨的美學風格就非常驚世駭俗，反抗的元素一開始就肆無忌憚地傾瀉而出，難以訴諸文字。它在週末的街上擺攤，深紅色的旗幟一字排開迎風飄揚，「香港獨立」、「消滅中國殖民者」之類的挑釁標語寫在復古風格的海報上，在這座城市一望無際的摩天大樓之間迴盪。它的集會總是凝結著安靜的憤怒；它在社群媒體上總是使用簡潔直白的呼籲；香港政府每次鎮壓，它總是回以無與倫比的從容與輕蔑，令人久久難忘。這個政黨以毫無畏懼的抵抗美學與對傳統抗爭手段的蔑視，體現出一種全新的政治理念與身分願景，讓人相信香港可以革命。

該黨傳播獨立思想的全新方式充滿這種驚世駭俗的美學風格，也因此經常引發爭議。該黨剛成立不久，就發動「中學政治啟蒙計畫」，高舉梁啟超〈少年中國說〉裡的名句：「少年強則國強，少年獨立則國獨立；少年自由則國自由」（附帶一提，習近平在《談治國理政》第三卷也引述過這些句子[180]），黨員在放學時間在中學校門口向學生遞送港獨的傳單，「讓學生了解港獨的需要，以及實現獨立的必要條件。」[181]此外，該計畫也協助中學生在校內建立香港民族黨的地下黨部。多年來，建制派一直毫無根據地指控外國勢力灌輸香港中學生自由思想，試圖使學生不承認自己是中國人；香港民族黨則毫無顧忌地走向八十個中學的校門，直接向學生展示這座城市最不敢談論的政治思想。對於這種令人震驚的方式，《民報》採訪一位學校校長的看法，該校長只說「向細路埋手不道德」（對小孩子下手不道德）。[182]

還記得嗎，田北俊認為法律保障的民主紅線就是不能主張香港獨立。二〇一四年的袁源隆正是從這一點開始，指出爭取民主不能繼續畏首畏尾，無論你怎麼閃避，當權者都會把你打成港獨份子，反倒是主動觸犯禁忌才能顯示力量在你手中。這樣的邏輯再次體現在香港民族黨的行動之中，他們跟世界各地反對中共殖民霸權的人合作，讓香港走進全球反殖民連線的核心。在香港被誣陷勾結「境外反華勢力」幾十年之後，香港民族黨開始主動聯絡真正的境外反華組織。陳浩天和周浩輝多次前往臺灣，他們明確表示臺灣以獨立姿態抵抗中國入侵的方式值得香港效仿。[183]陳浩天也前往日本，討論如何建立自由陣營的印太聯盟，例如如何邀請蒙古、東突厥斯坦、圖博、臺灣、印度、日本、越南這些被中國占領或被中國威脅的國家代表，組成一個國際組織，設法打倒中國共產黨。[184]香港民族黨不但不將香港的未來寄託在中國之上，更直接翻轉這類想法，希望將香港建設成國際反中共聯盟的基地。

香港民族黨爭議最大的政策之一，就是多次呼籲美國撤銷《香港關係法》（如今美國已在二〇二〇年七月正式撤銷）。[185]美國在一九九二年通過該法案，將一九九七年之後的香港視為一個有別於中國的關稅區，不需要符合中國的各種關稅規則與科技轉讓限制。但這些豁免權有其前提，那就是香港必須繼續保有一九九七年之前的法治、司法獨立、繼續穩定保障各種人權。可惜的是，中華人民共和國明明違背這些承諾，美國多年以來卻一直只對香港自治日益消亡表達關切。二〇一七年八月，香港民族黨開始扭轉這種局面，陳浩天致信美國駐港澳總領事館，要求取消《香港關係法》給予的一切特殊待遇，藉以抗衡中國屢次侵犯香港自治。他將信件親手遞給領事館的代表，後面整群記者跟著拍攝所有過程。二〇一八年八月，他直接寫信給美國總統川普，要求撤銷《香港關係法》並對中國政府與香港政府實施制裁。[186]

一個政黨要求外國來制裁自己的政府跟家鄉，乍看之下確實令人費解。然而，當你意識到這個舉動讓人把中國與香港區分開來，並注意到那個要被制裁的香港政府根本不是香港人的政府，這就一點也不奇怪。香港民族黨的做法讓人看見「一國兩制」的現況多麼荒謬。因為那些希望香港未來能跟中國分道揚鑣的人，現在竟然希望美國把香港當成中國一起制裁、一起面對相同的貿易限制。反倒是那些把香港當成中國自古以來不可分割領土的香港建制派，認為美國應該把香港跟中國差別對待。在這個制度之下，希望香港獨立出去的人，希望美國用對待中國的標準對待香港；認為香港屬於中國的人，卻希望美國把中國和香港畫成兩邊。

除此之外，百無禁忌的香港民族黨最具爭議的部分，無疑是陳浩天在建黨記者會上首次宣布的立場：堅定支持任何有效反抗「香港殖民政權」的行動。[187]當然，出於可理解的法律原因，該黨在做相關公開聲明的時候都沒有說得太直白，只是暗示幾十年來的抵抗模式就像本書第一章引述的盧斯達所言，毫無半分作用。但該黨《眾議》的第二期，還是刊載了該黨成員以「芝蘭榕葉」為筆名撰寫的〈無用之用：公民不合作運動〉，以最有系統的方式論述香港人為何有權在反殖民抗爭中使用武力。[188]

在該文中，「芝蘭榕葉」先從公民不服從（公民不合作）的意義開始，描述一種最極端的和平抗爭：以接近暴力革命的方式迫使國家讓步。[189]但作者認為，這種行為只在一個雖不完美，但足夠公正的社會中有用，因為只有不完美的社會才需要改變，而只有足夠公正的社會才願意讓步。[190]被中華人民共和國統治的香港當然並不完美，國家與社會之間的關係若是改變，必定大有裨益，但這樣的香港卻離公正相當遙遠。「芝蘭榕葉」

說，公正的社會必須完全民主，或者必須以強而有力的憲法保護各種公民權利。[191]在這樣的條件下，民主制度的課責能力和憲政體制的法律系統就會是一種免疫系統，政府一旦濫權，社會就能把公民不服從當成抗生素，治療輕微的病徵。但免疫系統一旦消失，國家就會發展出抗藥性，讓步的頻率越來越低，幅度越來越小，濫權的程度也越來越強，然後會出現層級越來越高的暴力來鎮壓和平的公民不服從。[192]

非暴力抗爭確實歷史悠久，也在世界各地推動過許多重要的變革；但中國共產黨自從上位以來，中國就沒有任何非暴力抗爭成功的例子。面對這個完全無視道德的政權，香港人要怎麼用手中僅有的道德力量爭取民主和自由？當國家毫不猶豫使用最極端殘酷的暴力手段打擊行使憲法權利的人民，人民要怎麼維持非暴力？「芝蘭榕葉」認為，公民不服從的失敗為香港公民社會敲醒了警鐘，提醒他們必須改用更有效的反抗手段。[193]這篇分析為二〇一九年反送中運動的討論與策略轉向埋下伏筆，更在氛圍日益壓抑的香港鑿出一條伏流。[194]

雖然香港民族黨在成立兩年多後，於二〇一八年九月解散，但依然明顯影響了今日的香港政治，也影響了香港人在北京當局的控制日益升級之下的對抗方式。香港民族黨解散之後，港獨團體開始真正開枝散葉。陳家駒領導的「學生獨立聯盟」成為二〇一九反送中運動中的要角，直到陳家駒在二〇二〇年六月被迫流亡海外。他的朋友鍾翰林則創立了「學生動源」，可惜在《國安法》通過不久之後就被拘捕[195]，並在二〇二一年十一月本書付梓之際承認分裂國家的指控⑥。即使該罪可能帶來終身監禁，鍾翰林在認罪時依然表示「問心無愧」。近年來，中國政府和香港政府一直大力鎮壓香港民族主義運動、查禁相關政黨、拘捕著名人士並判處長期監禁。然而，這些鎮壓行動卻一次次坐實了港獨人士的說法：只要不脫離中國，香港就永遠不可能自由。

歸英運動：回到九七之前

二〇一七年七月一日，香港移交二十週年紀念日，親中派正在維多利亞公園大肆慶祝「太空夢」，不料展場外原本默默無聲的兩個人卻突然被十多位記者圍住拍照。其中一個人在燠熱無風的夏日下揮起特大號的英國國旗，每當揮旗的動作稍停，巨大的旗面便無力地垂落在沉靜無風的空氣之中。另一個人則高舉布條，寫著「慶祝新界擴張一一九週年」，底下附了一張印有英國國旗的香港地圖，標有「中國斷然違反《中英聯合聲明》。立刻恢復英國主權」。這兩個人都是「香港歸英運動」的成員，希望香港回歸英國，而非與中國統一。布條上所說的新界擴張，則是指一八九八年七月一日簽署的

⑥ 譯注：香港法院最後判決他三年七個月的監禁。

《展拓香港界址專條》。

我在兩位抗議者離開之前，跟他們簡單聊了幾句。我問他們為何選擇這種主張，其中一位表示，她在文化上其實比較接近英國，而非中國。當我詢問他們希望香港如何回歸英國時，另一位則表示，由於中國屢次違反《中英聯合聲明》這項聯合國登記在案的國際條約，中國已經失去了單方面的主宰權利，香港的命運已經重新成為國際問題，需要根據國際法來處理。在他們即將前往其他地方繼續抗議之前，我問他們這些活動通常會得到怎樣的反應？他們說：「有些人不敢表態，但在心底偷偷同意。大部分人則覺得我們瘋了。」

這場對話意外點出一個問題：為什麼香港人會想重新被英國殖民？這種我稱為「歸英運動」的政治現象是香港民族主義中發人深省的一支，它不僅將香港人對中國民族主義的挑釁推到前所未有的高度，更將之前提到的文化、法律、革命思想（城邦理論、自決和獨立）結合起來，變成某種異想天開卻難以反駁的推論，顯示出現實中的「一國兩制」是多麼荒謬無稽。

文化與殖民

這些「歸英派」翻轉了傳統的文化與殖民觀念，他們認為目前的香港與英國在文化上的共同點其實多過中國。[196]如果你覺得這種說法不可思議，可能只是表示中國那套血緣民族論已經深植我們的心。歸英派認為，香港在英國的殖民下已經成為一個多元文化的國際都會，能夠兼容各式各樣的文化、宗教、政治立場。光是從這座城市的語言、音樂、電影、美食在其他國家眼中多麼「混搭」，以及這座城市多麼重視法治，多麼尊重自由與人權，就可以看出這種多元開放的特性。[197]英國在殖民過程中給了香港這些優秀的特質，讓香港文化變得兼容並蓄，同時也讓香港人該認同什麼變得沒那麼簡單。

在學術界，提到殖民時幾乎都是清一色譴責，所以布魯斯・季禮（Bruce Gilley）於二〇一七年《第三世界季刊》（*Third World Quarterly*）發表的〈為殖民翻案〉（The Case for Colonialism）才會掀起一陣腥風血雨。他在文章中反對這種扁平化的觀點，主張「殖民主義為當地做出了重大社會、經濟、政治貢獻」，文章刊出後兩次引發撤稿聯署，更造成十五位編輯委員集體辭職。[198]然而，除了引發八卦以外，季禮的文章至少還有一項重大意義，就是指出學術界已經把「殖民等於邪惡」視為定見。[199]當然，季禮的翻案文章並沒有讓學術界開始認真討論殖民具有多少優點。在我看來，殖民的狀況本來就因地而異，光是說「殖民也有貢獻」而無視這些複雜差異，充其量只是某種反挑釁。真正有意義的做法應該是去面對殖民的複雜過程，承認有些時候壞意圖可以帶來好結果。畢竟二十世紀早就已經充分證明，那些乍看良善的意圖是多麼擅長帶來地獄。[200]

當我們把當下現實的政治體驗跟表面上「沒有殖民」這件事拿來對比，可能有助於跳脫目前黑白二分與相關的道德說教，或者說，或許更能跳脫道德說教，不會將事物黑白二分。如果看這個問題的時候只考慮香港與英國間的關係，那麼每個理性的人都會承認殖民時代充滿嚴重的不正義，例如：華人不能住在太平山頂，或者從未實施完全民主。[201]但是用這種方式就無法解釋，為什麼有很多中國人主動從家鄉逃到這個殖民地並成為臣民，也無法解釋一九八〇至九〇年代的香港人會那麼擔心香港在回歸之後失去原貌。[202]要解釋這些現象都得額外加入中國因素，考量中國的政治與社會經濟背景。香港的殖民體制雖然並不正義，但香港居民擁有的權利和自由卻比中國公民多出許多；反觀當時的中國公民，雖然表面上已經擺脫殖民，實際上卻活在更不合理的統治之下，而且直到今日都未消失。[203]所以香港人當然會擔心九七回歸，他們希望繼續活在開放寬容的文化之中，但北京政府似乎卻越來越想毀滅這樣的環境。

除了在觀看香港歷史時不能用「殖民之惡」簡化現實中的各種因素，歸英派還有另一個主張：他們認為不能把中國的統治同樣簡化為「殖民」，因為中英兩個政權的做法差異很大。過去遠在天邊的倫敦當局促進了香港的自由、人權、法治發展，到了後來，也越來越不干涉香港的地方事務。相比之下，同樣遙遠的北京當局卻根據自己想像出來的血緣文化來統治香港，對英國人奠定的自由遺風施加越來越多干預與管制。其中的要點就是北京與倫敦的風格有天壤之別。中國的統治方式並非殖民論述所說的那樣，只是「延續」了九七之前的殖民，反而是以完全不同的方式切斷了英國的殖民。[204]香港人會討厭中國的統治明明只是反映了政治現實，但中國的民族主義敘事卻把這種情緒扣上奴性的大帽子。

因此，歸英派讓我們發現殖民對文化的影響有多個面向。首先，並非所有殖民都是壞的，而且同一個殖民的影響也有好有壞。香港正是先前在殖民化的過程中，免於落入中華人民共和國的壓迫統治，才得以發展出一種尊重人權、個人自由與多元的文化。其次，歸英派指出，即便是殖民之間也有好壞差異，中國在一九九七年之後試圖引進壓迫性的政治文化，讓香港的處境比之前英國的殖民統治還「糟糕」很多。所以，可以說英國的殖民讓香港享受到自由，中國的殖民卻讓香港失去自由。季禮只是翻轉了既有的「殖民很糟糕」論述，重拾殖民的「優點」。歸英派的說法反而更有層次，它以殖民帶來的各種影響以及各種「殖民政權」之間的差異，提供了更合理的方式去研究殖民留下的遺產，以及殖民後的各種延續和作用。

歸英論述的合法性

歸英派並沒有像那些呆板的老派人士以為的那樣，只是希望香港「回到英國的殖民」；而是認為香港應該振興英國人留下的政治、社會、文化制度，畢竟香港人本來就比較認同這些制度，而非中國的統治方式。[205]其中最該振興的就是英國人留下來的法律體系，因為即使是中國大肆宣傳改革開放的四十年後，香港在二〇二〇年的法律體系依然比中國健全非常多。正如本章之前所述，這套體系奠定了香港自決的基礎，讓香港人擁有一條合法有序的道路去成為一個擁有獨特文化的民族，去決定自己的未來。歸英派心中的香港自決之路在法律上有所不同，雖然這套全新的論述在現實中幾乎不可能實現，卻在很多方面都出乎意料地合理。

這條道路始於《中英聯合聲明》，這是中英兩國於一九八四年十二月簽署、一九八五年於聯合國登記的國際條約，具有法律約束力。該聲明規定了中國接收香港後的治理方式，保證香港擁有「高度的自治權」，擁有「行政管理權、立法權、獨立的司法權和終審權」。[206]它明文禁止中國干涉香港的言論、出版、集會、結社、學術研究自由，香港的制度在二〇四七年前必須保持五十年不變。[207]卡洛．彼得森認為，《中英聯合聲明》的力道已經足以保障香港真正自治的所有條件，[208]唯一的問題只剩下中華人民共和國會不會確實執行。不幸的是，在二十一世紀之後，這二十年來的進展顯然證明中國違約。

歸英派認為，《中英聯合聲明》是中國接收香港進行統治的法律基礎，中國卻一再公然違反，所以英國應該要求聯合國去審查這項國際法律協議的執行情況。[209]當然，英國很可能永遠不會提出這種要求。但某位歸英派人士曾經簡明有力地向我重述本章提到的各種想像中的美好未來，並表示如果有人真的只想說這些未來全都是空中樓閣，那還不如直接兩手一攤，坐等香港完全毀滅。另外，如果暫時不要管現實中的可行性，我們至少可以確定聯合國一旦開始審查執行狀況，結論就一定是中國屢次違反《中英聯合聲明》，然後《中英聯合聲明》便不再有效。根據歸英派的說法，這時候國際的合理裁定就是讓香港回到一九九七年六月三十日之前的英國統治，因為根據一八四二年的《南京條約》與一八六〇年的《北京條約》，雖然新界的租期只有九十九年，香港與九龍的割讓卻是「永遠」的。[210]

國際關係與國際法的學者當然可以對這種說法在法律上的漏洞進行更深入的評論，但像我這樣的政治思想與社會運動學者不得不稱讚歸英派的創見。這是目前香港新興的政治思想之中，把解決香港困境的方案解釋得最清楚的版本之一。它解釋了香港人為什麼會偏好英國文化，也提供了香港回歸英國的法律依據。即使這種未來顯然不會成真，歸英派依然相信他們的願景在所有港獨思想中最為實際，而且這種說法其實鏗鏘有力。[211] 鑑於雙方力量的差異，不可能如城邦派所設想的那樣跟中國達成協議。至於想用北京當局意圖破壞的法律體系來實現香港的自決，顯然更是緣木求魚。而且中國共產黨有如百足之蟲死而不僵，香港若想先等中共垮台，獨立之日只會遙遙無期，遠遠超過二〇四七年。[212]所以歸英派認為，回歸英國統治反而是既有法理基礎，又有國際法律支持，最可能讓香港自治的手段。

歸英派還說，這種方法還能最有效地保障香港的自由與生活方式。他們認為，無論是建立城邦、香港自決還是獨立建國，事成之後都無法對抗中國侵門踏戶。之前所有的政治思想，即使跨越了艱鉅的門檻，建立了自治政體，依然得面對巨大的政治、經濟、外交、軍事挑戰。[213]反倒是回歸英國可以讓香港獲得最有力的保護，可以讓其他民主國家成為香港的經濟夥伴與外交盟友，對抗來自中國的壓力和威脅。[214]而且回歸英國之後，全世界最強大的軍事聯盟就會成為香港的國防後盾。

以殖民的方式反殖民

歸英派除了吸收、取代其他香港民族主義思想的文化與法律論點，更擁抱了港獨人士的革命反殖民論述。雖然乍看之下相當弔詭，但他們認為，目前英國海外屬地實際享有的自治權就是實際上最能讓香港獨立的路徑。換句話說，其實回歸英國殖民正是通往獨立的特快車。

歸英派在討論法律依據時提出了充足的佐證，討論獨立的時候也不例外。他們認為，比起目前中國表面上的非殖民統治，重新回歸英國殖民反而更能讓香港保有自主性。一篇名為〈直布羅陀與香港〉的文章比較了這兩個前英國屬地的現狀。[215]作者認為，直布羅陀在文化上屬於西班牙，生活方式很地中海，跟英國大相逕庭。即便如此，直布羅陀人卻屢次表明希望讓英國繼續保有當地的主權。[216]一九六七年，直布羅陀舉行公投，投票率九十五・八％，其中有九十九％的選票贊成繼續讓英國統治。[217]二〇〇二年，當地又以公投方式決定要回歸西班牙還是繼續留在英國，投票率八十七・九％，九十九％的選票再次選擇了英國。[218]為什麼這個文化上明顯屬於西班牙的地區會這麼堅決反對回歸西班牙，寧願繼續當成英國的海外領地？歸英派認為原因跟香港拒絕中國統治一樣：直布羅陀和香港都跟英國一樣擁有民主、透明、良政（good governance）這些普世追求的文化特質。直布羅陀的外交和國防雖然像其他幾個僅存的海外屬地一樣交給英國，但其他內政都由直布羅陀的議會民主自行治理。[219]乍看之下，中國也承諾只幫香港處理外交跟國防，讓香港用民主制度完全自己決定內政；但英國遵守承諾讓直布羅陀確實自治，甚至兩次主動詢問當地人要不要繼續跟英國保持既有的關係。英國讓直布羅陀人決定自己的未來，中國卻從來沒有。

「掌權者有沒有讓當地人自己選擇」是歸英派論述中的關鍵之一。歸英派並不是真的想要回歸殖民，而是想找到某種方法跳脫殖民，他們之所以主張歸英，是因為英國給予殖民地的自由、自治、實質自決權利都比中國還多。香港成了歷史上最大的諷刺，這個地方在表面上自豪地解除殖民，「回歸」祖國之後反而比以前更像是被壓迫的殖民地，顯然受到殖民性的規則所束縛。[220]歸英派認為，一旦撤銷《中英聯合聲明》，讓香港在法律上回到英國，香港就會像直布羅陀成為真正擁有自治權的英國海外領土。[221]一旦擁有這種自治權，並在軍事和外交上有整群民主國家的援助，這座城市就可以發展民主、重建政治體制，最後以公投的方式決定自己的未來。[222]在目前的中國統治下，這種路線是緣木求魚；如果回到英國，卻會變得相當現實。

歸英派讓我們發現，文化和殖民的論述沒有目前以為的那麼簡單，我們不僅不該直接把外部政權全都貼上同一種「殖民」標籤，也該承認某些殖民確實會留下一些正面遺產。歸英派以國際法為由，認為在中華人民共和國屢次違反《中英聯合聲明》和《基本法》之後，已失去對香港的合法統治權，應將香港還給英國。這種「重回英國殖民」反而實際上最能直接跳脫殖民走向自治」的說法，成了一國兩制相關討論中最反諷的一支。之前提到的三種民族主義，分別以文化、法律、反殖民為由，主張香港人有權決定自己的未來。歸英派將這三種說法揉合起來，但他們提出的自決方案乍看之下卻也比「一國兩制」更不可思議：用殖民來解除殖民。

結語：香港的政治啟蒙

本章概述了香港目前的幾種主要政治思想，他們分別設想了香港不同於中國的未來。首先，陳雲在二〇一〇年代初提出了城邦論，主張香港的文化與中國不同，而且香港與中國的關係也可以與現在不同，藉此永遠影響了人們思考討論中港關係的方式。之後，香港中文大學的《學苑》以陳雲的典範轉移論述為基礎，進一步根據國際法與《基本法》主張香港有權自決，主張香港人實現這種權利。自決派提出的法律基礎不僅再次肯定陳雲所說的文化獨特性，更希望藉由有序開放的公投實現香港的獨特文化，讓香港跳脫政治困局。香港民族黨則跳脫了這種以守法為前提的樂觀看法，主張跳脫法律的框架，發起一種全新的反殖民反抗。他們提出了具體的香港民族定義，主張不擇手段建立香港共和國。至於歸英派則將上述的文化、法律、反殖民邏輯揉合起來，讓「回歸英國」這種很不現實的提議在推論上非常合理。

這些思想並不屬於同一種「港獨運動」，反而是根據截然不同的政治哲學，各自發展出對香港未來截然不同的想像。它們唯一的共通點就是都同意「一國兩制」模式已經完全無藥可救。最近幾年我常跟這些思想者交流，其中某些思想者甚至轉換了流派，討論的過程讓我發現，這些流派反對彼此的程度幾乎跟反對北京政權的程度一樣高。所以這些發展絕非單一的思想運動，而是一系列關於香港未來以及港中關係的辯論，這些辯論越來越不設限，也越來越激烈。香港要成為一個城邦，復興過去的封建傳統，成為未來中華邦聯的基石嗎？還是重新掌握法律，藉此實現自決，擺脫目前那個國家目無王法的統治？還是說，香港應該跳脫法律的框架，以所有必要的手段反抗殖民者的控制？或者，應該暫時先回到英國的殖民，回到香港居民都能接受的普世價值之中，然後再走向反殖民抵抗的道路？可能的選項無窮無盡，香港人已經覺醒，已經發現中國的統治只是一種樂觀謊言，這些討論無論是在香港還是海外都注定將繼續發展。

正如彼德．斯洛特戴克（Peter Sloterdijk）所說，理想的啟蒙運動是「一群重視知識的人，在不受外力強迫的情況下自由對話」。[223]香港民族主義的不斷發展顯然就有這樣的味道，人們自由開放地交流思想，為不確定的未來尋找答案。但斯洛特戴克的分析也提醒我們，啟蒙的戰役很容易「以失敗告終」。[224]因為深思熟慮之後的誠實言論注定引來霸權國家的圍攻，這些霸權不希望人們獨立思考，勢必大力吹噓一國兩制多麼成功，除此之外的其他思想全都是要毀滅中國的惡意陰謀，必須不惜代價予以粉碎。斯洛特戴克在一篇文章中指出，「霸權國家不可能乖乖就範，不可能主動邀請對手一起坐上談判桌，只會想把對手關進監獄。」[225]香港的現況就是這樣，但這種只靠膝反射式鎮壓的回應方法，非但沒能壓制這些思想的發展，反而為這些論述基礎提供了確切的證據，證明只要繼續讓中國統治，香港就注定無法維持既有的生活方式。事實上，中國中央政府對香港政治啟蒙的鎮壓，證明了香港民族者的預測出乎意料地準確。

本書最後一章的內容，就是北京政府如何瘋狂地跟蹤、抹黑、排擠，甚至囚禁那些鼓吹港獨思想的「幕後黑手」，因而完全無法認清自己的作為如何一步步助長港獨情緒，如何為了處理港獨問題，而讓港獨問題繼續無法解消。

第三章

宛若國度：港中關係的知識／權力

【摘要】「一國兩制」是成功的，但外部敵對勢力為「港獨」思潮提供溫床。面對「軟暴力」新形勢，民主黨派一員理應建言獻策、與時俱進。出臺維穩法規，強化中華教育，政治上為港籍青年提供更大發展空間至為必要。

——陳浩，〈與時俱進應對「港獨」軟暴力〉

上述這篇摘要來自中華人民共和國官方學術期刊《福建省社會主義學院學報》，[1] 論文本身只有短短兩頁半，通篇堆疊陳腔濫調。作者陳浩在二〇一四年發表該文時，是福州出身的研究生，但此後多年都未發表任何相關研究。此外，根據「中國知識基礎設施工程」的資料，這篇論文至今無人引用。我在撰寫這章時，決定順著時序閱讀中國日益眾多的港獨思想研究，而這篇只有兩頁的論文乍看之下毫無可取之處。

然而，我後來看完中國官方學術資料庫的所有港獨研究之後（他們在六年內發表了接近六十篇論文），發現陳浩見人所未見，言人所未言。文章標題雖然使用了「與時俱進」，但其實完全超越了那個時代。

首先，這篇論文發表於二〇一四年，當時港獨思想在香港政治界還相當邊緣，日後開啟香港民族主義的《學苑》特刊也才出版沒幾個月，但陳浩卻已經看見了趨勢。其次，這篇文章獨具慧眼，默默奠定了往後中國相關學術研究的所有分析基調與論證模式。陳浩把所有討論香港未來的人都貼上「港獨運動」的標籤，而非把他們視為好幾種不同的思想流派；在此同時，更指稱凡是支持港獨，便是病入膏肓無可救藥。這麼一來，所有社運人士與政治理論家提出的各種香港新願景，非但不是失敗的一國兩制引來的批判，更是完全不該讓香港自己管理當地事務的證據。最後，陳浩在其他中國官方學術分析尚未依此討論，北京當局尚未依此行動之前，就指出擴大國家權力乃是解決港獨問題的良方。這篇未受賞識的論文其實奠定了中國討論港獨問題的整體路線，無論港獨思潮的起源還是中國該採取的解方，都完全說中了中國其他學者在六年之後幾十篇論文的方向。

陳浩的文章開宗明義，就是大膽定調中國當下在世界中的地位：

> 可親、友善、文明的獅子在世界東方醒過來了！改革如一夜春風雨露，讓泱泱之千年大國如一條巨龍在東方翹首騰起，世界為之一震！新中國成立以來，我國各族人民、各地區、各民主黨派與中共風雨同舟，心心相印，把舊中國從一個積貧積弱、殖民地半殖民地和軍閥混戰的窮國建成一個獨立自主、初步繁榮昌盛、社會步入小康、國力日益強盛的社會主義強國。[2]

這整段話寫得清楚明白，無論是用詞遣字、連篇累牘的長句，還是天外飛來的驚嘆號，全都顯示作者對中國崛起的澎湃熱情。而且陳浩不光是自己澎湃，還要把這種激動分享給所有人：

> 社會主義中國的強盛崛起，全國各族人民、台港澳同胞、海外僑胞無不感到自豪與歡欣鼓舞。強盛的母親是海內外億萬中華兒女們的福祉。在我們中華大家庭中各民族、各地區、各黨派兄弟姐妹攜手奔向強國富民中國夢之際，其中作為小兄弟的香港的某群體、某角落的所謂泛民主派卻不斷發出了喧鬧雜音，實在讓人費解。

照這種說法，只要你沒有像陳浩那麼為中華人民共和國的崛起而感到興奮，你不僅是錯過一個光榮的時刻，實際上更阻礙了中國的崛起，進而「威脅到我們中華大家庭的和諧」。這種隱喻不僅抓住了人們對親情的想望，更暗示著沒有人能逃離家庭的掌握。這種與生俱來的親密關係不能容許一丁點「不和諧」，所以處理那些「被寵壞的孩子」的方法很簡單，就是以政策堅持「零容忍」，也就是北京一直以來的處理方式。[4]

本章以「中國知識基礎建設工程」於二〇一四至二〇年間討論香港獨立的五十七篇學術文獻為基礎，以批判性的角度檢視中國官方的港獨研究。其中最早的便是陳浩，陳浩的文章篇幅簡短，情感浮誇，卻巧妙預測到之後所有官方港獨研究的方向。首先，他將港獨現象定調為「被寵壞的孩子」所生的病，這個隱喻成了日後相關論述使用的核心，更使其他學者衍生出「食古不化」、「法外狂徒」、讓中華民族國家覆亡的「病毒」等說法。陳浩認為要治好此病，中國政府就必須對香港多加干預，例如重申中央政府握有《基本法》的解釋權、重啟之前胎死腹中的愛國教育，以及推出各項範圍模糊的維穩措施。[5]這些至今都是中國御用學者的推薦方向，中央政府也確實在香港實施。當然現實令人不禁悲歎，香港政局之所以會如第一章所言日益緊張，正是這些政策所致。

陳浩在論文的結尾寫道：「我們應該跟隨習主席的教導，牢固樹立民族意識、祖國意識、公民意識，不斷增強各民族各地區對偉大祖國、中華民族、中華文化、中國特色社會主義的認同，每個人都可以為實現中華民族偉大復興的中國夢，作出自己的貢獻！」[6]而本章的主題就是中國御用學者究竟如何根據（或者更精確地說，如何忽略）香港近年的演變，提出目前的解決方案，以及在中國中央政府堅持刨除港獨毒根的政策之下，香港的未來將走向何方。

走向結構主義式東方主義

後殖民想像具有局限的鮮明例證之一，就是沒有人用愛德華・薩依德（Edward Said）在《東方主義》（*Orientalism*）的見解來解釋中國對香港的統治。人們的逃避不僅讓我們無法用這種框架揭示香港的麻煩殖民局勢，更讓我們無法根據這種殖民與壓迫的新形態進一步發展東方主義。薩依德在這本重要大作之中，以傅柯的知識／權力框架進行分析，發現對於「東方」的學術研究帶來了歐洲對「東方」的殖民。他認為這種「東方主義」將「東方事物置於班級、法庭、監獄、手冊之中，用於查核、研究、判斷、規訓、管理」，藉此「進行支配、重組、掌握權威」。[7]東方主義的核心之一就是預設「西方注定優越，東方注定低劣」，認為東方不僅本質上與西方不同，而且本質上就低人一等。[8]這種觀點雖然與現實完全不符，之後卻成為決定現實走向的關鍵，因為東西方的力量強弱不僅取決於軍事和科技力量，更取決於知識與知識的產製機制。一種觀念只要能夠雄霸天下，之後就得以塑造現實。[9]西方人的知識／權力讓他們相信自己生機勃勃，東方食古不化，為殖民的正當性事先找到藉口。在真正開始殖民之後，更因此改變雙方的思想和現實，使這種東西方的優劣二分繼續牢不可破。[10]用薩依德的話來說，東方主義「讓人相信東方過去在思想與行動上沒有自由，現在也不該有自由」。[11]

可惜的是，薩依德只關心東方與西方間的關係，所以雖然讓我們得以用全新的視角理解全球權力關係以及陳述他者的方式，卻無法超越二元對立，以更廣泛的方式進一步理解這種支配關係。「東方主義」的名字說盡了一切，這種分析框架帶著地理的烙印，把東方當成一個天生善良、永遠只會受害的被害者，西方則是一個永遠只會殖民的加害者。反諷的是，薩依德的分析雖然乍看之下解構了東西方之間的二元對立，實際上卻因為假設西方永遠支配東方，因而重建了這種二元對立。[12]更加諷刺的是，正因為薩依德的狹窄視野，在思考東方主義時只比較東西方之間的差異，反對東方主義的人在批判時的想像力往往受到局限。例如他們在談到中國的時候，幾乎都只討論西方對中國的殖民，完全不提中國人對自己的殖民。

蓋德・褒曼（Gerd Baumann）在《相同者／相異者的語法：一種結構主義方法》（*Grammars of Identity/Alterity: A Structural Approach*）中，指出薩依德的框架被地理意義所局限，可以用自身／他者（selfing/othering）的結構主義框架取而代之。決定支配關係的不是地理位置，而是自我支配他者，而自我與他者之間的標準和「西方／東方」這種任意劃分的標籤彼此獨立。褒曼認為薩依德使用的是一種「嬰兒語法」，「以某種最簡單的對比，試圖描述世界上的所有差異。」所以他自己想拓寬這種語法，指出人們在認知自我與他者之間的關係時，還有其他三種截然不同的結構，分別是（一）定調（orientalizing）、（二）區隔（segmentation）、（三）統括（encompassment）。[13]

褒曼所謂的「定調」（Orientalizing），並非某種完全從西方指向東方的現象⑦，而是一種常見的結構語法。無論是哪裡的人都會用這種語法來想像他人，與他人建立關

⑦ 譯注：orient 本義為決定方向，日後代指面向東方。

係，它不僅能讓地理上的西方指稱地理上的「東方」，還能用在其他無限多個軸線上。[14]「定調」這種結構的重點就是把幻想出來的特質套在對方身上，並想像自己和對方之間有優劣關係。褒曼強調，這種想像出來的優劣關係可能比薩依德描述的還要複雜很多，而且很多時候優劣地位可以翻轉。舉例來說，我們不僅會把「東方」想像成一個落後的地方，同時也會把它想像成不受「現代生活」汙染的桃花源。[15]漢人對圖博也有一樣的想像，他們一方面以為圖博人次等，一方面又浪漫地想像圖博人空靈淡泊。

至於「區隔」，則是指身分認同包含很多層次，包括民族、基因、族裔、階級、年齡，以及性別、性取向、地方認同、政治傾向、個人經歷等等。我們身處的脈絡會讓我們特別意識到其中某些層次，形成「區隔」，決定我們在當下是怎樣的人，在別人眼中是什麼形象。我們之間的共通點會模糊彼此的界線、促進相處，但我們之間的相異點卻會讓我們在相處中意識到彼此間的距離。[16]過去二十年來，「香港人」身分跟更主流的「中國人」身分的區隔得越來越明顯，即使是「香港居民」這種身分也逐漸從「中國居民」的身分中分離出來，成為一種有別於「中國人」的象徵。另一方面，中國御用學者在討論香港民族主義的時候，也明顯做出了區隔。這些研究很愛強調香港民族志士的年紀，一方面陳述他們身體上的年齡，一方面把他們說成衝動不切實際的小孩子，藉此主張中國中央政府這樣的成熟大人必須介入香港維持紀律。

至於最後一個結構「統括」，則是指人們在被拉攏之後，被迫改變自我認同的現象。[17]「統括」跟「區隔」一樣都意識到身分認同包含好幾個層次，但「區隔」是讓人在不同的脈絡下注意到不同的層面，「統括」卻是把低階的身分差異納入高階的共通點之中，然後把共通點據為己有。這也表示「統括」預設屬性之間有高低關係，這樣才能聲稱「你們所謂的另一群人，其實也是我們這個大家庭的一份子。」[18]這種說詞香港人想必司空見慣，畢竟某一句名言就是用這種方式聲稱「大家都是中國人」，不要分那麼細，香港人不要否認自己的中國身分。

褒曼梳理這些自我／他者的語法結構，讓我們了解身分建構的過程遠比薩依德的框架更為複雜。結構主義的分析方式讓我們不必受限於薩依德的單向地理假設，可以用這些語法結構來討論之前無法處理的殖民狀態，得出新的洞見。在這樣的分析之下，中國不僅像過去以為的那樣，是西方人在歷史上殖民的「東方」受害者；同時也是一個不斷擴張的殖民強權，用自己的知識／權力去定位其他族群，合理化自己的宰制。無論香港公民、臺灣公民、境內的少數族裔、圖博人這種國家被併吞的族群，還是更廣泛的各地「華僑」，全都逃不過這樣的殖民。這種東方主義式殖民最明顯的證據就是中國政府描述少數族裔時的刻板印象：少數民族出席全國人民代表大會的時候，一定會穿著民族服飾；少數民族地區招徠遊客的方式，也是異國風情的舞蹈表演。無論官方還是民間，當代整個中國對族裔的看法都帶著一種東方主義，一種主流漢族與其他少數民族之間的二元對立，而後者的形象就是從官方的定位中建構而來的。[19]

聽過中國官方說法的人想必對下面這些敘述方式耳熟能詳：（一）其他族裔都是不成熟的孩子，需要成熟理性的主流漢人來引導；（二）其他族裔都很原始，尚未發展完成，位於比較早期的歷史階段，需要現代的先進主流漢人來引導；（三）其他族裔是尚未開化的異者，還沒充分融入漢文化的榮光；最後一種敘述最近日益頻繁，（四）其他族裔打從一開始就是國家的潛在威脅，例如最近的新疆，需要不斷監控、限制，甚至消滅。[20]這些少數族裔的形象都跟現實中的少數族裔無關，而是漢人民族主義把常態跟異國風情、原始跟現代對立起來的結果。這種帶有東方主義的有色眼鏡讓漢人開始統括整個中國，相信自己必須在中華民族的歷史中扮演特定角色，可以強行吞併所有異族，讓每個被併入漢族的族群都因吞併而獲益得到好處。

無論少數族裔還是香港都是被中國中央政府殖民的族群，但每種殖民關係並不相同，各族群的處境有時共通，有時相異。雖說中國的少數民族與香港都被困在漢人民族主義的敘事框架內，但少數民族與主流民族之間的關係是被鎖進漢人文化使命的框架裡；但香港與中央政府之間的關係，主要卻是如陳浩的創見所言，是被綁在中國崛起的牢籠之中。[21]中國在敘述這兩種殖民關係時，使用的框架雖然不同，選擇的譬喻卻出奇相似。我在接下來的幾節將中國描述香港的官方說法分為四種，每種都呼應了官方建構的某種異族形象：（一）香港還是個孩子，不若中央政府具備成熟的自制力；（二）香港尚未發展完成，被中國突飛猛進的經濟發展逼瘋，陷入了歇斯底里；（三）香港是未開化的法外狂徒，需要中央政府的強力干預才能回歸法治社會；（四）香港是病毒或癌症，是潛在的致命威脅，阻礙著中國崛起的命運。

本章的結尾則會進一步分析這些論述的另一個特徵：中國御用學者在論述建構中的角色。這些論述有些奠基於御用學者對「少數民族」的人類學研究，有些則來自御用學者對香港的政治、法律、社會研究。《東方主義》原本是為了批判西方學術界的刻板印象以及引發的殖民主義而寫的作品，但在出版的四十年後，這本書帶來的影響卻完全淪為原本批判的目標。薩依德明明是為了勸西方學者在看待他者以及與他者進行權力互動的時候，多加反省自己有沒有帶著奇怪的預設，但他最後提出的準則和使用的結構卻犯了完全相同的錯誤。至於被政府完全掌控的中國學術界在使用東方主義時，當然只會強調地理層面，不斷講述東西方的二元對立。因為這類研究的主要目的就是強化中國的國家權力、鞏固相關的殖民視角、把漢人把持的中央政府說成對抗「西方帝國主義」的壁壘。只要「東方」像短視的薩依德所說永遠都是受害者，只要中國的「百年國恥」永遠無法褪色，漢人主導的中央政府就可以繼續殖民整個中國，繼續羞辱壓迫每個人民，畢竟與西方的威脅比起來，人民今日的苦難根本不算什麼。

路易・阿圖塞（Louis Althusser）曾說，意識形態沒有「外面」，我們永遠都在某些意識形態之中。[22]這項顯然不精確的宣稱卻在學術界引起不少共鳴，讓很多人以為批判意識形態的分析都跟它們批判的東西一樣有意識形態。然而，這種乍看之下超越意識形態的態度其實本身才有意識形態，它讓人陷入相對主義，把不同層次的東西壓在一起談，妨礙批判分析與深入思考。首先，不是每種意識形態都一樣好。如果我們提到意識形態的時候，只是理解為我們無法直接接觸世界，一定得透過某些中介，那麼阿圖塞的說法可能就勉強說得通；只是如此就沒有注意到，人類打從娘胎開始就有辦法用意識形態以外的東西來反思意識形態，進而發現某些方式與中介可以把世界呈現得比較準確，比其他方式更能令人反思，更能帶來洞見。[23]第二，意識形態的優劣可能受到許多因素影響，其中最重要的是誕生環境。[24]你當然可以說，無論有沒有學術自由，知識界永遠都充斥著意識形態，甚至「學術自由」本身就是一種意識形態；但這種說法主要只能得出一個結論，那就是有沒有學術自由都差不多。問題是，在有學術自由的地方，人們可以偏離主流意識形態而不用擔心被懲罰，雖然很累，但至少可以篳路藍縷闖出一片天；而在沒有學術自由的地方，國家直接控制出版，一天到晚拿身家性命為威脅，要那些偏離主流的人乖乖就範。另外，即使意識形態真的是我們無法逃離的病，它歪曲世界的程度也高低有別，而某些思想和著作被「意識形態」汙染的程度顯然就是比較高。而我認為在提到香港的時候，北京官方的研究被意識形態箝制汙染的程度顯然是各方之最。

接下來我將分別用四個段落，整理批判中國官方研究在意識形態的影響下描繪出的香港樣貌，並同時簡述香港近期的政治與學術發展。我汲取並拓展了《東方主義》的見解，指出最常見的四個譬喻，並以類似薩依德的方式說明，這四個譬喻如何讓中國在和香港交流的整個過中永遠不會屈居下風。[25]這四個譬喻分別是「被寵壞的孩子」、「適應不良的歇斯底里可憐人」、「法外狂徒」、「國家體內的病毒或癌症」，每種病徵都只有中央政府才能治癒。儘管香港目前的危機是由中央集權的國家和掌御成癮的政治作風造成，但這四個譬喻卻讓許多人相信要繼續加強控制才能解決問題。

香港被寵壞論

無論是強化青少年對中國歷史文化的了解，還是打擊遏止「港獨」活動，維護社會穩定，都需要大家站出來盡自己的力量。也許我們會面臨壓力，但絕不能動搖。

——習近平在「慶祝香港回歸祖國二十週年大會暨香港特別行政區第五屆政府就職典禮」上的談話，二〇一七年七月一日[26]

主張香港獨立的大多都是年輕人，其中最直言不諱的人更是年輕。民調顯示，十五至二十四歲的香港人有四十%支持獨立。[27]但中國御用學者在研究香港民族主義的時候，卻刻意避開這些經驗事實，反而將其發展成某種象徵。他們說香港是一個被寵壞的孩子，不切實際，一意孤行，追求那些會傷害自己的東西，卻把更好的東西斥如敝屣。有了這種定調，港中關係裡面唯一成熟可靠的政治勢力就只剩下中國的中央政府，而管教野孩子的事情，中央政府自然責無旁貸。

「年輕」本身有很多種涵義，它可以代表思想開放勇於探索，打破陳規不囿陋習；也可以代表年少無知，意氣用事。漢人把持的中國政府在描述少數民族的時候，經常用「兒童」來同時呈現上述各種意義。這些漢人居高臨下，一方面想像少數民族原始素樸，對現代經濟政治文化一無所知，需要跟「漢族哥哥」學習現代的知識；另一方面又想像少數民族清純未染，可以讓漢人暫時跳脫殘酷的現實，絕聖棄智復歸於嬰兒。蘇珊．布魯（Susan Blum）就有一項精彩的研究在探討漢人看待「原始」少數民族的態度，她發現漢人自相矛盾，一邊高高在上，一邊又充滿孺慕。[28]

相比之下，官方學術著作中的香港形象甚至比少數民族的形象更為單調。二〇一九年，田飛龍在《廣州社會主義學院學報》發表了一篇論文，列出香港「青年本土主義」的六個特徵，每個特徵都是負面的：[29]（一）未能理解一國兩制與基本法。（二）擁抱無政府民粹主義，選擇激進政治進程。（三）煽動武裝暴動，破壞香港對法治的尊重。（四）誘使人民採取越來越激進的立場。（五）天真擁抱臺灣政治人物與外國勢力。（六）不願意進行建設性對話、合作、規劃政策，只願意為反而反、一味拒絕、無謂掙扎。[30]田飛龍警告我們，這些孩子很有問題，六大特徵全都犯了同樣的錯誤，而且更重要的是，無論是年輕人不理解《基本法》或是立場漸趨激進，都不會有什麼好處。中國的香港研究就是這樣，它們在經驗事實上面貼上一個帶有多重意義的符號，讓人們認為香港目前的「年輕」政治文化完全有害無益。

這些說法還有一個共同特徵，它們描述的香港不但是個孩子，更是個迷失的孩子，已經失去了異族原有的純真。香港在一九九七年移交時，中國官媒不斷把它說成一個走失的孩子，終於回家了。[31]但是當團圓的喜樂逐漸消失，大家都得住在同個屋簷下之後，中國政府這個「父母」不得不開始處理這個喜怒無常、血氣方剛的青少年在外面受到的壞影響。桑普在將香港視為「中國孤兒」的研究中直截了當地指出這個問題，認為香港不僅一直活在中央政府的掌控之外，而且被保護得太好了。[32]從親生父母的角度來看，這個迷失的孩子被可惡的外國殖民者寵壞了，心智還沒成熟就接觸危險的現代社會，讓原本的赤子之心腐化殆盡。請注意，這種描述跟中國官方眼中的少數民族不同，官方眼中的少數民族是在渾元本真的環境中長大的赤子，尚未受到現代化的影響；官方口中的香港，赤子常德卻早就敗壞，心中充斥各種負面影響。中國官方之所以要把香港直接抹黑成壞小孩，可能是因為香港的地位讓中國陷入焦慮。香港顯然有很多制度和特色是中國必須學習的，中國不願承認，只好靠著官方敘事一味逃避，讓人們以為香港一無可取，而中國政府的道統穩如泰山且不可挑戰。

隨著香港「回歸」祖國家庭之後，各種法規限制卻讓「父母」無法好好處理面對孩子的乖張反叛，無法讓孩子感受到「父母」的愛之深責之切。例如田飛龍就說，一國兩制雖然是中國統治香港的法律基礎，實際上卻成為香港陷入「孤立」的過時阻礙。[33]這種政策雖讓香港保有高度自治，卻也讓香港逃避身為中國一部分的現實。黃晨僕則表示，一國兩制使得殖民時代的許多遺毒揮之不去，香港學校深陷「反共」和「反華」的思想驅動，成為西方勢力的「洗腦中心」。[34]他認為中國政府應該成為理想的教育家，而且毫無保留地砲轟「很多香港教授和教師都並不熱愛中國和中國共產黨，不適合成為年輕人的榜樣」。[35]過去自由報導的媒體更是西方勢力留下的毒草，它們在一國兩制的教唆之下，喪心病狂地抹黑共產黨。[36]香港的主流政黨過度政治化，讓民眾無視最基本的生計問題，使香港年輕人的收入停滯不前，永遠買不起房，無法自在築夢。[37]而中國「父母」之所以無法好好照顧，都是因為孩子之前被外面的朋友帶壞，「父母」雖煞費苦心，卻因各種框架和遺毒而事倍功半。

自陳浩開始，香港在中國官方的宣傳中就是一個腦中充滿壞思想，因各種惡習而走上歪路的「被寵壞的孩子」。[38]法律保障的言論自由、新聞自由、集會結社自由這些「西方」玩意，從根本上就不符合中國的「國情」。自一九八九年後，歷史的驅力將中國導向經濟發展之路，這些所謂的「自由」不僅只是外國人不切實際的瞎扯，更是中國崛起的障礙。田飛龍認為，香港就是因為這些腐敗思想四處流竄、殖民陰影揮之不去、教育和媒體的煽動，才變得越來越激進，無理取鬧地要求獨立。[39]香港人之所以希望獨立，只因完全誤解了法律和港中關係，甚至完全脫離現實；而港人之所以會有這樣的誤解，都是因為一國兩制的規定讓中央政府鞭長莫及。[40]至於其他殖民地所搞的「自決」，對香港而言更是華而不實的昂貴玩具，港人會想跟「父母」索討這種東西，只是證實了他們幼稚魯莽，不僅不知道自己要什麼，也無法判斷要求是否實際，只會用幻想中的空中樓閣不斷跟父母胡鬧。至於孩子們別出心裁的說法全都只是為了買玩具瞎矇出來的故事，根本不值得認真對待，更不需要花心思反駁。因為無論孩子嘴裡怎麼說，只要你沒能讓他滿意，他就會發脾氣、尖叫、在地板上打滾。那些越來越極端的抗議方式，以及根本不願意好好坐下來談的態度，就是最好的證明。[41]

這些「孩子」明明幼稚頑固，一國兩制卻設下同樣頑固的權力約束，讓「父母」的愛伸展不開。打從一九九七年回歸談判以來，港中關係就一直有個基本問題：香港的政治制度遠比中國先進，但香港事務卻歸中國這個「父母」管理。一國兩制承認這件事，卻沒有完全解決，反而要求注定不受法律約束的中國中央當局去遵守法律約束、不干涉香港自治。然而，把香港描繪成無知衝動的孩子，逆轉港中之間的高低關係之後，這個問題就解決了，因為香港那些無窮無盡、有時甚至無從預測的政治要求，全都成了香港無法好好管理自己事務的鐵證。只有中國這個成年人才能真的把事情處理好。照這種說法，一國兩制用法律阻止中國干預，不僅不是在保障香港獨特的生活方式和成熟的公民社會，反而是讓香港一直幼稚地胡鬧下去，揮舞著「自治」的大旗把自己帶向毀滅。中國的干預並不是讓一個無法問責的獨裁集團破壞香港的法治和政治制度，而是給父母一個把誤入歧途的孩子拉回正軌的機會。田飛龍認為，繼續放縱香港的政治「年輕幼稚」下去，香港就完了，只有暫時放下一切規則，讓成年人介入，才能重訂規矩撥亂反正。這雖然很反直覺，卻非常真實。

二〇一六年的立法會爭議充分顯示香港這個孩子的訴求多麼不可理喻。該年七月，香港選舉管理委員會在中國的壓力下，增列一項前所未有的要求，即立法會候選人必須簽署一份聲明，表示自己理解以下四條《基本法》條款：[42]第一條、香港特別行政區是中華人民共和國不可分離的部分；第十二條、香港特別行政區是中華人民共和國的一個享有高度自治權的地方行政區域，直轄於中央人民政府；第一五八條、本法的解釋權屬於全國人民代表大會常務委員會；第一五九條、本法的修改權與最終解釋權屬於全國人民代表大會。[43]選委會主席馮驊法官在解釋這項新要求時表示，「選委會發現，近來許多公共言論和政見已經偏離《基本法》規定的一國兩制和香港的憲政地位。因此社會需要確定候選人是否充分理解《基本法》，尤其是其中的第一條、第十二條、第一五九條之四。」[44]也就是說，選委會暗示某些少不更事的候選人沒有真正「理解」法律，根本就沒有資格參加選舉，只是想以選舉的方式表達某些偏離現實的政治觀點，唯有目前的政府當局才完全理解真正的現實。要候選人簽署聲明，檢驗他們對法律的「理解」，是為了從根本上讓他們重新循規守紀，接受政府當局獨一無二的「客觀」法律見解，進而行使法律保障的競選權利。

上述的態度已經極為傲慢，但讓選委會中的非民選代表來判斷候選人是否真心簽署，此一行為更加自以為是。候選人不僅得簽署聲明表示自己「理解」基本法，還得讓選委會指定的官員相信你發自內心，而且沒有任何明確的標準可以判定除了簽署聲明以外，還要做出哪些行為才算是真心相信。[45]香港民族黨的陳浩天當然拒絕簽署這樣的聲明，他也因此在二〇一六年七月成為第一位被剝奪資格的立法會候選人。[46]另外兩位支持香港城邦論的候選人中出羊子和鄭錦滿都簽署了聲明，但是資格仍被剝奪。[47]本土民主前線的梁天琦最初因為懷疑該聲明違法而拒絕簽署，之後轉而屈服，但在簽署聲明之後，資格還是被剝奪。[48]港府提出的「真心相信」顯然是一種偽科學判準，完全基於他們自己想像出來的高低關係，認為「成年」的政府當局不僅比「幼稚」的青年候選人更了解法律，甚至比候選人更了解候選人心底在想什麼。

港府在用這種淺薄的法律藉口剝奪好幾位候選人的資格之後，又用更滑稽的理由把其他保住資格贏得選舉的候選人踢出立法會。由於梁天琦被剝奪資格，青年新政的梁頌恆跟游蕙禎替補參選，雙雙拿下第六屆立法會議員席次。但正如第二章所述，到了二〇一六年十月十二日，兩人在宣誓就職的儀式上使用不雅詞彙，高舉「香港不是中國」的布條，[49]結果被立法會主席宣布宣誓無效。事後兩人提起訴訟，但香港的訴訟還沒結束，北京當局就直接出手，根據當局對《基本法》一〇四條的解釋，表示所有宣誓無效的立法會議員均不得擔任該職。[50]雖然在該事件中，北京當局只是想把經由香港人依民主程序選出的梁頌恆跟游蕙禎議員趕出立法會，但這樣的解釋能不能溯及既往，永遠只有北京最清楚。

我無法在這裡列出中國人大在該次案件中，對香港政治與法律制度的所有法律影響。相關主題的法律研究越來越多，而且似乎顯示大部分的研究者都非常不認同北京當局的法律詮釋。[51]但我在這裡想談的不是法律，而是要用上面提到的框架來分析中國的官方敘事。北京做出裁決三週之後，香港中聯辦的報紙《大公報》刊出一篇〈梁游「港獨」路揭秘〉，[52]說這兩個人「家庭教育缺失，學校教育不良」，所以才會擁抱港獨，「這一對青年男女的自毀之路暴露了香港教育的危機，和社會泛政治化的惡果。」有趣的是，整篇報導幾乎沒有引述任何證據來支持這些說法，[53]只有列入一位不明人士的說法，說游蕙禎小時候欠缺管束，導致長大後「欠缺承擔」。[54]至於梁頌恆的描述則集中在他九歲時喪父，由母親獨力撫養長大。這種描述方式的涵義相當明顯：梁游兩人擁抱港獨都是因為欠缺父母管教，不知道自己的行為會嚴重動搖香港。

不過，證據稀少跟缺乏說服力對該文來說其實也不重要。畢竟由北京控制的《大公報》本來就旨不在報導，而是用某種天真的精神分析筆法，把事先編好的大帽子扣在梁頌恆跟游蕙禎身上，讓讀者以為只有走上歪路的驕縱浪子才會相信「香港不是中國」。所以香港的政治局勢之所以不斷升級，不是因為中央政府的莽撞干預，而是因為誤入歧途的少年恣意妄為。而這亂局唯一的解方，就是把唯一保持冷靜的中央政府請回來，像成熟的大人那樣收拾殘局。就像本章提到的其他階層式結構一樣，「被寵壞的孩子」這個譬喻顛倒黑白，把引發混亂的中央政府干預硬拗成了香港政治亂局的救星。

香港歇斯底里論

從經濟自身發展的規律來看，資源的自由配置本來就是一柄「雙刃劍」。對於具

> 有競爭力的人才而言，無疑意味著更多的機會和更廣闊的發展空間。但對於競爭力相對較弱者來說，這種合作可能就意味著更大的壓力以及更有限的資源，若不能有效提升自己、適應變化，則可能被邊緣化。
>
> ——韓姍姍，〈從擅闖駐港軍營看「港獨式」激進運動：特徵、原因及危害〉，二〇一四[55]

光從這幾句話，我就已經知道這篇論文跟其他研究香港民族主義的中國論文一樣，又是老調重彈。實際上翻開論文還沒看幾個字，我就知道自己大概一個字都不用讀也能默寫出論文的整套論證：中亞經濟發展的變遷改變了港中關係的動態。這座城市的居民無法適應新的現實，只好用某種過時的優越感自我安慰，不理性地否認自己的核心身分。

正如本書開頭所言，這種敘事模式最早源自武漢大學的祝捷跟章小杉，他們二〇一六年在全國港澳研究會的期刊《港澳研究》中發表了〈「香港本土意識」的歷史性梳理與還原——兼論「港獨」思潮的形成與演化〉。[56]隔年，兩位作者又進一步衍生，在同一份期刊上發表〈香港激進本土主義之社會心理透視〉，內容與前一篇論文出奇相似。[57]之後的幾年之內，相同的敘事重複出現在數十篇論文之中，而且幾乎都沒有注明出處，而這種論述最後成了御用學者談論香港政治時不可動搖的基石。[58]

祝捷跟章小杉認為，十九世紀至二十世紀初的香港人幾乎都沒有打算永遠住在這座城市裡。對當時的人來說，香港是一個用來暫時躲避中國政治亂局的避難所，他們住在這個借來的地方，過著借來的時間。因此，居民大抵把自己視為過客，局勢一旦穩定就要返回中國。[59]不過要注意，按照祝捷跟章小杉的解釋，這群「過客」的等待時間出奇漫長，兩位作者認為香港人在一九四九年之後才開始出現比較明顯的當地認同，原因是港中邊境關閉之後難以交流，以及殖民教育體系「淡化」中國認同。[60]當然，只要時間一久，每個地方本來就會形成自己獨特的文化，但祝捷跟章小杉刻意避開這些同樣合理的解釋，把重點全都放在外來因素。照他們的說法，香港人會把香港當成自己的家，甚至捨棄與生俱來的中國身分，都是因為外在環境的限制和逼迫。[61]

一九四九年後，香港的地方認同逐漸增強，香港的經濟也從一九五〇年代到八〇年代不斷成長。[62]祝捷跟章小杉說，這個時候出現了一種「大香港主義」⑧，香港居民不僅開始覺得自己不那麼中國，甚至還覺得自己比中國人「更優越」。[63]而且到了一九八〇年代，因為中國在改革開放中模仿香港全力拚經濟，不斷吸引香港資本、科技、管理人

⑧譯注：句法同「大男人主義」。中國民族主義者刻意使用這種方式描述香港民族主義，藉此指稱這是一種沙文主義。

才，香港人更是以為自己才是世界的真理。[64]兩位作者非常武斷地說，這些發展汙染了香港居民的身分認同，「對於香港居民而言，二十世紀七八十年代是一個自信的年代，整個社會處於一個上升期，人人皆有機會實現成功，香港本土意識和本土身份亦是在此背景下孕育而成。在內地的歆羡和映襯之下，香港人開始不自覺地以自我為中心。」[65]由於中國民族主義者只要一提到香港，不免著重兩者之間的差異，我們其實無法確定該文所謂的「大香港主義」，究竟是香港真實存在的心態（而且即使有，真有作者所說的那麼嚴重嗎），還是兩位作者在比較改革開放時期中港兩地的狀態之後，自己幻想出來的產物。[66]唯一能確定的是，這篇文章描述的香港大都不太真實，反而比較接近中國官方對香港的想像。祝捷跟章小杉把這些想像說成一套敘事，然後在這套敘事中不斷複製強化自己的結構。

無論香港人到底有沒有「大香港主義」，或者無論「大香港主義」多麼普遍，都不會影響兩位作者的論點，因為他們認為香港的優越地位終將消失。香港在一九七〇至八〇年代的確有很多東西值得中國學習，但「自香港回歸以來，與內地的差距就縮小了」。[67]兩位作者認為，中國經濟近幾十年來突飛猛進，目前已是世界第二大經濟體；中國各地有很多城市都極具潛力，只差一步就能夠取代香港成為亞太金融中心。「自香港回歸以來，經濟就被許多歷史因素所拖慢。雖然這些並不是因為香港回歸，但無論如何，過去的好日子都不在了，香港人會緬懷黃金歲月也可以理解。經濟發達的香港，發展速度當然跟內地其他地方有所不同；但內地正急起直追，香港卻江河日下。」[68]雖然中國官方不斷強調香港人體內都流著中國人的血，但祝捷跟章小杉認為，如今中港的興衰走向相反，角色地位也不相同。而且現在的中國，不僅是目前較為優越，未來更是注定要優越。照兩位作者的說法，香港在毛澤東時代的優勢早已被中國的實力翻轉，這是世界歷史中全新的一頁，也是注定要發生的自然結果。

雖然時局瞬息萬變，祝捷跟章小杉卻認為香港衰落之後永遠不會再起。為了符合學術需要，兩位作者討論香港時借用了一個常見的民族主義修辭：香港從遠處看的印象很好，是一個先進的現代化城市，但只要走進香港親身體驗，就會發現這座城市平凡無奇，現代化的榮景已成明日黃花，反而處處充滿陳舊的氣息。祝捷跟章小杉的說法比這些民族主義者複雜一點，他們說外人之所以會看到香港榮景不再，只是因為居民無法適應新時代，困在一九七〇至八〇年代的優越情懷中，使整座城市的言行舉止不再現代。這種香港居民擺脫不掉歷史包袱的說法，讓我想起中國人在討論少數族裔時的另一個常見說法：「活化石」。「活化石」類似於「高貴的野蠻人」，都是在說某個少數族裔活在純潔無汙染的舊時代；但香港這顆活化石更為糟糕，不但同樣被困在舊時代，而且還是被困在一個已經現代化的舊時代，所有純潔早被汙染殆盡。照這些中國人的說法，香港人不僅像其他少數族裔那樣，死抓著一套早已消逝的簡單生活模式，而且心中還盤踞著過去那些蠻橫無理的傲慢，跟不上當下的現實，看不清當下的港中局勢。

祝捷跟章小杉用歷史敘事翻轉了港中的優劣關係之後，開始把這套敘事發展成一套天真的精神分析，把香港民族的整個概念重新定義成，香港條件越來越差之後，香港人因見不得中國好而產生的敝帚自珍心態。根據這種說法，只要香港的經濟表現日漸輸給中國，香港人的自我形象就會崩潰，於是為了守住形象會更加自吹自擂：「學者們發現『大香港主義』並沒有消失，而是性質開始轉變。當中國經濟突飛猛進，香港人的自我意識就不斷受到攻擊……於是『大香港主義』少了一點驕傲，多了一點排斥和恐懼。」[69]也就是說，兩位作者認為香港民族並不是一個想像的共同體，而是一個妄想的共同體，香港居民是因為自卑感揮之不去，才憤怒瘋狂地自我膨脹，把自己說成一個「香港民族」。關於想像的共同體，還有另一篇研究值得一提。該文作者王萬里認為，鼓吹港獨的思想家與社運人士之所以特別喜歡班納迪克．安德森提出的這項理論，都是為了要逃避現實，因而把民族說成一個純粹出於想像的主觀事物。[70]這當然不是安德森的理論內容，也不是香港的政治現實。但王萬里依然用他獨特的錯誤詮釋，推出了和祝捷跟章小杉相同的結論：香港人之所以更加認同本地，正是因為心底深知香港已不再輝煌，中國只要展現出真正的實力，香港人就會臣服。

祝捷跟章小杉以為自己挖出了香港居民心底的疙瘩，但他們的框架實際上反而是一個絕佳的材料，讓我們能夠分析理解中國官方眼中的港中關係。中國的官方視角完全符合薩依德所說的東方主義，因為東方主義是一種論述，「將東方事物置於班級、法庭、監獄、手冊之中，用於查核、研究、判斷、規訓、管理」，藉此「進行支配、重組、掌握權威。」[71]祝張兩人的論述框架，先是把香港人置於中國崛起的從屬關係之中，然後藉此把整個香港扔到精神分析師的沙發上，而且整套過程都預設了兩位作者（加上北京當局）的理智與穩定。因此，無論香港人的理智是否正常，精神分析師都會「發現」這些個案患有精神疾病，因為整套框架一開始就不是為了找到真相，而是為了證明自己代表的系統完全理性，甚至正確無誤不容挑戰。更重要的是，這套系統從一開始就不可能用任何自我分析的方法來證明自己理性。想要成功證明，就只能找個「病人」來對比，所以如果不把香港說成一個歇斯底里的瘋子，就不會有人相信北京是理性且名正言順的統治者。

《港澳研究》有一篇叫做〈以發展經濟和改善民生為中心凝聚香港共識〉的論文，可以讓我們清楚看到，中國為何要在施政時把香港說成歇斯底里的活化石。[72]作者是廣州中山大學的陳廣漢和李小瑛，他們把近年來香港錯綜複雜的社會政治發展簡化成某種一維困境，然後提出一套一維的解決方案，就這樣把一個整本書也寫不完的大哉問壓縮在短短六頁裡。論文以一個我們聽到耳朵長繭的老敘事開始：二十世紀經濟快速發展的香港如今已經失去了輝煌，但仍念念不忘過去的鼎盛，繼續抱殘守缺。於是，這個政治一度穩定的國際金融中心如今把自己搞得充滿對立，投資客避之唯恐不及；而且無論跟香港的作為有沒有關係，這個原本在中國崛起的過程中投資最力、獲益最大的角色，如今都已變得越來越邊緣。[73]兩位作者毫不避諱地指出，香港在新時代需要一個「新共識」，為了適應這個新環境，「新共識」裡一定得包含一些東西，例如：放下政爭，聚焦民生問題；強化區域合作，為香港發展拓出「更多空間」；發揮香港金融優勢，支持一帶一路建設；以及進一步將香港建設為全球人民幣交易中心。這些建議背後的意思不言自明，畢竟，站穩正確的意識形態是在中國研究香港的基本條件。[74]

人們看到這種嚴重錯誤、不知羞恥的大中國中心論述時，很容易一笑置之。然而，這種回應是錯誤的，畢竟全國港澳研究會是一個官方組織，可以明顯影響香港的國際形象和中國的對港政策。當廣州隔空提出這種「新共識」，至少有兩點得仔細回應。首先，這種論述的每一項都只談經濟，完全無視香港至少已經吵了二十年的社會與政治爭議。就我看來，祝捷和章小杉這種「自卑者歇斯底里」的說法之所以享有人氣，並廣泛出現在中國的官方敘事之中，就是因為它把香港的所有問題都簡化為經濟問題，藉此提出不切實際的簡單解方。如果香港的政治衝突只是因為經濟停滯不前，造成港人見不得中國好，那麼北京當局只要把香港進一步劃進中國的發展藍圖，問題就解決了。中國的官方敘事經常用這種方式，把政治問題、民族問題、社會問題硬拗成經濟問題，因為中國政府根本沒打算處理政治跟社會問題，滿腦子只有拚經濟，而且手上有夠多資源可以拚。他們處理西藏跟新疆的方式就是如此，中國領導人仍然相信，只要西藏的經濟更進步一點，當地緊張局勢就會消失。至於新疆，把上萬人任意關進集中營也沒什麼大不了，反正那叫做「職業教育」。[75] 如果所有問題都能壓縮成經濟問題，那麼經濟發展自然是包治百病的萬靈丹。陳廣漢和李小瑛的香港研究不只是在討論香港，而是在借題發揮，幫中國官方的意識形態找藉口。

這就帶出關鍵的第二點：如果香港人的敵意來自失去榮景之後的歇斯底里，那麼要解決香港問題，香港就必須完全放棄自我，完全相信中國。這跟香港民族主義的邏輯完全相反，陳雲認為要解決港中衝突，香港就只能自立自強，不能再對中國抱有一絲妄想；陳廣漢和李小瑛卻認為香港氣數已盡，所有復興的希望都來自中國，例如成為全球人民幣交易中心，或者成為一帶一路的大推手。

這種顛倒黑白的荒謬邏輯，在中央政府和地方政府近年來大力推動的「粵港澳大灣區」最為明顯。政府投入很多資源宣傳，細節卻從來曖昧不明。根據他們的說法，只要蓋好港珠澳大橋、廣深港高速鐵路、深中通道，讓港澳與廣東省的連結更便利，使資金、貨物、人員自由流動，就可以讓三地的經濟整合起來，居民的生活也會交織在一起。面對香港的質疑，中國官方評論員很快就回應道，該方案非但不是貶低香港，反而是要將香港納入中國崛起的進程，防止香港被邊緣化。[76]這跟祝捷和章小杉的胡扯如出一轍：在毛澤東時代，許多人為了逃避內地的貧窮混亂而來到香港尋找新生活，如今香港經濟陷入低迷政治充滿混亂，這些香港人可以再次前往大灣區，在新興穩定的經濟中心安居樂業。根據這個說法，香港人都是一時風駛一時船，完全沒有任何當地連結或認同，更是完全不信香港民族這種觀念，只要中國的賺頭高過香港，過去的居民就會再次回頭。

我在香港問到的每個人都認為「大灣區」是一派胡言，絕對不可能把自己當成什麼「大灣區人」。任何人只要離開中聯辦大樓去香港的街巷走一走，也都會覺得這個「大灣夢」可能根本無法實現。然而，北京當局的香港研究本來就不是為了理解香港真正的政治動態與身分認同，而是刻意忽略這些現實，用官方預先設定的敘事結構取而代之，幫中央政府找個藉口來控制這座城市。因此，雖然「大灣夢」在很大程度上只是毫無意義的畫大餅，但在另一層意義上也相當現實。中央跟地方政府真的投入了很多資金，而且會如第一章所說的一樣造成真正的影響，讓香港的經濟權力越來越導向北京中央。而且我們必須記住，經濟權力越是集中，香港跟中國就越不可能好好整合，反而會變得越緊張。

以祝捷和章小杉的論述來看，香港長期以來引以為傲的經濟活力成了當下中國的優勢。因此在一國兩制的分界之下，香港不僅需要中國才能找回自己，甚至需要成為中國的一部分才能重拾香港特質。下一節提及的「法外狂徒論」也採用了相同的敘事邏輯，它認為香港的本質是法治，可惜現在變得無法無天，而重拾法治的唯一方式，就是讓北京堅定干預。

香港法外狂徒論

「港獨」從來沒有合法性可言。

——馮慶想、徐海波，〈香港「港獨」現象溯源與消解〉，二〇一七。77

香港最明顯的特色就是其法治（rule of law）制度，而且這跟中國的「以法而治」（rule by law）相比，差異更是明顯。法治的重點是用法律約束政府的權力，「以法而治」反而是中共直接控制法院，隨意制定、詮釋法律，藉此凌駕於法律之上。中國御用學者在研究香港的時候，當然不會區別兩者的差異，更不會忠實陳述香港的法治文化，而是把近年的港獨討論定調成如今的香港無法無天的證據。在這種說詞下，如果中央政府再不立刻插手干預，香港就會無法繼續守法循序（law and order）；如果沒有中國的幫助，這個以法治自豪的社會就會失去自己。

不過在敘述中國如何把香港說成一個無法無天之地之前，得先列舉這種敘事刻意避開的基本法律事實。第二章關於香港政治未來、港中關係的討論都不像是香港已經目無王法的證據，而是香港政治文化和法治體制足夠成熟的證據。這些辯論都極具爭議，所以中國政府和許多香港市民當然非常討厭。但所謂的言論自由就是用法律保障那些有爭議、甚至不受歡迎的言論，畢竟沒有爭議或是只符合主流假設的樣板言論，本來就不需要用法律來保障。本書第二章簡述的所有關於香港民族主義、關於港中關係的討論與辯論，在法律上都無法合理地解釋成違法言論。如果想要壓制這些討論，一定會違反《基本法》保障的言論自由。

然而，根據中國御用學者的說法，這些基本事實全都錯到骨子裡。他們先假設香港有一個必須恢復的「秩序」，然後找理由主張香港已經偏離這種秩序，為了恢復秩序，就必須調整法律，讓中國能夠合法地抛開一國兩制的限制，進入香港撥亂反正。在調整法律的時候，既不需要尊重既有的法律，也不需要基於既有的判例，而是需要找到一種方法，讓社會覺得中央政府的各種強制干預是值得尊重的東西。

支持這種論述方式最明顯的證據就是對《基本法》其中一條的解讀。《基本法》

第二十七條明文規定，「香港居民享有言論、新聞、出版的自由，結社、集會、遊行、示威的自由，組織和參加工會、罷工的權利和自由。」[78]第一條則表示，「香港特別行政區是中華人民共和國不可分離的部分。」[79]許多中國御用學者認為，第一條凌駕於第二十七條之上，所以凡是討論香港是不是中國的一部分，或者可不可以從中國分離出去的言論，全都不在法律的保障範圍之內。他們甚至會用「這是第一條」為由來主張該條的優先性，說得好像《基本法》是根據優先順序來排列法條的一樣。李懿藝二〇一八年在《港澳研究》發表的〈「港獨」言論的識別及其法律規制——以《香港基本法》第23條立法為視角〉中，就以第一條為證據提出一個邏輯關係不清楚的論點，主張「所有以『港獨』為由試圖分裂中國的言論都明顯違反《香港基本法》」。[80]王復春在二〇一八年的〈在香港特別行政區制定《反分裂國家法》〉也認為，只有符合《基本法》所有條款的言論才在《基本法》第二十七條的保障範圍之內，違反《基本法》條款的「違法言論」並不受到保障，更別說是違反第一條。[81]

這種論述的口吻毫無遮攔，但邏輯錯誤也因此一望即知。《基本法》不是刑法，而是香港特別行政區的憲政文件，本來就不會注明那些反對既有政治安排或者想用其他政治安排取而代之的思想或言論是否要受到懲罰。而且即使《基本法》是刑法，那些與既有法律不同的意見是否違法依然是個問題。談論犯罪跟實施犯罪完全不是同一回事：我可以說自己要去街上的速食店把雞塊全都偷走，但只要我沒有真的動手，就沒有違反任何法律。而且香港制度的爭議可不是偷雞塊這種小事，而是政治環境、各種自由、社會發展這些大事。也許更接近的例子是美國原本禁止大麻，最後又除罪化的過程。我記得很清楚，在一九九〇年代我十幾歲的時候，美國雖然禁止大麻，但《呼麻月刊》（*High Times*）這種倡議除罪化的刊物都不會被法律制裁，經過一段時間以後，美國社會也因此更能接受這種會影響心智的藥物。婚姻定義在近幾十年來的改變也是類似的重要例子：美國法律雖然明確規定婚姻限於一男一女，但沒有人會去逮捕那些鼓吹開放的社運人士，於是最後法律也拓寬了婚姻的定義。因此，以法律拓出一個空間，讓人們可以安全地對當下的政治、法律、社會框架發表不同意見，不但是言論自由的關鍵元素，更是推動政治、法律、社會進步，使法律和社會不會被舊思維綁死的重要推手。第二章簡述的那些辯論也一樣，香港人討論自己的政治未來，不但不是違反法律，更是人類除破意識形態窠臼，設想未來新發展的證據。

另一位御用學者駱偉建則採取一種更加迂迴的方式來「證明」港獨的討論違法，也就是重新定義言論自由。他在二〇一六年《港澳研究》的〈「港獨」言行的違法性分析及其法律規制——澳門法院案例的啟示〉中，給言論自由一個令人難忘的新定義。[82]首先，他有點言不由衷地指出言論自由是一項偉大的理念，因為（一）它使公民能夠判斷自己同意哪些政客和哪些政策；（二）它協助人們發現真理，尤其是現象背後的客觀規律；（三）它促進個人發展、提升創造力。[83]正是因為這些功能全都有益於個人與社會，言論自由才會成為法律保障的權利。[84]

如果換到其他脈絡，駱偉建的說法很可能引不起任何興趣，畢竟它似乎只是在完全無視該領域相關討論的狀況下重新定義言論自由。然而，這些定義並不是為了標新立異，而是為了把言論自由變得似是而非，藉此「合理地」壓制某些言論。當然，這種做法困難重重，只有藝高膽大的強者才做得到。所以駱偉建的下一步，自然就是要用他別出心裁的定義來維護某些特定利益，藉此限縮言論自由的保障範圍。果不其然，他寫到一半話鋒一轉，突然主張「自由並不等於完全隨心所欲」，法律之所以保障言論自由，是因為這些言論對社會有益，所以那些對社會「無益」的言論，不僅不受言論自由保障，甚至還違反法律。[85]那麼，哪些言論對社會有益，哪些言論無益？駱偉建認為應該由政府來決定，他靠著這種論述翻轉了幾百年來爭取言論自由的過程。人們爭取言論自由原本是為了反抗政府的言論審查與言論壓制，但駱偉建卻把言論自由說成某種必須要由國家管理揀選言論、摘除「無益」毒草才能維持的東西。

讀者大概不難想到，香港獨立的相關討論在駱偉建眼中對社會絕對「無益」，屬於違法的言論。中國的官方研究不斷聳人聽聞，把香港說成一個即將崩潰的混亂社會，而且全都是近年「無益」的政治辯論所引起。例如王復春就說，香港經濟如今動盪不安，人民寢不安席，食不甘味。[86]韓姍姍認為，港獨活動公然挑戰中央權威，嚴重破壞香港社會和諧。[87]陳毅堅和黃彤認為，只要香港繼續討論獨立就無法實現所有香港居民最重視的繁榮穩定。[88]而且公開發表的違法言論不會受到法律制裁，此事更削弱了香港的法治程度。這些中國官方的香港專家都說香港已經危在旦夕，國家不能繼續綁手綁腳，必須立刻介入恢復秩序。[89]

這些說法跟前面的討論一樣，都是為了大聲呼籲中國政府拋開一切限制直接出手干預，讓香港恢復正常。然而，這個說法與前述討論還是有個關鍵差異，就是想要建構一套有約束力的法律基礎，讓中央政府可以掙脫法律的約束，用法律繞過法律。李懿藝更是爭辯，他認為自一九九七年以來，人們都把一國兩制的所有相關法律責任扔在北京政府的肩上，只會指責北京政府違反一國兩制，卻從不承認香港人違反一國兩制。[90]當我們看到李懿藝這種說詞的時候，千萬不要照著字面上的意思去檢查北京中央政府到底因為違反《基本法》被追究過多少次責任，因為他真正的目的是在重新詮釋北京政府的法律責任，旨在利用本書第一章提到的《基本法》致命漏洞，讓北京政府可以為了維護「一國」而完全不需要遵守「兩制」。駱偉建的說法也與此相同：

> 第一，凡依據法律規定作出的行為，政府有法律義務提供條件予以保護。第二，凡違反法律規定作出的行為，政府有法律責任依法作出限制。第三，如果政府對違法行為不僅不採取限制，還提供條件保護，則政府違法。第四，政府限制違法行為是合法性原則的體現，所以，法院應予支持。可見，只要正確理解特別行政區基本法和有關法律的規定，足以能夠限制和制裁一切違反或挑戰基本法和法律的行為。[91]

依照這種說法，香港的法治從來就沒有保障過港獨言論，港獨言論是非法的，若是允許非法的討論，香港就不再是法治社會。這時候如果中央政府不出手限制，中央政府本身也就違法了，實乃天理不容。中央政府若要成為負責任的守法大國，就必須扔掉身上的那些錯誤責任，斬斷法律綁在身上的那些錯誤規範，直接干預香港。

香港近年來有很多政策都打著這種旗號，聲稱要超越法律的限制才能重建「真正」的守法循序，最明顯的例子就是二〇一八年解散香港民族黨。正如第二章所言，香港民族黨於二〇一六年三月成立，多年來一直無法合法註冊，[92]召集人陳浩天在二〇一六年也成為全港第一個被取消競選資格的立法會候選人。[93]二〇一八年七月，香港保安局局長李家超對陳浩天表示，政府即將取締香港民族黨。短短兩個月後禁令成真，政府宣布香港民族黨是《社團條例》針對的地下犯罪組織，根據該條例加以取締。[94]

卡洛・彼得森在《香港法律學刊》（*Hong Kong Law Journal*）上指出，這項禁令有許多法律與程序問題，法律基礎相當薄弱。[95]香港保安局聲稱，香港民族黨威脅到國家安全、公共安全與秩序，以及他人權利。這些指控相當嚴重，但完全禁不起仔細分析。彼得森指出，保安局之所以認為香港民族黨威脅國家安全，是基於該黨已採取「具體步驟」實現香港獨立；但所謂的「具體步驟」，卻是「發表相關言論，以及發送傳單、接受電台採訪、募集資金、進行政黨登記等等和平活動」。[96]這些行為都是法律保障的政治活動，不可能光是因為帶有中央政府討厭的資訊就成為鎮壓的目標。另外也有人認為「香港民族黨威脅到公共安全與秩序」，因為該黨的集會可能會阻礙交通，但彼得森提醒這種事情並沒有真實發生過，法律不能根據一個想像中的情境來取締真實的組織。[97]至於「香港民族黨威脅到他人權利」的說法，更是完全基於保安局局長李家超的一面之詞，李家超認為該黨的言論「散布對中國人的仇恨與歧視」；但彼得森認為這種描述「荒謬至極」，該黨的言論主要都在倡議香港獨立，跟仇視中國人扯不上關係。[98]說到底，這項禁令其實只是像我前面所說的先射箭再畫靶而已。港府想要禁止討論香港獨立，所以端出一套原因，然後以法律為名禁止。

香港的法律沒有去檢查這項禁令是否合法。而且正是因為欠缺法律基礎，香港政府直接剝奪了所有程序保障，這項禁令明明會深遠影響香港的基本自由，香港民族黨卻連相關案件的最基本保障都得不到。沒有任何公費的法律資源協助該黨召集人陳浩天對抗香港政府的指控，[99]港府也拒絕提供陳浩天要求政府提供取締該黨的立案文件。[100]港府要求陳浩天在非常短的時間內撰寫一份書面說明來澄清港府的指控，陳浩天請求以口頭答辯代替，但港府拒絕請求，只短短寬限幾天，最後陳浩天因為時間不夠而無法及時寫完文件。[101]最後，決定取締該黨的九名行政會議成員在做出決議之前，早已發表過相關公開聲明，在該議題上都不是中立的立場。[102]該案會有這些程序缺陷，非但不是巧合，反而跟該案的法律缺陷很有關係。這表示政府完全不在乎法律論述和法律程序，並不遵守法律的規範，只要能用法律的幌子來做他們要做的事就可以。

二〇一八年取締香港民族黨一事本身已經相當惡劣，它直接從社會上抹去一個政黨，更永遠改變了兩位創黨年輕人的生命。然而，該事件的意義遠遠不只如此。香港過去從來沒有以這種方式限制過言論自由與結社自由，而且香港人的這兩種自由至少在表面上受《公民與政治權利國際公約》保障。[103]港府只用了一個理由就查禁該黨，推論刻意曲解《基本法》，而且漏洞百出：它認為香港獨立違反《基本法》，所以所有討論港獨的言論也都違法，查禁港獨討論不僅合法，甚至本身就是法治。很多證據都能反駁這種說法，例如《基本法》明文保障言論自由與結社自由，但港府視若無睹，鐵了心就是要把香港民族黨說成非法。這種禁令表面上是在捍衛法治，實際上卻根本就是公然歧視特定政治觀點，大筆一揮就把法律保障的言論與集會權利剝奪殆盡，讓港人再也不能討論香港獨立，再也不許惹北京當局不開心。這一著棋，為香港政府／中國政府與香港公民社會往後幾年之間的關係定下了基調，最後演變成二〇二〇年實施的《國家安全法》。

因此，對北京當局而言，「法外狂徒」和「法律」其實都一樣。他們用「年幼」來說香港少不更事，必須受到北京政府這個成年人的管制；用「歇斯底里」來說香港被嫉妒逼瘋，吵著要從理智的中國獨立出去；現在又用「法外狂徒」來說香港違法亂紀，需要中央政府來維繫法治。這些說詞顯然都是在「定調」，但同時也有「統括」的功能，而且在這裡更重要。法治是香港的關鍵特質，如果香港需要北京當局的干預才能恢復法治，那麼香港的精髓就掌握在北京手上；最能維繫香港法治的方法就是突破一切限制，讓北京當局肆意介入，以捍衛法治的名義粉碎法治，而這正是一國兩制原本想要阻止的悲劇。政府當局之所以堅稱自己能夠分辨合法與非法的界線，正是想要掩蓋這方面的焦慮，它知道一旦把這些事情放進法治的審議機制中決定，自己就會失去權力。中國政府用一種專斷主觀的政治性方式，逐漸取代香港的法治特徵，讓一切結論都已經事先決定，一切相反的證據都不足採信。

香港病毒論：一體兩制

陳浩天唔係人。

——石鏡泉，《香港經濟日報》，二〇一八年八月[104]

中國御用學者討論港獨運動時，最讓人不舒服的比喻就是把它說成病毒、癌症或各種生物性的災害。最早使用這類意象的依然是祝捷跟章小杉，他們永遠走在最前面，二〇一六年就把當時初露鋒芒的港獨說成感染年輕人的「病毒」。[105]到了二〇一九年，李沁在《港澳研究》中把港獨形容為癌症，「近年來，『港獨』問題逐步由個別行為演變為成立『港獨』政黨團體的政治行為、由『本土主義』的社會思潮發展為『城邦自治』的理論體系，成為破壞香港繁榮穩定的毒瘤。」[106]中國官方媒體在描述港毒的時候也經常使用諧音，把「港讀」說成「港毒」⑨。例如，北京當局在香港設立的新聞入口網站《點新聞》上有一幅諷刺漫畫寫著：「嘿，我來這裡噴一些毒！」這些譬喻都把人民的政治判斷曲解成注定會傷害身體的疾病，藉此將港獨思想家和運動志士定調成社會中的毒瘤亂

---

⑨ 譯注：此二字在粵語讀法亦同，皆為 duhk。

源，以及國家免疫系統需要立刻對抗消滅的對象。更重要的是，這些譬喻暗示了內在與外在、本質與變化、復原與惡化之間的關係，都像生物一樣注定無法改變。中國腦中幻想的港中衝突變成了一種宿命。

每個社會都有認同與差異的問題，而這類問題很容易落入生物性的譬喻。人類經常認為每個人的認同都反映了那個人的內在本質，以為不同群體間的關係來自群體間的生物性差異。其中一個最常見的譬喻就是種族，人們經常以為不同種族天生不同，同一種族必有相似。目前還沒有足夠多的人從這個角度研究港中關係。正如本書第一章所言，北京口中的香港主權就來自北京幻想出來的種族本質論，認為世界各地的華人後裔都流著「中國血液」，無論在社會中處於怎樣的地位，都是天生的中國人。[107]把香港當成中國不可分割的一部分，自然也是基於這類種族想像。

在這種想像中，香港人既是中國人，又不是真正的中國人，因為他們雖然天生流著「中國血液」，但又被「西方」汙染。至少從改革開放初期開始，中國共產黨和中共政府就一直提倡一種官方身分，這種身分的特徵是中國的政治與社會環境與「西方」不同，因為「西方」被視為是無秩序的汙染源。[108]透過這樣的二元對立，中國把官方建構的中國身分與小鼻子小眼睛的政治視野，說成了中國人純潔無邪、團結驕傲的象徵。[109]雖然這種敘事主要是用來影響國內，讓中國人把國家跟社會綁在一起，在意識形態上相信各地的人沒什麼差異，但這種敘事也深遠影響了港中關係，因為香港曾被殖民，很多地方都帶著「西方遺毒」。中國在官方描述中經常表示，形塑香港今日樣貌的許多因素都「很不中國」，很不自然。在這種敘事下，就連香港血液中流動的華人基因也因為偏離中國的常軌而變得殘缺而畸形。110

香港的歷史證明規範是建立起來的，一個人的生物特徵既不能決定他的身分認同，也無法決定他的政治傾向。無論香港的「中國血液」有沒有被外人汙染，都證明了中共黨國的那套本質決定論只是幻想，五千年來的歷史除了演變出中國目前的政治制度以外，還可以演變出很多其他的版本。就連中國官方在國內形塑的文化與身分，本身也跟「畸形」的香港一樣明顯受到歷史因素影響，沒有哪個版本比較真實。中國目前的崛起讓人很容易聽到中國就想到中國政府的霸權，但我們這些受過人類學訓練的人都知道，在近代歷史上，人們心中的中國其實比較接近香港的新界，而不是那個北方的政權。這類國家或民族的形象在不同時代本來就會有所變化，但中國中央政府認為它們永遠不變，中國遠從黃帝以降就只有一種真實樣貌。在這種假設下，香港的歷史經驗變成一個威脅，會讓人懷疑四海一心亙古不變的本質論，轉而接受因時而異的建構論。所以中國必須搬出一套隱喻，把香港特有的性質說成危險的基因突變。

二〇〇四年，中國人大常委前副委員長成思危在一群香港香島中學的學生面前，直接說某些香港人已經成了「香蕉」：[111]雖然外表是黃色的中國人，內心卻是白色的西方人。這種說法把殖民經驗說成了身體特徵，把香港在歷史因緣之下產生的獨特社會政治傳統說成了畸形的內在分裂，把香港的「一國兩制」說成了病態的「一體兩制」（One Body, Two Systems）。這種突變深埋在每個香港人的皮膚之下，像癌細胞一樣日夜不息向外擴散，吞噬它的宿主。成思危甚至說，這些「中華民族的罪人」到了最後會開始漂白自己的膚色，徒勞無功地想成為白人。因為中國政府相信，中國人只能有一種樣貌，如果內心已受汙染，最後就會連炎黃子孫的肉身都要捨棄。[112]

這種說法認為，沒有人能夠否認自己的根，甚至越是否定，血液中的根源顯露得越是明顯。李優坤在二〇一七年的《中國共產黨新疆生產建設兵團黨校學報》上發表了〈香港重建中國認同中的殖民情結探析〉，主張雖然香港人不願意承認自己的中國身分，但這其實只是一種殘缺的「封建」遺緒，香港人之所以如此，只是因為當地的封建遺緒還沒有像內地一樣由強大、光榮和正確的黨清掃乾淨。[113]他說：「中國封建文化的權威崇拜，加劇了一些香港人對西方政治、經濟模式的崇拜，以及對西方建構的大陸中國形象的厭惡。權威就是使人信從的力量和威望。」[114]李優坤的說法和陳雲完全相反，陳雲認為香港保留了最完整的華夏文化，沒有被中共的文化政策玷汙；李優坤則聲稱香港沒有經過中國共產黨的「反封建」洗禮，留下了中國文化中最糟糕的部分。李優坤這篇論文發表在官方認可並嚴加掌控的學術期刊上，並對港中關係產生了兩項重要影響。影響之一，把香港特有的文化與身分認同，從進步的象徵打成了退步的證據。影響之二，讓人開始宣稱香港人體內的中國血液無可否認，港人越是否認自己與生俱來的中國身分，就越證實自己是中華文化的子孫，而且還是延續了最低劣最墮落的封建部分。

那些想要否定自我本質的人注定會變得什麼都不是，變得人不像人。著名親中人士、《香港經濟日報》前副社長石鏡泉就在二〇一八年八月發表了〈陳浩天唔係人〉（陳浩天不是人），說法極為挑釁，但也讓人看見許多背後真相。[115]石鏡泉把人分成好幾類，然後證明陳浩天不屬於任何一類，所以根本不是人。陳浩天希望美國制裁香港，斷掉香港七百萬人的生計，所以不是香港人。[116]陳浩天說中文用漢字，卻主張香港獨立，所以不是「中國人」。[117]那陳浩天是不是美國人呢？也不是，因為他不吃美國雞、美國米、喝美國水，而是「飲中國東江水、食產自中國的蔬果魚雞鵝鴨」。[118]既然人有很多類，陳浩天卻歸不進任何一類，自然就不是人。石鏡泉對「人」的分類方法實在很難讓人不聯想到納粹。羅伯托・艾斯波西托（Roberto Esposito）表示，第三帝國的死亡政治（thanatopolitic）就很喜歡用這種推論把人踢出社會範圍之外。在第三帝國的眼中，這些非人「雖有人類的特徵，卻不是真正的人。他們的形象不斷變化，無法固定下來，不屬於任一個類型，而是存在於所有類型之外。他們不屬於世界，而是位於世界的反面。」[119]

這段話簡直與石鏡泉的論述如出一轍，依此說法，香港獨立不再是年輕人誤入歧途或違法亂紀那麼簡單了，而是一整群異形披著人皮潛藏在人類社會之中，進而模糊眼前的對象是人非人的界線。光是想像一下這種畫面，就知道這種敘事會引發多少排斥與恐慌。

中國與其他國家的權力關係變化使這些披著人皮的異形變得更加扭曲。在李優坤看來，港人過去因為認同「西方」強權而帶來的優越感，在中國崛起後很快地變得空虛：「近年來香港的發展停滯與中國大陸改革開放後的飛速崛起形成的鮮明對比，刺激了一些香港人盲目的殖民情結以一種極端形式爆發出來。」[120]繼祝捷和章小杉之後，他直接把「港毒」說成深植體內的毒，指港人為了掩蓋自己江河日下而打腫臉充胖子：「（港獨份子）歇斯底里地向世界宣稱香港比內地先進、比內地優秀；但這種對於殖民舊事的抱殘守缺，只是在徒勞無功地壓抑現實，試圖維持日漸褪色的優越感而已。某種意義上，港獨份子對殖民時代的病態懷舊，只是丟不掉之前自己比內地優秀的感覺。」[121]李優坤的描述，把港中關係從遊子返家的團圓變成了中國人本質與畸形突變之間的對抗、外部與內部的鬥爭、中國崛起與「西方」衰落之間的摩擦。

根據這種描述東西方權力變化的說法，權力需要刻意用心維持，畸形突變卻會自己無限擴張。[122]而一國兩制的規則就是開了一道後門，讓畸形突變繼續擴張下去，這不但會傷及香港，更會威脅整個中國的崛起，因為政治就像生物一樣，弱者總是會成為疾病侵蝕強者的身體。[123]香港是中國體內的弱點，西方列強會從這個破口感染中國政體、阻礙中國崛起。李優坤就說：「香港一直是西方國家對中戰略中的一張重要手牌。」[124]因此，港人會討論獨立既不可能是因為當地的政治文化開放，更不可能是在一國兩制失敗之後試圖尋找出路，唯一的可能就是外部勢力陰謀侵入中國，破壞中國崛起之夢。為了尋找證據，李優坤把著名的香港社運人士一字排開，說這些人或他們的家庭都跟一九四九年前的中國「封建」遺緒、一九九七年前的香港殖民政府，或是與西方勢力有牽連，包括佔中運動的戴耀廷、陳健民和朱耀明牧師、民主黨的劉慧卿與李柱銘、港府前官員陳方安生，以及《蘋果日報》的黎智英。照李優坤的說法，這些人的家庭與教育背景全都骯髒不堪。[125]精明的讀者看到這些名字可能會發現，本書之前從來沒提過他們，因為大部分的人跟李優坤提到的港獨思想都毫無關係，之後也不會再提。儘管李優坤的論證很愚蠢，卻帶有重要的涵義：它讓人覺得香港潛伏著一種會感染並破壞整個中國的畸形疾病。看看「孩子」、「歇斯底里」、「法外狂徒」、「病毒」這類說詞，我們會發現它們都跟本章開頭的引述一樣，都認為香港藏著一群奸人徒勞地試圖破壞香港本當共襄盛舉的中國崛起之夢。

就像中國以血緣為喻把香港說成自己不可分割的一部分一樣，畸形突變的譬喻也徹底改變了他們口中的港中關係。一九九七年香港從英國回歸是中國復興的關鍵時刻，但突變的說法卻將之變成中國曾經穩定的自我意識遭受動搖、長期崛起受到威脅的最初契機。這種分析方式對香港的指責讓人想起德勒茲（Deleuze）與瓜塔里（Guattari）在《反伊底帕斯》（*Anti-Oedipus*）中批評的心理分析規訓模式。德勒茲與瓜塔里認為，社會總是把欲望當成最可怕的罪與需要規訓與管控的對象。潛意識中的欲望流動被官方敘事解碼成一個「孤兒」、一個走失的孩子，總是會因為伊底帕斯情結而想犯下弒父娶母之罪。官方敘事總是說「這就是你自找的！」[126]同樣地，中國官方「四海都是中國人」的民族團結論述甚至比《反伊底帕斯》批評的規訓更糟糕，它在進行政治思考與政治辯論時毫無下限，認為香港會殺死自己的親生祖國，跟養父母亂倫。無論是伊底帕斯情結還是中國的幻想，這兩者的解決方案都是服從一個「聖父之律」，一個超越所有法律的法律。在香港，這部法律就是二〇二〇年六月三十日深夜降下的《國家安全法》。

魯曼將法律描述為保護社會的免疫系統，這個譬喻在本章提到的生物政治敘事之下不禁令人浮想聯翩。[127]香港在二〇二〇年六月底實施《國家安全法》，幾天之後，中聯辦旗下的《文匯報》發表了一篇文章，把該法說成一個清除香港曾使城市混亂的「政治病毒」，守護全中國不受拖累的「防毒軟體」。[128]在《國家安全法》下，討論主權、獨立這些原本受到法律保障的話題全都非法，完全體現了魯曼所說的免疫系統，「它不去認識、不去了解當地環境、不去分析干擾因素，只需要把某些東西標記成外來者。」[129]無論《國安法》實際上怎麼寫，只要是跟主權或獨立有關的概念與討論全都「不屬於」香港。然而，這些討論活動都受到《基本法》的保障，如果要實施一部法律把這些活動踢出香港之外，就只能像魯曼說的一樣，「不去認識、不去了解當地環境、不去分析干擾因素。」這就是上述提及的各種不合邏輯論述唯一合邏輯的結論：在人們擔憂一國兩制無法保障自由與法治的時代，試圖以一國兩制的名義倒行逆施，壓制一國兩制所保障的自由與法治。

此外，在「畸形」病原體不斷自我複製、破壞身體的過程中，試圖清除病原體的免疫系統也會變得很有攻擊性，進而引發自體免疫疾病。[130]它不去認識、不去了解當地環境、不去分析干擾因素，無法分辨哪些東西屬於身體、哪些東西是入侵，所以它會不分青紅皂白地敵我皆殺，最後使它原本想要保護的身體死滅離析。根據我的初步推斷，這應該就是《國家安全法》最有可能的結局。

仔細一看就看得出來的對港政策：「知識／權力」如何淪為「無知／權力」，最後又淪為「知識對抗權力」

二〇二〇年中在香港強迫實施的《國家安全法》，是本章提到的中國官方研究在邏輯上唯一能得出的對港政策，這樣的政策完全拒絕面對香港真實的政治動態，並將所有批評者都當成需要消滅的病原體。如果第一章的港中關係批判與第二章的香港未來分析都代表一種啟蒙，代表香港人掙脫了四海一家的種族認同與國家統一神話，那麼本章提到的中國官方研究就是一種死鴨子嘴硬的反啟蒙，是中國政府面對批評時進行抹黑、試圖死守霸權的表現。[131]本文分析的四個港獨譬喻都以類似的結構來理解港中關係，先是把香港定調為需要協助的匱乏之地，然後把這座城市統括成只有中國才能拯救、缺了中國就無法完整的地方。這種反啟蒙產生了一種敘事：無論香港是否意識到，但它需要中國才能保持自我。中共這個黨國體系創造出這種敘事之後，也擁抱這種敘事，所有御用學者都陷入這種請鬼拿藥單的說法，認為要解決目前的政治困局的解方就是要繼續擴大中國政府的霸權。

這套敘事把香港說成血氣方剛的青年，把這座城市成熟活躍的政治文化說成殖民遺毒下的衝動幼稚行徑。香港這個不明事理的無知孩子，其頑冥不靈的程度只有一國兩制對中央政府的僵化約束可以媲美。然而，當孩子誤入歧途時，父母就必須當機立斷。中央政府知道，無論《基本法》設下多少限制，中國都必須突破限制，嚴加管教這個壞孩子，讓這個昏昧衝動的城市重回理性正軌。所以，香港的危機其實是欠缺管教的問題。

這套敘事把香港說成將至貧困而歇斯底里的病人，描繪香港經濟停滯後變成了一塊被困在過去光輝歲月裡的活化石，看祖國成功不順眼就拿祖國出氣。它把香港扔到精神分析師的沙發上，然後得到一個解答，也就是只要重振經濟、給予心理支持，香港就能拋開過去走向未來，擁抱新中國。中央政府已經為此準備好一切所需，香港人只需要放下面子全心接受中國的經濟崛起、成為中國的附庸，心理就能恢復健康。所以，香港的危機其實是經濟與面子的問題。

這套敘事還把香港說成法外狂徒，說法律放任港人自由討論香港未來，使得香港的法治文化一蹶不振。因此，香港需要中國中央政府直接插手干預，這樣才能重新守法循序，甚至才能重新成為自己。然而，一國兩制的法律限制卻始終讓中央政府無從施力，香港如果要恢復法治就必須將這種法律擱置一旁。所以，香港的危機是如何整肅法紀的問題。

最後，這套敘事把香港說成某種病毒、癌症、毒素，把英國殖民歷史帶來的文化看作在侵蝕中國政體的傳染病。儘管香港一直是中國不可分割的一部分，未來也不會改變，但這種突變讓香港的中國特性變質，偏離了中央政府的正道。這種畸形突變會破壞中國的種族復興，中央政府必須在感染擴大之前盡快消滅。這不僅是香港的問題，也是整個中國的問題。所以，香港的危機是傳染病引起的免疫反應。

透過這些港中關係的官方視角，香港政治危機迅速擴大的原因被扭曲得面目全非。無論是年少輕狂、精神失常、違法亂紀、病民蠹國，全是把問題的根源扔給香港。而且既然根源在香港，就不能期待香港來解決問題，必須讓中國來提供讓香港能重新做回自己的一切，亦即對香港施加管教、給予經濟支援、重振法紀、淨化病灶。照這些說法，北京當局那些違反法律承諾、伸手干涉香港事務而產生的政治問題，反而與政治毫無關係。這清楚顯示，中國官方的敘事目的都不是提出解方，只是要壓抑香港民族主義言論帶來的啟蒙，不要讓港人發現中國民族國家官方論述的可疑之處與論述之外的新世界。中國政府用這些反啟蒙敘事把批評者貶得根本不值得對話，並自信滿滿地認為可以用引發問題的方式解決所有問題。然而，我們必須記得，政府在生產跟延續這類敘事的過程中，也在延續和強化人們觀看香港衝突的一種根本誤解：包裝成「知識／權力」的「無知／權力」。政府越是重申自己應該霸佔這種權力，就越是露出這種權力的弱點，越是坐實港獨志士的指控。

北京當局近年來就用這種方式不斷鞏固權力：把不聽話的壞孩子踢出立法會，設立一個大灣區帶領香港走向未來，拋開一切法律規範試圖「重振法紀」，最後直接把香港納入中華人民共和國的國家安全網絡，把一切病原體都關進監獄。這些作為都以國家的擴權為前提，擴權是自二〇〇三年起讓香港陷入衝突的成因，也是中國官方學術研究的論證目的。只要下過功夫在官方學術文獻這座汪洋大海涉水閱讀的人，都知道中國政府下一步大概會怎麼走。我自己就有個永遠不會忘記的例子。二〇二〇年五月的一個晚上，我為了撰寫這本書而讀到了王復春的〈在香港特別行政區制定《反分裂國家法》〉。在我讀到這篇文章的短短幾天前，北京當局才做出了前所未有的決定，以《基本法》附件三為由，在香港直接實施《國家安全法》。附件三允許中國制定的法律適用於香港，但真正讓我震驚的是王復春藏在冗長法律論述中的這段話：「我們的國家在二〇一五年制定了《國家安全法》，多年以來不斷提醒香港特別行政區有責任保護國家安全，但香港依然沒有通過《國安法》，使我們的國家安全工作留下漏洞。填補這些漏洞的方法，就是請中央政府將《國安法》插入《基本法》附件三，直接在香港實施《國安法》。」[132]王復春的這段文字寫於二〇一八年五月，卻直接預言了二〇二〇年五月的事。中共黨國真的用附件三的法律漏洞實施了《國安法》。

官方學術跟對港政策之間的這些巧合應該如何解釋？兩者之間是否有因果關係？政治局常委是不是從王復春在《地方立法研究》的這篇論文裡，找到了最有用的治港道路？現實狀況比這些都更單純，但也更複雜。我認為兩者巧合的原因並不是學術研究決定了政策方向，而是中國預先寫好的意識形態劇本，同時決定了學術研究和國家政策的方向。只要仔細一點，就能從論文跟政策中看出這套劇本的模樣，它認為中國的崛起是歷史必然，而越強大的中國就需要越強硬的手段，所以香港必須由中央政府之手嚴加管控。至少從習近平得勢以來，中國的對港政策與支持這些政策的官方論述就依循著這套預先寫好的理解結構，一直自說自話。

根據這個劇本，型塑一國兩制的歷史時刻已經過去了。[133]一國兩制的框架源自改革開放初期，當時的中國比香港和西方都弱；如今時移勢變，這套方式已經無法讓香港人繼續安心，反而讓香港無法像內地一樣在中共直接統治下快速崛起，甚至還因此妨礙了中國。港中之間的高低關係如今已經逆轉，一國兩制早該掃進歷史灰燼，中共應該直接統治香港，直接褫奪某些立法會候選人與當選議員的資格、取締政黨，強制港中的經濟與文化進一步融合，甚至直接把香港納入中共黨國體系的國安體制之中。

然而，這種預先寫好的劇本有個問題，它注定無法跟上現實的發展，卻會非常明顯地影響現實。它完全不重視反思與知識，只想抓緊權力不斷自說自話，想藉由滿坑滿谷的學術研究跟越編越多的政策，把香港硬塞進它寫好的故事裡面。中國每篇研究港獨的論文作者都一口咬定自己全盤了解香港的情況，並完全摒棄港人的聲音，因為港人不了解中國、不了解中國的歷史文化，甚至不了解香港自己的社會。[134]這種賤斥反思的強權政治讓中央政府永遠無法發現自己搞錯了香港社會的樣貌。那些御用學者可以無限跳針，把香港說成一個沒教養的野孩子、一個見不得中國發財的瘋子、一個要嚴加管教的法外狂徒、一個需要消滅的病毒。北京當局也可以永遠用這種政策對待香港，但無論他們的心志多麼堅定，都無法把香港打造成它想像的社會。

不過從香港人的角度來看，北京這種「無知／權力」的反智劇本反而證實了香港政治啟蒙的知識力量。香港的運動志士對中國政權的想像正確無誤，遠比中國自己更了解中國，當然也遠比中國更了解香港。中國中央政府請鬼拿藥單，控制的幅度越大，需要解決的麻煩也就越多，最後完全證實了港獨志士的論點：一國兩制已經藥石罔治，無法保護香港的自治與自由。

在中國與香港的殖民關係裡，知識與權力並沒有相互增強彼此交織，而是兩種不同的資源，中港各據其一。這跟《東方主義》裡面那種知識／權力之間的關係完全不同。我們在開始思考中國官方研究的時候提到了《東方主義》，但薩依德在這本書中認為，知識除了反映出現實以外，本身也是塑造現實的關鍵機制。薩依德延續了傅柯的觀點，認為知識與權力彼此交織，權力關係會製造出知識領域，知識本身也會構成權力關係，兩者融合為一。因此，薩依德認為東方主義的敘事是以同一套邏輯劃出自我與他者的二元對立：「它以一套整體制度來對待東方。它藉由教導、處理與統治，讓自己能夠描述東方的樣貌、發表對於東方的看法、建立關於東方的權威觀點。簡單來說，東方主義就是一整套西方人支配、改造東方，聲稱自己比東方更權威的方法。」[135]東方主義者「在後啟蒙時代就是用這種方式，在政治、社會、軍事、意識形態、科學以及想像的領域管理東方，甚至製造出自己要管理的東方」。[136]這種東方主義是一種以知識為基礎的生產與管理關係，它雖然憑空揑造了對東方的宰制，但卻真正宰制了東方，把不平等的權力關係化為真實。薩依德不僅認為殖民者為了一己之私使用帶有東方主義的學術著作，也認為這些學術著作是殖民統治的不可或缺的零件。根據薩依德的「知識／權力」觀點，只要東方主義還存在，東方在思想與行動上就永遠無法自由。

薩依德的理論架構確實發人深省，但它引發的共鳴也經常讓人忽略這套架構有多麼模糊。它雖然戲劇性地宣稱知識與權力注定難解難分，但其實只是用一套獨特的方式，讓相信這套架構的學術生產者認為自己掌控了權力，因此忘了懷疑而已。它有很多東西都沒解釋，例如知識究竟如何產生權力？薩依德所分析的東方主義究竟如何束縛東方的思想和行動？它全都沒說。反倒是中華人民共和國殖民香港的例子可以讓我們重新檢視薩依德的框架，看看這些問題的答案可能在哪裡。

本章分析的中國官方香港研究符合薩依德東方主義的所有條件：這些研究建構了一套自我與他者的二元對立，為了與香港互動而描述了香港的樣貌、建立關於香港的權威觀點、分析香港、統治香港、為香港提出解方。最重要的是，這些研究都有一套自我融貫的敘述。如果薩依德的框架足夠精確，我在本章開頭的說法應該就會應驗，東方主義的「知識／權力」架構應該會使香港在思想與行動上都無法自由。但香港的狀況顯然完全相反，中國在二〇一〇年代不斷推出相關政策與學術分析的時候，北京當局想要統治香港反而越來越難。中國官方那些自說自話的香港研究不但沒有利用「知識／權力」的融合來改變香港，更沒有讓香港更符合他們預先寫好的隱藏劇本；反而只是讓中國眼中的香港越來越偏離現實，對香港社會政治的動態誤解得越來越深。

因此，知識和權力在中港的殖民關係中並沒有交織在一起，而是兩方各據其一：塑造這種關係的權力集中在中國中央政府，對這種關係的理解與知識卻集中在香港公民社會以及跳脫正統窠臼的新興分析。香港與中國的關係並不如第一章提到的社會學分析那樣，是兩個大國之間不斷彼此挑釁與反挑釁；而是兩個勢力極為懸殊的對抗，小蝦米以知識為基礎進行啟蒙，大鯨魚以權力為基礎反啟蒙，把政治局勢搞得越來越緊繃，直接衝突一觸即發。隨著香港批評家越是直指北京統治的權力邏輯，北京就越仰賴赤裸裸的權力來剝奪港人的法定權利、壓制香港的政治覺醒。然而，北京每做一步，就更證實了它在用權力扼殺思考以及批評家的基於知識的洞見。

反諷的是，當知識與權力離得越來越遠，港中兩方對於一國兩制的失敗也越來越有共識。本書第一章的分析，顯示出一國兩制的架構根本不足以阻止黨國一體的中國伸手破壞香港獨特的政治、社會文化、經濟制度。香港想要保有自由與原本的生活方式，就只能像第二章那樣跳脫統一的框架。香港只要繼續接受「一國」，就永遠無法真正「兩制」。第三章分析的中國反啟蒙框架，也認為一國兩制已經無用，但原因有點不同。中國所持的理由並不是一國兩制無法有效限制中央政府的權力，反而是限制過多，跟不上時代的變化，讓已經崛起的中國無法發揮權力。一國兩制使香港惡習難改，妨害了中華民族的復興。香港民族主義的啟蒙與中國官方民族主義的反啟蒙，各自從自己的角度認為一國兩制必須掃進歷史灰燼。但兩者的解方完全相反，香港希望走入兩國兩制，中國希望改為一國一制。

當我們眼睜睜看著《國家安全法》摧毀香港的政治，我們很容易認為一國兩制終將轉為一國一制，甚至很容易認為香港公民社會那套「兩國兩制」根本是痴人說夢。但如果從歷史長河的發展來看，說不定錯估情勢的不是香港，而是中國共產黨和香港的中共同路人。香港目前的局勢不僅表示北京當局完全誤解了它正在壓迫的香港社會，更表示它在做一件歷史上從來沒有長期成功過的事。徐承恩說得好：「民族主義一旦萌芽，就無法被抹去。」[137]

在香港的政治危機無止境升級的過程當中，知識和權力解離了，知識站在一邊，權力站在另一邊。只要知識還沒獲得權力，權力又還沒獲得知識，這場政治危機就永遠不會消失。

結語

知識對抗權力

在我從二〇一九年到二〇二〇年撰寫這本書的十八個月裡，我一邊書寫一邊見證知識與權力、新的政治願景與過時的主流觀念、民主與獨裁之間的對決，以前所未見的加速度越演越烈。

二〇一九年六月十二日，我在香港看到群眾開始集結，抗議政府用新的引渡法，將嫌犯移送至中國以內的任何司法管轄區。在接下來的六個月內，一場全新的運動以幾乎無人能設想的程度將這座城市重塑得天翻地覆。

我必須承認，在二〇一九年抗議運動期間討論香港獨立有點尷尬。畢竟中國政府就像往常一樣，把所有抗議活動都說成境外勢力「試圖分裂祖國」的邪惡陰謀，逼得抗議者與支持者不斷重申整場抗議與港獨無關。而且這些說法確實都有根據，運動中的五大訴求分別是：全面撤回《逃犯條例》修訂草案、撤回六一二等「暴動」定性、撤銷所有反送中示威者控罪、成立獨立調查委員會、徹底追究警隊濫權情況。沒有任何一項涉及香港獨立。

但是只要仔細觀察抗議運動，就會發現本書提到的許多港獨知識與港獨視角都被抗議群眾所採用，這顯示香港民族主義顯然影響了整個政治文化，當然也影響了這場運動。張彧暋甚至在一篇優秀的分析中指出：「民族主義是這場革命背後最重要的動力。」[1]

以整場運動最有名的「無大台」為例，某種意義上，這種策略是為了避免帶領者像二〇一四年占領中環、二〇一六年魚蛋革命那樣被政府迫害監禁。抗議運動一旦沒有領袖，政府就制定不出拘留目標。然而，在「無大台」背後還有更深一層的思想脈絡。當時的抗議群眾已經發現傳統社運方法有嚴重漏洞，最糟糕的就是主流政治人物可以輕鬆地將運動收編。盧斯達在本書第一章就已經提到，香港的政治體系其實很像古早的科舉制度。在抗議發生之初，盧斯達也在《紐約時報》提到無大台的「解放效應」：「一旦沒有傳統的領導菁英，大規模集會就能快速分散成靈活敏捷的小型活動。」[2]一旦沒有大台，就不再有任何規定，也不再有任何限制，參與者可以由下而上地實驗各種戰術。

點到點加密的通訊程式 Telegram 使這種無大台抗議在策劃與抗議時變得相當方便。我第一次聽到 Telegram 這個應用程式是因為香港民族黨，正如第二章所述，該黨用這種工具匿名通訊，繞過政府當局的監控。在那之後，我接觸的每個獨立派民族主義團體幾乎都把 Telegram 當成首選溝通工具。直到二〇一九年六月之前，我幾乎沒有將 Telegram 用於其他目的，而它突然成為抗議活動的主要平台。Telegram 的匿名性與安全性允許抗議群眾跟聯絡人溝通，並持續積極協助討論群組。其中某些群組多達數萬人，使用者各自在匿名的狀態下發布新聞、提出策略、第一時間報導局勢最新發展，甚至通報警察的當下位置讓同伴逃避追捕。二〇一九年夏天，原本只是港獨人士用來通訊的 Telegram，一夕之間成為全香港最多人使用的應用程式。

二〇一九年抗議運動的方式也很特別。許多參與者捨棄了幾十年來的「和理非」（和平、理性、非暴力）路線，在與警察的衝突中直接使用武力。之所以有這樣的轉向，最早是因為本土民主前線和香港民族黨批判「和理非」已經失效，必須強化武裝。正如第二章所言，香港民族黨在黨刊《眾議》上指出，非暴力公民不服從在一個失去政治正義的社會中「毫無作用」。二〇一九年的抗議活動是香港人第一次大規模用新方法對付警方日益激進的鎮壓。那年夏天，警察拿著警棍、催淚瓦斯、橡皮子彈，甚至是實彈來鎮壓抗議民眾；民眾則戴好防毒面具、護目鏡、手套和安全帽挺向前線。警方發射催淚瓦斯時，抗議者沒有逃跑，而是蹲下來撲滅瓦斯罐或撿起來扔回給警察。警察一旦發動衝鋒，抗議者立刻散開，在其他地方重新集結，甚至與警方戰鬥。在二〇一九年整個下半年，至少每週，甚至每天都會有戴著防毒面具的黑衫年輕人在街上與警察對峙，原本無法想像的景象成為了香港的日常。這種方法為不滿的香港人注入了滾滾熱血，而背後的主因之一正是香港民族主義者對非暴力抗爭的批判，以及武裝對抗的呼籲。

港獨人士接觸外國政治人物與國際組織的做法也對二〇一九年抗議活動產生重大影響。陳雲在第一本《香港城邦論》中就主張，中國需要香港的程度不亞於香港需要中國。這個洞見激勵了許多自決和獨立運動者，他們多年來在國際政界奔走，呼籲其他國家改變對港政策。正如本書第二章所言，其中陳浩天在二〇一七年致信美國駐香港領事館呼籲取消《香港關係法》時，就如香港民族黨各種挑戰底線的其他行為一樣，引發了極大爭議。但是僅僅兩年後，我在二〇一九年九月七日參加了一場大型遊行，跟著數萬人一起走到美國駐香港領事館大門，高呼取消《香港關係法》。兩個多月後，美國通過了《香港人權與民主法案》（*Hong Kong Human Rights and Democracy Act*），證實國際遊說確實能向香港和中國政府施加更大壓力。抗議群眾集結在中環遮打花園舉行感恩節派對，慶祝法案通過。二〇二〇年七月，美國撤銷香港的特殊貿易地位，隨後又宣布制裁一系列港府高層官員。這顯示港獨運動打從初期以來的主張：以遊說方式對香港和中國政府實施國際制裁，確實能產生效果。

越是深入檢視，港獨討論對二〇一九年抗議運動的影響就越明顯。例如運動口號「光復香港，時代革命」就出自目前因襲警罪與參與暴動罪而被判處六年徒刑，目前正在服刑的梁天琦。而抗議者寫的香港國歌，二〇一九年秋天響遍香港每個角落的〈願榮光歸香港〉，則是這樣說的：

黎明來到　要光復　這香港
同行兒女　為正義　時代革命
祈求　民主與自由　萬世都不朽
我願榮光歸香港

那麼這場抗議的訴求究竟和香港獨立有沒有關係？運動的「五大訴求」雖然字面上都與獨立完全無關，但也都是在北京統治下永遠無法實現的事項。也就是說，這場抗議正如盧斯達所言，是一場不敢說出自己名字的香港獨立運動。[3]

然而，二〇一九年抗議運動最大的突破並不是從港獨討論生出的任何看法、策略、願景，而是參與者都願意放下過去正統的觀念，共同尋找全新的道路。正如香港民族主義在正統觀念失效之後，不斷開拓新的對話模式；二〇一九的抗議運動也像一場不斷創新的實驗，每天都提出新策略，設法讓抗爭走出日益無力的舊路子。人們在討論與抗爭中覺醒，拋棄大而不當的舊正統，開始捲起袖子自己打造新知識，建造城市的新未來。

人民摒棄舊方法、尋求新可能的活力與政府單方面祭出高壓手段形成了鮮明對比。

香港與中國關係的惡化可以追溯至二〇〇三年的《國家安全（立法條文）條例草案》，這引發了二〇〇三年七月一日的集體抗爭，以及二〇一九年的香港史上最大規模的抗議活動。二〇二〇年六月，港府直接推出《港版國安法》，完全違反《香港基本法》第二十三條所有可能合理的詮釋，不在香港起草與立法，而是直接在北京制定。而且港府在公然地違法亂紀之後，更在二〇二〇年六月三十日以神奇的方式重新解釋《香港特別行政區基本法》附件三，將《港版國安法》塞進《附件三》之中。

《港版國安法》列出四種刑事犯罪：分裂國家、顛覆國家政權、恐怖活動、勾結外國或者境外勢力危害國家安全。「分裂國家罪」顯然是要消滅香港的所有民族主義辯論，針對所有參與討論的人。該條文明確指定「不論是否使用武力或者以武力相威脅」，都可以直接起訴思想與言論，而且並未明定怎樣的立場是分裂國家，只要提出不同於現況的港中關係想像，甚至只是參與這樣的討論，都有可能被監禁。這讓人懷疑是否連在香港進行學術研究都已經變成某種「犯罪」。但無論政府實際上的判斷如何，這類言論隨著時間過去一定只會越來越少，因為該法律的最高刑罰是終身監禁。

模糊的判準加上嚴厲的罰則讓《港版國安法》的真正目的呼之欲出。雖然有許多人討論這部法律與其可能的影響，但研究法律條文的細節毫無意義。無論起草與實施方式是否違憲、被拘留者是否能夠獲得辯護律師、法律列出的罪刑是否違反了其他保障言論自由與結社自由的法律，這些一點都不重要。《港版國安法》不需要符合憲法，也不需要合理，那只是中國中央政府自己開出的一張空白支票，讓它能無視香港人原本被法律保障的所有自由與權利，隨心所欲地箝制言論與思考。本書第一章提到的李啟迪就曾經從西藏的教訓反思香港的時候說過，無論是怎樣的「一國兩制」，最後都可能落入相同結果。

在中國把控制維穩（security state）的手伸入香港之後，香港社運人士只有三種選擇：沉默、逃亡、入獄。沉默一開始似乎是可行的，但最近的局勢顯示中國正在用《港版國安法》溯及既往。一位港獨人士告訴我，由於他之前公開評論過港中關係，如今他所說的每一句話都會被中國重新解讀，然後詮釋成違反《港版國安法》的行為。例如，如果他現在發表政治正確的言論，擁護中共中央政府，宣稱香港是中國的一部分，他最好的下場是被說成見異思遷的小人，通常會被說成是一個公然呼籲國際制裁香港和中國的叛國賊。即使他默不作聲也沒有用，因為中國還是會發出指控，然後說他默認。另一位逃到國外的港獨人士則在出發前表示，國安單位隨時都有可能闖進他家，抓走他的家人。只要《港版國安法》想消滅你，你做什麼都一樣，即使呼吸也會違法。

因此，許多年輕的港獨人士選擇逃往海外，前往臺灣、英國、美國、澳洲尋求政治庇護。北京非法實施的法律摧毀了這座名義上自治的城市，讓他們隨時可能被自己的家鄉拘捕。其中許多在二〇一九年抗議活動中被指控的人，已經棄保潛逃到國外尋求庇護。有些人以合法途徑離開，有些人默默逃離自己心愛的香港，前往世界的另一端，只為了能夠看見明天的太陽，繼續自由地思考。《港版國安法》在消滅香港民族主義言論的同時，也向全世界證明了跟中國共產黨講法律毫無任何意義，香港一旦成為中華人民共和國的一部分，就不可能維持原有的自由與生活。所謂的一國兩制，只是尚未實行的一國一制。

這些港獨人士因為自己的思想而必須逃離家園前往異國尋求庇護。他們過去的警告如今全都成真，卻一點也得不到安慰。唯一能夠安慰的是，他們的思想沒有死去，依然存在於眼前真實的悲劇之中。

注解

引言

1. 不同的學者會用不同術語來描述香港在二〇一一年後顯著的認同轉變，這些術語包括本土主義、民族主義，還有第三章提到的分裂主義。本書承襲吳叡人和徐承恩的用法，將這種認同形成稱為民族主義。參閱 Wu Rwei-ren, "The Lilliputian Dreams: Preliminary Observations of Nationalism in Okinawa, Taiwan, and Hong," *Nations and Nationalism* 22, no. 4 (2016): 686–705；及徐承恩，《思索家邦：中國殖民主義狂潮下的香港》（台北，前衛出版社，2019）。
2. United Press International (UPI), "Text of Address by Jiang Zemin," June 30, 1997, www.upi.com/Archives/1997/06/30/Text-of-address-by-Jiang-Zemin/8090867643200/.
3. 關於香港移交給中國的談判未徵得香港人同意，請見 Ian Scott, *Political Change and the Crisis of Legitimacy in Hong Kong* (Honolulu: University of Hawaii Press, 1989)。
4. 一九九〇年代，有很多書都預言香港被中共統治後會陷入一片慘景。儘管在一九九七年移交後相對自治的時代，這些預言都被駁斥為聳動、過時的冷戰言論，但是隨著時間慢慢過去，這些研究中的悲觀預測在如今看來已經變得過於樂觀。在此略舉三本這類書籍：George L. Hicks, *Hong Kong Countdown* (Hong Kong: Writers' & Publishers' Cooperative, 1989); Mark Roberti, *The Fall of Hong Kong: China's Triumph and Britain's Betrayal* (New York: John Wiley

& Sons, 1996); and Jamie Allen, *Seeing Red: China's Uncompromising Takeover of Hong Kong* (Singapore: Butterworth-Heinemann Asia, 1997)。

5. 關於《香港國家安全法》對法定權利的危害，請見 Thomas Kellogg, "Legislating Rights: Basic Law Article 23, National Security, and Human Rights in Hong Kong," *Columbia Journal of Asian Law 17* (2004): 307–369。
6. 關於香港國民教育綱領和它如何建構中華民族主義，請見 Kevin Carrico, "From Citizens Back to Subjects: Constructing National Belonging in Hong Kong's National Education Center," in *From a British to a Chinese Colony?*Hong Kong before and after the 1997 Handover, ed.Gary Chi-hung Luk (Berkeley: Institute of East Asian Studies China Research Monograph, 2017), 259–284。關於反國教運動和這場運動對本土派政治的影響，請見 Sebastian Veg, "The Rise of 'Localism' and Civic Identity in Post-Handover Hong Kong,"*China Quarterly* 230 (June 2017): 323–347。
7. 雨傘革命的詳細始末，請參閱 Kong Tsung-gan, *Umbrella: A Political Tale from Hong Kong* (Detroit: Pema Press, 2017)。選文集《Take Back Our Future》也深入介紹了這些二〇一四年的抗議活動是怎麼開始、又造成哪些影響，詳見 Ching Kwan Lee and Ming Sing, eds., *Take Back Our Future: An Eventful Sociology of the Hong Kong Umbrella Movement* (Ithaca, NY: Cornell University Press, 2019)。
8. 陳雲，《香港城邦論》（天窗出版，2011）。
9. 《學苑》特刊：《香港民族，前途自決》（學苑，2014年

2月）；《學苑》特刊：《香港民族論》（香港，香港大學學生會，2015）。

10. Amy Qin and Tiffany May, "For Some in Hong Kong, New Bridge Has a Downside: 'That Kind of Tourist," *New York Times*, November 23, 2018, www.nytimes.com/2018/11/23/world/asia/china-hong-kong-tung-chung.html.

第一章　民族源始

1. Public Opinion Programme, "Ethnic Identity-Chinese in Broad Sense (per Poll, by Age Group), August 1997–June 2019," 最近更新時間為二〇一九年六月，www.hkupop.hku.hk/english/popexpress/ethnic/eidentity/chibroad/poll/datatables.html.有關民族認同和其他民調的詳情，請參閱 Public Opinion Programme, the University of Hong Kong, "People's Ethnic Identity," 最近更新時間為二〇一九年六月，www.hkupop.hku.hk/english/popexpress/ethnic/index.html.
2. Gene Lin, "CUHK Survey Finds Nearly 40% of Young Hongkongers Want Independence after 2047," *Hong Kong Free Press*, July 25, 2016, https://hongkongfp.com/2016/07/25/17-hongkongers-support-independence-2047-especially-youth-cuhk-survery/. 完整調查結果請參閱 Centre for Communication and Public Opinion Survey, "Public Opinion and Political Development in Hong Kong: Survey Results," July 2016, http://www.com.cuhk.edu.hk/ccpos/images/news/TaskForce_PressRelease_160722c_English.pdf.

3. Zhu Jie and Zhang Xiaoshan, Critique of Hong Kong Nativism: From a Legal Perspective (Singapore: Springer, 2019).
4. 全國港澳研究會，關於我們，www.cahkms.org/HKMAC/webView/mc/AboutUs_1.html?0101&%E6%9C%AC%E4%BC%9A%E7%AE%80%E4%BB%8B.
5. 關於中國官方學術研究如何將香港歷史強行套入他們所寫的大中國中心敘事，可見王宏志，《歷史的沉重：從香港看中國大陸的香港史論述》（香港，牛津大學出版社，2000）。
6. Zhu and Zhang, *Critique of Hong Kong Nativism*, 10.
7. 同上，4、10
8. Steve Tsang, *A Modern History of Hong Kong* (London: I.B. Tauris, 2007): 180–181.
9. Zhu and Zhang, *Critique of Hong Kong Nativism*, 4.
10. 同上，31–32
11. 同上，116–117
12. 同上，31
13. 同上，20
14. 同上，16–17、30–32
15. 同上，20
16. 同上，166–167
17. 同上，8、87、118
18. 同上，5
19. 同上，38
20. 同上
21. 同上，91

22. G. William Skinner and Edwin A. Winckler, "Compliance Succession in Rural Communist China: A Cyclical Theory," in *A Sociological Reader on Complex Organizations*, ed. Amitai Etzioni (New York: Holt, Rinehart, and Wilson, 1969), 410–438.
23. 同上，410
24. 同上，414–415
25. 同上，416–418
26. 同上，418–420
27. 同上，420
28. 同上，424
29. 同上，414–415、424
30. 同上，424
31. 同上，422
32. 同上，424–425
33. 同上，424–425
34. 關於吳叡人說的「中國政府內建的中央集權傾向」和斯坦・林根（Stein Ringen）的「控制上癮」（controlocracy），請參閱 Wu Rwei-ren, "The Lilliputian Dreams: Preliminary Observations of Nationalism in Okinawa, Taiwan, and Hong," *Nations and Nationalism* 22 no. 4 (2016): 690; and Stein Ringen, *The Perfect Dictatorship: China in the 21st Century* (Hong Kong: Hong Kong University Press, 2016)。
35. 這種彼此挑釁的對峙螺旋和中藏衝突間的不安全感帶來的困境，有著明顯的相似之處，詳情請參閱 Tsering

Topgyal, *China and Tibet: The Perils of Insecurity* (London: Hurst, 2016)。

36. James Hsiung, "Introduction: The Paradox Syndrome and Update," in *Hong Kong the Super Paradox: Life after Return to China*, ed. James Hsiung (New York: St. Martin's Press, 2000), 1.
37. James Hsiung, "The Hong Kong SAR: Prisoner of Legacy or History's Bellwether?," in *Hong Kong the Super Paradox: Life after Return to China*, ed. James Hsiung (New York: St. Martin's Press, 2000), 329, 341.
38. 同上，331
39. Thomas Kellogg, "Legislating Rights: Basic Law Article 23, National Security, and Human Rights in Hong Kong," *Columbia Journal of Asian Law* 17 (2004), 312.亦可參閱 Benny Tai, "The Principle of Minimum Legislation for Implementing Article 23 of the Basic Law," *Hong Kong Law Journal* 32 (2002): 579–612。
40. Kellogg, "Legislating Rights," 317（叛國罪）; 324–325（主權）; 341–344（顛覆和國家機密）; 344–345（「非法」組織）；亦可參閱 Suzanne Pepper, Keeping Democracy at *Bay: Hong Kong and the Challenges of Chinese Political Reform*(Lanham, MD: Rowman & Littlefield, 2008), 356–357; and Carole Petersen, "Hong Kong's Spring of Discontent: The Rise and Fall of the National Security Bill in 2003," in *National Security and Fundamental Freedoms: Hong Kong's Article 23 Under Scrutiny*, ed.Carole Petersen, Fu Hualing, and Simon

N. M. Young (Hong Kong: Hong Kong University Press, 2005) 24–28。

41. Carole Petersen, "National Security Offences and Civil Liberties in Hong Kong: A Critique of the Government's 'Consultation' on Article 23 of the Basic Law," *Hong Kong Law Journal* 32 (2002): 457–470.
42. 二〇二〇年的新冠肺炎疫情期間，北京強行通過了香港國安法。這座城市的兩次國安法會議都跟瘟疫形影相隨，可謂是歷史的押韻。
43. Susan Sontag, *Illness as Metaphor and AIDS and Its Metaphors* (London: Picador, 2001).
44. Zhao Jinqiu, "The SARS Epidemic under China's Media Policy," *Media Asia* 30, no. 4 (January 2003): 191–196.
45. Eric Kit-wai Ma and Joseph Man Chan, "Global Connectivity and Local Politics: SARS, Talk Radio, and Public Opinion," in *SARS: Reception and Interpretation in Three Chinese Cities*, ed.Deborah Davis and Helen Siu (London: Routledge, 2007), 30.
46. 生活中未曾深思或習以為常的面向逐漸衰敗，這是現代社會的典型特徵。相關解釋請見 Peter Sloterdijk, *Terror from the Air* (Los Angeles: Semiotext(e), 2009)。
47. Ma Ngok, "Civil Society in Self-Defense: The Struggle against National Security Legislation in Hong Kong," *Journal of Contemporary China* 14, no. 44 (2005): 465, 480.
48. 有關北京政府的「新香港政策」，以及該政策如何促使香港發展出邊陲地區式的對抗性民族主義，請參閱Brian

Fong, "One Country, Two Nationalisms: Center-Periphery Relations between Mainland China and Hong Kong, 1997–2016," *Modern China* 43, no. 5 (2017): 523–556。吳叡人也提出了民族主義和對抗性民族主義的互動架構，不過他認為，香港這種防禦性的民族主義是因為這座城市在過去一個半世紀裡凝聚出的共同體想像已經具備了民族的雛型，詳見 Wu, "The Lilliputian Dreams"。方志恒（Brian Fong）和吳叡人都回顧了一九九七年以來中國在政治、經濟和意識形態、文化等領域實施的中央集權措施。

49. Manisa Piuchan, Chi Wa Chan, and Jack Kaale, "Economic and Socio-cultural Impacts of Mainland Chinese Tourists on Hong Kong Residents," *Kasetsart Journal of Social Sciences* 39 (2018): 9.
50. 同上，14
51. Wu, "Lilliputian Dreams," 690.
52. 戴大為（Michael C. Davis）在二〇〇七年發表的香港民主化研究中提到：「親北京和親中央的香港首長經常擔心民主會給威脅穩定。但香港的情況可能恰恰相反；隨著政府遭遇的危機越來越多，缺乏民主的自由憲政制度，才是對穩定對大的威脅。」參閱 Michael C. Davis, "Interpreting Constitutionalism and Democratization in Hong Kong," in *Interpreting Hong Kong's Basic Law: The Struggle for Coherence*, ed. Hualing Fu, Lison Harris, and Simon N. M. Young (London: Palgrave Macmillan, 2007): 90。
53. Davis, "Interpreting Constitutionalism and Democratization in Hong Kong," 79; Alvin Y. H. Cheung, "Road to Nowhere:

Hong Kong's Democratization and China's Obligations under Public International Law," *Brooklyn Journal of International Law* 40, no. 2 (2015): 483–484.

54. Davis, "Interpreting Constitutionalism and Democratization in Hong Kong," 80; Cheung, "Road to Nowhere," 483–484.
55. Cheung, "Road to Nowhere," 484–485.
56. 同上
57. 同上，503
58. 對於國民教育的親身體驗，可參閱 Kevin Carrico, "From Citizens Back to Subjects: Constructing National Belonging in Hong Kong's National Education Center,"in *From a British to a Chinese Colony? Hong Kong before and after the 1997 Handover*, ed. Gary Chi-hung Luk (Berkeley: University of California Press, 2017): 259–284。
59. 同上
60. 同上。關於學民思潮（也就是後來的眾志）如何興起，以及他們對香港政治運動的影響，可參閱林匡正，《學民讀白》（香港，次文化堂，2013）。
61. 中國有很多「自治區」，但每一個都失去了自治，所以要是將香港也命名為「自治區」，未免也太司馬昭之心。而「特別行政區」一說似乎暗示著新的自治承諾。不幸的是，特別行政區同樣受到北京控制，因此它們的命運也跟其他自治區相去不遠，都是非自治區。
62. 陳雲，《香港城邦論》（天窗出版，2011）。
63. 同上，21–22
64. 同上，22

65. 同上
66. 同上
67. 同上，26
68. 我在本書裡也遵循他的建議。同上，26–27、30
69. 同上，40
70. 同上，22
71. 同上
72. 同上，58–59
73. James Mann, *The China Fantasy: Why Capitalism Will Not Bring Democracy to China* (New York: Penguin, 2008).
74. 陳雲，《香港城邦論》，11、37。
75. 同上，37
76. 同上，23、51–52
77. 同上
78. 同上
79. 同上，18–59
80. 《中華人民共和國香港特別行政區基本法》，二〇一九年三月閱讀英文版，www.basiclaw.gov.hk/en/basiclawtext/images/basiclaw_full_text_en.pdf.
81. 同上
82. 同上
83. 有關此案種種政治爭論的討論，請參閱 Anne R. Fokstuen, "The 'Right of Abode' Cases: Hong Kong's Constitutional Crisis," *Hastings International and Comparative Law Review* 26 (2003): 265–288。有關本案及其他案件中，香港和中國法律體系之間的緊張關係，可參閱 Johannes Chan, "Judicial

Independence: Controversies on the Constitutional Jurisdiction of the Court of Final Appeal of the Hong Kong Special Administrative Region," *International Lawyer* 33 (1999): 1015–1040。

84. 徐承恩，《香港，鬱躁的家邦：本土觀點的香港源流史》（台北，左岸出版社，2019），453。
85. 同上，453
86. Fokstuen, "The 'Right of Abode' Cases," , 271–272.
87. 徐承恩，《香港，鬱躁的家邦》，453。
88. 有關《基本法》解釋的探討，請參閱蕭傑，《皇天擊殺榜》（香港，熱血時報，2018），72–76。
89. 如「讓香港下一代都了解基本法」等中央政府網站上的呼籲，可見於〈香港特區22日舉辦「基本法頒布十六周年研討會」〉，www.gov.cn/jrzg/2006-04/22/content_260906_2.htm；新華社鼓勵學習《基本法》的文章，可見於〈香港舉辦嘉年華活動推廣基本法〉，新華網，2009年2月21日，http://news.sohu.com/20090221/n262382186.shtml；以及中央政府的文章〈香港舉辦基本法頒布25周年展覽〉，2015年4月4日，www.gov.cn/xinwen/2015-04/04/content_2842992.htm。
90. Carrico, "From Citizens Back to Subjects."
91. 可參閱 Louis Althusser, "Ideology and Ideological State Apparatuses," in *Lenin and Philosophy and Other Essays* (New York: Monthly Review Press, 1971), 127–186。
92. André Glucksmann, The Master Thinkers (New York: Harper & Row, 1980), 11–20.

93. 同上，13
94. 同上，20
95. 同上，13
96. 盧斯達，〈科舉與選舉〉，《我迷失在這場殖民遊戲》（香港，釀字工房出版社，2018），26–30。
97. 關於香港的天安門大屠殺紀念活動，以及對大中華民族主義的深入討論，可參閱 Sebastian Veg, "The Rise of 'Localism' and Civic Identity in Post-Handover Hong Kong: Questioning the Chinese Nation-state." *China Quarterly* 230 (June 2017): 323–347。
98. 盧斯達，〈科舉與選舉〉，28。
99. 同上，27
100. 請見 Malte Philipp Kaeding, "The Rise of 'Localism' in Hong Kong," *Journal of Democracy* 28, no. 1 (January 2017): 158。
101. 盧斯達，〈選舉與科舉〉，26。
102. 同上，27–29
103. 同上，27
104. 同上，27
105. 同上，27
106. 請見 Ambrose Yeo-chi King, "Administrative Absorption of Politics in Hong Kong: Emphasis on the Grassroots Level," *Asian Survey* 15, no. 5 (May 1975): 422–439; 盧斯達，〈科舉與選舉〉，27。
107. 盧斯達，〈科舉與選舉〉，28。
108. 香港工業貿易署，《內地與香港關於建立更緊密經貿關係的安排》，2003，https://www.tid.gov.hk/english/cepa/legaltext/cepa_legaltext.html

109. Bruno Cabrillac, "A Bilateral Trade Agreement between Hong Kong and China: CEPA," *China Perspectives* 54 (July–August 2004): 1.
110. Kelvin Chan, "Economists Say CEPA Benefits HK and the Mainland," *South China Morning Post,* September 13, 2003, / www.scmp.com/article/427772/economists-say-cepa-benefits-hk-and-mainland.
111. Maurice Godelier, *The Enigma of the Gift* (Chicago: University of Chicago Press, 1999), 101; and Marcel Mauss, *The Gift: Expanded Edition* (Chicago: Hau Books, 2016), 69.
112. Mauss, *Gift*, 72–73.
113. Godelier, *Enigma of the Gift*, 86, 120.
114. 蕭傑，《香港本土運動史》（香港，熱血時報，2019），38。
115. 蕭傑，《皇天擊殺榜》（香港，熱血時報，2018），82。
116. 徐承恩，《香港，鬱躁的家邦》，417；亦可參閱 Kiano Yim-mei Luk, "How Does Mainlandization Affect Hong Kong's Tourism Industry," in *Mainlandization of Hong Kong: Pressures and Responses*, ed. Joseph Yu-shek Cheng, Jacky Chau-kiu Cheung, and Beatrice Kit-fun Leung (Hong Kong: City University of Hong Kong Press, 2017), 162。
117. 徐承恩，《香港，鬱躁的家邦》，477。
118. Luk, "How Does Mainlandization Affect Hong Kong's Tourism Industry," 151–152; and Piuchan et al‧, "Economic and Sociocultural Impacts of Mainland Chinese Tourists," 9.
119. Hong Kong Tourism Board, "Annual Report, 2014/15, Tourism

Performance," www.discoverhongkong.com/eng/about-hktb/annual-report/annual-report-20142015/tourism-performance/.

120. 林匡正，《香港抗爭運動史——挫敗的三十年剖析》，上卷（香港，次文化堂, 2014），101。

121. 蕭傑，《皇天擊殺榜》，83；林匡正，《香港抗爭運動史》，103。

122. 林匡正，《香港抗爭運動史》，100–101；蕭傑，《皇天擊殺榜》，83。

123. 蕭傑，《皇天擊殺榜》，83；林匡正，《香港抗爭運動史》，101–102。

124. Tania Branigan, "Chinese Figures Show Fivefold Rise in Babies Sick from Contaminated Milk," *Guardian*, December 2, 2008, www.theguardian.com/world/2008/dec/02/china.

125. Luk, "How Does Mainlandization Affect Hong Kong's Tourism Industry," 160.

126. 林匡正，《香港抗爭運動史》，103。

127. Luk, "How Does Mainlandization Affect Hong Kong's Tourism Industry," 160; and Piuchan, Chan, and Kaale, "Economic and Socio-cultural Impacts of Mainland Chinese Tourists," 12.

128. 本土工作室，《香港不是中國》（香港，本土工作室，2015）。

129. 同上

130. 同上

131. 同上

132. 同上

133. 同上

134. 請參閱 Jean-François Lyotard, *La Guerre des Algériens: Écrits*, 1956–1963, ed.Mohammed Ramdani (Paris: Galilée, 1989)。拉姆達尼在序文中清楚闡述了阿爾及利亞人的歧議，Mohammed Ramdani, "L'Algérie: Un différend," in Lyotard, *La Guerre des Algériens: Écrits*, 1956–1963, ed. Mohammed Ramdani (Paris: Galilée, 1989)。
135. Jean-François Lyotard, *The Differend: Phrases in Dispute* (Minneapolis: University of Minnesota Press, 1988).
136. Ramdani, "L'Algérie: Un différend," 14–15.
137. See James Williams, "Impasse," in *Lyotard and the Political* (London: Routledge, 2000).
138. 李啟迪（筆名張士齊），〈香港是否應有民族自決的權利？〉，《學苑》特刊：《香港民族，前途自決》（學苑，2014年2月），34–37。
139. 同上
140. Tsering Woeser, *Tibet on Fire: Self-Immolations against Chinese Rule* (New York: Verso, 2016).
141. 林匡正，《香港抗爭運動史》，105。
142. Cheung Yuk-man, "'Liberate Hong Kong, the Revolution of Our Times': The Birth of the First Orient Nation in the Twenty-First Century," in *Research Handbook on Nationalism*, ed.Liah Greenfeld and Zeying Wu (Cheltenham, UK: Edward Elgar, 2020), 313.
143. Kevin Carrico, *The Great Han: Race, Nationalism, and Tradition in China Today* (Oakland: University of California Press, 2017).

144. 關於二〇一九年八月三十一日港鐵太子站事件，請參閱 Robyn Dixon and Ryan Ho Kilpatrick, "'I Thought I Was about to Die': Eyewitnesses Describe Brutal Beatings by Hong Kong Police," *Los Angeles Times*, September 2, 2019, www.latimes.com/world-nation/story/2019-09-02/hong-kong-police-violence-protesters-eyewitnesses。

第二章　異國，兩制：二〇一一年後香港政治思想的新方向

1. 對相關歷史發展有興趣的讀者，可以參考徐承恩的《香港，鬱躁的家邦：本土觀點的香港源流史》（台北，左岸出版社，2019）。其他政治角度的研究則包括林匡正的《香港抗爭運動史—— 挫敗的三十年剖析》上下卷（香港，次文化堂，2014、2015)；蕭傑的《香港本土運動史 I&II》（香港，熱血時報，2019）。
2. 關於陳雲與其對香港政治文化的影響，參見 Sebastian Veg, "The Rise of 'Localism' and Civic Identity in Post-Handover Hong Kong: Questioning the Chinese Nation-state," China Quarterly 230 (June 2017): 323–347。
3. 陳雲，《香港城邦論》（天窗出版，2011）。
4. 同上，21
5. 同上，65
6. 同上，62
7. 同上，67
8. 同上，65、93–94
9. 同上，93；亦可參閱 Aristotle, The Politics, trans.T. A.

Sinclair and rev. Trevor J. Saunders (New York: Penguin, 1982)。

10. 香港最初是在一八四一年被割讓給英國，之後於一八四二年的《南京條約》中確認，一八四三年正式成為英國直轄殖民地。
11. 陳雲，《香港城邦論》，101–102；陳雲，《香港遺民論》（香港，次文化，2013），53。
12. 陳雲，《香港城邦論》，105。
13. 陳雲，《香港遺民論》，53。
14. 同上，40、53
15. 同上，53
16. 陳雲，《香港城邦論》，85–86。
17. 同上，86
18. 同上，86
19. 同上，85–86
20. 同上，56、118
21. 同上，69–72
22. 同上，134
23. 同上，10–12、136、213
24. 同上，213
25. 同上，202
26. 同上，113、136、173
27. 同上，133、147–149
28. 同上，8、55–59
29. 同上，55、58–59
30. 同上，210。59頁也有類似的陳述。

31. 陳雲，《香港遺民論》，35–36。
32. 同上，36–37
33. 關於樹形化（arborescence）、地域化（territorialization）、去地域化（deterritorialization），請參見 Gilles Deleuze and Felix Guattari, *A Thousand Plateaus: Capitalism and Schizophrenia,* vol.2 (Minneapolis: University of Minnesota Press, 1987)。
34. 陳雲，《香港遺民論》，35、120。
35. 同上，37
36. 同上，36
37. 同上，36
38. 同上，41–51
39. 同上，47
40. 「封建」的討論參見 Albert Feuerwerker, "China's Modern Economic History in Communist Chinese Historiography," *China Quarterly* 22 (June 1965): 31–61。
41. 陳雲，《香港遺民論》，42–43；Li Feng, Early China: A Social and Cultural History (Cambridge: Cambridge University Press, 2013), 128–129。「封建」的定義與中國歷史中用法，參見 Li Feng, "'Feudalism' and Western Zhou China: A Criticism," *Harvard Journal of Asiatic Studies* 63, no. 1 (2003): 115–144。
42. 陳雲，《香港遺民論》，42–43。
43. Wang Fei-ling, *The China Order: Centralia, World Empire, and the Nature of Chinese Power* (Albany: State University of New York Press, 2017). （王飛淩，《中華秩序：中原、世界帝

國，與中國力量的本質》〔臺灣，八旗文化，2018〕）

44. 同上， 32–35
45. 同上，39–47、51–55。「戰國時代」的討論另見 Kenneth Dean and Brian Massumi, *First and Last Emperors: The Absolute State and the Body of the Despot* (New York: Autonomedia, 1992)。
46. Wang, *China Order,* 55–59
47. 陳雲，《香港遺民論》，41–44。
48. 同上，45–46
49. 同上，43
50. 同上，54–56
51. 同上，55
52. 同上，44、55–56
53. 同上，47、55–56
54. 同上，57
55. 同上，56–57
56. 同上，56
57. 同上，56
58. 同上，57
59. 關於漢服與相關身分認同，參閱 Kevin Carrico, *The Great Han: Race, Nationalism, and Tradition in China Today* (Berkeley: University of California Press, 2017)。
60. 徐承恩，《香港，鬱躁的家邦》，520。
61. 陳雲，《城邦主權論》（香港，次文化堂，2015）；陳雲，《城邦主權論II希望政治》（香港，次文化堂，2016）。

62. 《中華人民共和國香港特別行政區基本法》，二〇一九年三月閱讀英文版，www.basiclaw.gov.hk/en/basiclawtext/images/basiclaw_full_text_en.pdf.
63. 陳雲，《城邦主權論II》，78–79。
64. 同上，78、86、88
65. 同上，88
66. 同上，88–89
67. 同上，84–88
68. 同上，88–89
69. 同上，88
70. 陳雲，《城邦主權論II》，79；陳雲，《城邦主權論》，80–81。
71. 陳雲，《城邦主權論II》，79。
72. 程翔，〈從十八大看香港地下黨規模〉（明報，2012年11月28日）。

    ＊譯注：明報網站已無刊登，存檔參見 www.hkfront.org/20121201ch.htm
73. Bernard Yam, "Cross-Border Childbirth between Mainland China and Hong Kong: Social Pressures and Policy Outcomes," *PORTAL: Journal of Multidisciplinary International Studies* 8, no. 2 (2011): 1–13.
74. Margaret Harris Cheng, "Hong Kong Attempts to Reduce Influx of Pregnant Chinese," *Lancet* 369 (2007): 981–982.
75. Cheng Ka Ming, "Medical Tourism: Chinese Maternity Tourism to Hong Kong," *Current Issues in Tourism* 19, no. 14 (2016): 1479–1486.

76. Sharon LaFraniere, "Mainland Chinese Flock to Hong Kong to Give Birth," *New York Times,* February 22, 2012, www.nytimes.com/2012/02/23/world/asia/mainland-chinese-flock-to-hong-kong-to-have-babies.html.
77. 陳雲，《香港遺民論》，80–81。
78. 同上，82, 162
79. 陳雲，《城邦主權論II》，80；陳雲，《城邦主權論》，162–167。
80. Kris Cheng, "Lingnan University President Warns Localist Professor to 'Mind Your Words or Suffer the Consequences," *Hong Kong Free Press,* November 12, 2015, https://hongkongfp.com/2015/11/12/lingnanu-president-warns-localist-prof-to-mind-your-words-or-suffer-the-consequences/.
81. 雖然陳雲沒有選上立法會委員，但在二〇一六年的選舉中，受其啟發的本土派候選人贏得了近五分之一（十九%）的選票，香港政治文化進入轉捩點。參閱 Malte Philipp Kaeding, "The Rise of 'Localism' in Hong Kong," *Journal of Democracy* 28, no. 1 (January 2017): 167。
82. 鄭松泰、靳民知，《基本法改良芻議》（香港，熱血時報，2019）。
83. 同上，31
84. 同上，63–64
85. 同上，163
86. 同上，132
87. 同上，143

88. 同上，145

89. 《學苑》特刊：《香港民族，前途自決》（學苑，2014年2月）；《學苑》特刊：《香港民族論》（香港，香港大學學生會，2015）。

90. 梁繼平，《學苑》特刊序一：《香港民族，前途自決》（學苑，2014年2月），23。後來在二〇一九年七月一日占領立法局的運動中，梁繼平成為唯一公開露臉的抗爭者。他發表了一篇感人的演講解釋占領的理由，並呼籲抗爭者堅守陣地。

91. 梁繼平，《學苑》特刊序一，23。這句話來自徐承恩《城邦舊事：十二本書看香港本土史》（香港，紅出版，2014）的引述。

92. 梁繼平，《學苑》特刊序一，23。

93. 參見 Liah Greenfeld, Nationalism: Five Roads to Modernity (Cambridge, MA: Harvard University Press, 1993) or Liah Greenfeld, *Nationalism: A Short History* (Washington, DC: Brookings Institution Press, 2019) 等文獻。

94. 梁繼平，《學苑》特刊序一，23。

95. Jonathan Rée, "Internationality," *Radical Philosophy* 60 (Spring 1992): 3–11.

96. 本案的細節與意義，參見 Karen Kong, "Kong Yunming v. Director of Social Welfare: Implications for Law and Policy on Social Welfare," *Hong Kong Law Journal* 44, no. 1 (2014): 67–82。

97. 梁繼平，〈綜援撤限爭議與本土政治共同體〉，《學苑》特刊：《香港民族，前途自決》（學苑，2014年2月），24–26。

98. Liberal Party, "Survey on the Removal of Welfare Eligibility Limits," January 6, 2014, www.liberal.org.hk/index.php?option=com_content&view=article&id=900&mid=49&lang=tc&__cf_chl_captcha_tk__=5131a30cdd5bb6d09a69c78261f65c861beb7fc7-1588591776-0-AWj2ivFFFrsIsT66nC909U2o5h8vUdNHIIqgdYjJac79jlTIIxthR59H15Q6VFYkwOa91VkI6u8RMPVDXXYjAh_YLAipg8kxvWtJOG4KJMAB1sz3ppYv-BGerwcuTkaTeJ6lrWCuV5B-0zygdlhZ6jORlcZYduhUaxlj1obudNUSrsp91Xk61pPKMNZIb2fadauNKAzVT5gDNKD9iAUHy0lUj_yN_o93hR7QVpdt5OuRmw38qm8_GHuXucEmLx4xOqlcOSuo2_wCluCnQMWxMbnZkWtAEYcFqzlY_2zIN6-uFblsaTYqag0L5_0T2Sp1erE-MHYDgIph2iRfZTfiQ0jHijlxDDdN3-GCfZGJHD0j29WxNsJ-2SVeOZfje-8hD3nDpVDLxXIXlExmD2mda6itDgNob_5C0O9eQ3ch9o9QObUfG7oCBAV5UjoNCQXJfJ46tygv5_HzfNPQbmJjvQknG4qDgSfQYGFcu0bo4SxQG0XMhlkAEsUyGr_Qjo16VMzpMgZun5PeLJ8P-vNRfkjnIAyEt16QV1bgLGf0vCBSrR4z_aGwroebiCWt62nOieW_dvKFtqeyImM7aMVz62sN_ffgTLFlz1zii-3TxNk9UdHFbXUQv-1uYGZYlFpnEQ.

99. 梁繼平，〈綜援撤限爭議與本土政治共同體〉，24。

100. 同上，24

101. 同上，25

102. 參見 Kevin Carrico, "Swarm of the Locusts: The Ethnicization of Hong Kong-China Relations," in *Yellow Perils: China Narratives in the Contemporary World,* ed.Franck Billé and Sören Urbansky (Honolulu: University of Hawaii Press, 2018),

197–220; and Kevin Carrico, "From Citizens Back to Subjects: Constructing National Belonging in Hong Kong's National Education Centre," in *From a British to a Chinese Colony: Hong Kong before and after the 1997 Handover,* ed. Gary Chi-hung Luk (Berkeley: Institute of East Asian Studies China Research Monograph, 2017), 259–284.

103. Niklas Luhmann, *Political Theory in the Welfare State* (Berlin: Walter De Gruyter, 1990), 43.
104. Jonathan Friedman, *PC Worlds: Political Correctness and Rising Elites at the End of Hegemony* (New York: Berghahn Books, 2019).
105. Luhmann, *Political Theory in the Welfare State,* 44.
106. 同上，66
107. 李啟迪，〈香港是否應有民族自決的權利？〉，《學苑》特刊：《香港民族，前途自決》（學苑，2014年2月），34–37。
108. 同上，35
109. 同上，35
110. 同上，35
111. 同上，35
112. 同上，35
113. 練乙錚似乎是第一個用史達林對民族的定義來重新定義香港身分的評論家。參見練乙錚，〈談護照國籍——論港人成為少數民族〉，《信報財經新聞》，2012年11月6日，www1.hkej.com/dailynews/article/id/644727/%E8%AB%87%E8%AD%B7%E7%85%A7%E5%9C%8B%E7%B1%8D%E2

%80%94%E2%80%94%E8%AB%96%E6%B8%AF%E4%BA%BA%E6%88%90%E7%82%BA%E5%B0%91%E6%95%B8%E6%B0%91%E6%97%8F

114. 關於概念上的差異如何產生真正的差異，參見葛雷格里・貝特森（Gregory Bateson）對資訊的定義，"Form, Substance, and Difference," in Steps to an Ecology of Mind (Chicago: University of Chicago Press, 1972), 454–471.

115. 王俊杰，〈香港民族論導言〉，《學苑》特刊，《香港民族論》（香港，香港大學學生會，2015），13–21。

116. 同上，17

117. 同上，17–18

118. 同上，18

119. 李啟迪，〈香港是否應有民族自決的權利？〉，36。

120. 《公民與政治權利國際公約》（*International Covenant on Civil and Political Rights*）, accessed February 20, 2020, www.ohchr.org/en/professionalinterest/pages/ccpr.aspx; 《經濟社會文化權利國際公約》（*International Covenant on Economic, Social, and Cultural Rights*）, accessed February 20, 2020, www.ohchr.org/en/professionalinterest/pages/cescr.aspx.

121. United Nations General Assembly, "General Assembly Resolution 1514 of 14 December 1960: Declaration on the Granting of Independence to Colonial Countries and People," www.ohchr.org/EN/ProfessionalInterest/Pages/Independence.aspx.

122. 李啟迪，〈香港是否應有民族自決的權利？〉，36。

123. Carole Petersen, "Not an Internal Affair: Hong Kong's Right to

Internal Autonomy and Self-Determination under International Law," *Hong Kong Law Journal* 49, no. 3 (2019): 894–895.

124. 李啟迪，〈香港是否應有民族自決的權利？〉，《學苑》特刊：《香港民族論》（香港，香港大學學生會，2015），亦收錄於《香港，鬱躁的家邦》，525。

125. 關於二〇一六年立法會選舉的整體狀況、香港民族主義者的角色，以及對香港政治格局的影響，參見 Kaeding, "Rise of 'Localism' in Hong Kong."。

126. 立場新聞，〈青年新政等六組織一組聯盟戰立會一倡2021香港自決公投〉，立場新聞，2016年4月10日，www.thestandnews.com/politics/%E9%9D%92%E5%B9%B4%E6%96%B0%E6%94%BF%E7%AD%89%E5%85%AD%E7%B5%84%E7%B9%94-%E7%B5%84%E8%81%AF%E7%9B%9F%E6%88%B0%E7%AB%8B%E6%9C%83-%E5%80%A-12021%E9%A6%99%E6%B8%AF%E8%87%AA%E6%B1%BA%E5%85%AC%E6%8A%95/.

＊譯注：立場新聞已被查禁，請由Internet Archive的備份進入，http://web.archive.org/web/20160424212538/https://www.thestandnews.com/politics/%E9%9D%92%E5%B9%B4%E6%96%B0%E6%94%BF%E7%AD%89%E5%85%AD%E7%B5%84%E7%B9%94-%E7%B5%84%E8%81%AF%E7%9B%9F%E6%88%B0%E7%AB%8B%E6%9C%83-%E5%80%A12021%E9%A6%99%E6%B8%AF%E8%87%AA%E6%B1%BA%E5%85%AC%E6%8A%95/

搜尋方法教學：https://commonshk.com/2022/07/25/24-9-%E8%90%AC%E3%80%8A%E7%AB%8B%E5%A0%B4%E3%80%8B%E

7%B6%B2%E7%AB%99%E9%A0%81%E9%9D%A2%E7%8D%B2%E4%BA%92%E8%81%AF%E7%B6%B2%E6%AA%94%E6%A1%88%E9%A4%A8%E5%82%99%E4%BB%BD%E3%80%80%E7%8F%BE%E9%96%8B/
127. 徐承恩，《香港，鬱躁的家邦》，531。
128. Joshua Wong (with Jason Ng), *Unfree Speech: The Threat to Global Democracy and Why We Must Act Now* (New York: W. H. Allen, 2020), 58.
129. 蕭傑，《天堂的黑名單》（香港，熱血時報，2018），191–192。
130. Petersen, "Not an Internal Affair," 885–886.
131. 同上，896–897
132. 中國維權律師現今的急迫處境，參見Eva Pils, "The Party's Turn to Public Repression: An Analysis of the '709' Crackdown on Human Rights Lawyers in China," *China Law and Society Review 3,* no. 1 (2018): 1–48。
133. James Griffiths, "Hong Kong Moves to Disqualify More Pro-democracy Lawmakers," CNN, December 2, 2016, https://edition.cnn.com/2016/12/02/asia/hong-kong-lawmakers-oathgate/index.html.
134. Venus Wu and Greg Torode, "Hong Kong Lawmakers Condemn 'Unlawful' Disqualification of Candidate," Reuters, January 29, 2018, www.reuters.com/article/us-hongkong-politics/hong-kong-lawyers-condemn-unlawful-disqualification-of-candidate-idUSKBN1FI0U4.
135. Laignee Barron, "Hong Kong Democracy Activist Joshua

Wong Disqualified from Upcoming Election," *Time,* October 29, 2019, https://time.com/5712824/joshua-wong-hong-kong-disqualified-district-elections/.

136. RTHK, "Demosistō Drops 'Self-Determination' Clause," RTHK, January 11, 2020, https://news.rthk.hk/rthk/en/component/k2/1502283-20200111.htm?spTabChangeable=0.
137. 《學苑》特刊，《香港民主獨立》（學苑，2014年9月）。
138. 袁源隆，《這時代的吶喊：香港民主獨立》，《學苑》特刊；（學苑，2014年9月），31。引述於蘋果日報2014年7月18日，〈田北俊：真普選與港獨無異〉，https://hk.appledaily.com/local/20140718/2S2BOTIY73HAO6PDBCNDD2X2SY/.

   ＊譯注：蘋果日報已被查禁
139. 袁源隆，《這時代的吶喊》，31。
140. 同上，31
141. 香港民族黨建黨記者會的錄影，存於YouTube的SOCrecHK頁面，28MAR2016 建黨宣言——香港民族黨建黨記者會(1/3)， https://youtu.be/DVSZakCo9nE.
142. 香港民族黨，《眾議》第1–3期（2016–2017）
143. 《眾議》第四期原本收錄了我的〈基本法基本就是垃圾〉，但之後被腰斬無法出刊。之後香港民族黨被宣布為非法組織的2018年9月24日，香港本地新聞刊出了這篇文章，參見Kevin Carrico, "The Basic Law is Basically Garbage," *Local News,* September 24, 2018, www.localpresshk.com/2018/09/basic-garbage/。

   ＊譯注：本地新聞已被查禁

144. 啟琪，〈衝破無理延伸的中國殖民霸權——史書美「華語語系」理論的啟示〉，《眾議》no. 1（2016年7月），13–19。
145. 同上，13–14
146. Shih Shu-mei, "The Concept of the Sinophone," *PMLA* 126, no. 3 (May 2011): 710. 華語語系理論的概述可參照Shih Shu-mei, Tsai Chien-hsin, and Brian Bernards, eds. *Sinophone Studies: A Critical Reader* (New York: Columbia University Press, 2013)。
147. Shih, "Concept of the Sinophone," 711–714.
148. 啟琪，〈衝破無理延伸的中國殖民霸權〉，19。
149. 周浩輝，〈建構香港民族〉，《眾議》no. 1（2016年7月），8–11。
150. 同上，9
151. 同上，9
152. 同上，9
153. 同上，9–11
154. 同上，11
155. 同上，11
156. 同上，9–11
157. Quenthai，〈中華民族主義對香港的二重殖民〉，獨立媒體，2015年7月25日，https://www.inmediahk.net/node/1036196
158. 周浩輝，〈建構香港民族〉，11。
159. Quenthai，〈從反殖角度看《香港民族論》的不足〉，《眾議》no. 2（2016年1月），44–51。

160. 同上，45
161. 參見周浩輝，〈建構香港民族〉，11。
162. Rogers Brubaker, *Citizenship and Nationhood in France and Germany* (Cambridge, MA: Harvard University Press, 1992).
163. 我也曾經太快支持公民民族主義，因而否定了其他可能。例如 Carrico, "Swarm of the Locusts."。
164. Quenthai，〈從反殖角度看《香港民族論》的不足〉，47–48。
165. Benedict Anderson, *Imagined Communities: On the Origins and Spread of Nationalism* (London: Verso, 1983), 7; and Martin Heidegger, "The Age of the World Picture," in *The Question Concerning Technology and Other Essays* (New York: Garland Publishing, 1977), 142.
166. Quenthai，〈從反殖角度看《香港民族論》的不足〉，47–48。
167. 同上，47–48
168. 同上，48–49
169. 同上，49
170. 同上，49
171. 同上，48–49
172. 同上，49–51
173. 同上，49–51
174. Fredrik Barth, introduction to *Ethnic Groups and Boundaries: The Social Organization of Culture Difference,* ed.Fredrik Barth (Long Grove: Waveland Press, 1998), 9–38 (relationally across a boundary); Quenthai，〈從反殖角度看《香港民族論》的不足〉，49–51。

175. 同上，50–51
176. 同上，50–51
177. 啟琪，〈衝破無理延伸的中國殖民霸權〉。
178. 周浩輝，〈建構香港民族〉。
179. Quenthai，〈從反殖角度看《香港民族論》的不足〉。
180. 習近平，〈從小積極培育和踐行社會主義核心價值觀〉，《習近平談治國理政》（北京，中國外文出版發行事業局，2014），201。
181. 香港民族黨臉書，香港民族黨中學政治啟蒙計劃新聞稿，2016年9月19日，www.facebook.com/hknationalparty/posts/541142572751368/.
182. 明報，〈民族黨：80中學入「啟蒙計劃」 校長斥「向細路埋手不道德」〉，明報，2016年9月20日，https://news.mingpao.com/pns/%E6%B8%AF%E8%81%9E/article/20160920/s00002/1474308150162/%E6%B0%91%E6%97%8F%E9%BB%A8-80%E4%B8%AD%E5%AD%B8%E5%85%A5%E3%80%8C%E5%95%9F%E8%92%99%E8%A8%88%E5%8A%83%E3%80%8D-%E6%A0%A1%E9-%95%B7%E6%96%A5%E3%80%8C%E5%90%91%E7%B4%B0%E8%B7%AF%E5%9F%8B%E6%89%8B%E4%B8%8D%E9%81%93%E5%BE%B7%E3%80%8D
183. 香港民族黨臉書，〈香港民族黨於臺灣出席「亞洲人權迫害與自決」國際記者會新聞稿〉，2016年9月9日，www.facebook.com/hknationalparty/posts/578527842346174/.
184. 自由陣營印太聯盟官網：http://fipa.asia/en/. 北京官媒《大公報》也在〈香港民族黨主席陳浩天公然勾結「蒙獨」〉

中提到，陳浩天二〇一六年與在日蒙古人交流。大公報，2016年11月12日，http://news.takungpao.com.hk/hkol/topnews/2016-11/3390941.html.

185. 香港民族黨臉書，〈民族黨向美國駐港總領事館遞交請願信 要求取消香港關係法〉，2017年8月24日，www.facebook.com/hknationalparty/posts/698259103706380/.

186. Lam Jeunhim,〈陳浩天促特朗普同時制裁中港，港府急回應香港是單獨關稅區〉，蘋果日報，2018年8月20日，https://hk.news.appledaily.com/local/daily/article/20180820/20480322.

187. SOCrecHK, "28MAR2016 gindong syunyihn."

188. 芝蘭榕葉，〈無用之用：公民不合作運動〉，《眾議》no. 2（2017年1月），36–43。

189. 同上，38–39

190. 同上，38–39

191. 同上，38–39

192. 同上，40–41

193. 同上，40–41

194. 同上，41

195. 蘋果日報，〈學生獨立聯盟：港獨係必須走的路〉，蘋果日報，2018年9月28日，https://hk.news.appledaily.com/local/realtime/article/20180928/58736008.

196. 無言，〈香港多元文化背景〉，載於《論歸英：回到英治香港》，81。

197. 無言，〈回到英治政府過去待遇〉，32–33；無言，〈香港多元文化背景〉，載於《論歸英：回到英治香港》（香港，熱血時報，2015），80–81；凱莉塔圖，〈所謂歸英是什麼一回事？〉，載於《論歸英：回到英治香港》（香港，熱血時報,，2015），26。

198. Bruce Gilley, "The Case for Colonialism" (withdrawn from *Third World Quarterly after publication),* accessed at www.nas.org/academic-questions/31/2/the_case_for_colonialism.

199. Gilley, "Case for Colonialism," 3.

200. Peter Sloterdijk, "What Happened in the Twentieth Century? A Critique of Extremist Reason," in *What Happened in the Twentieth Century?* (London: Polity, 2018), 55–81.

201. 殖民者未充分施行真正的民主當然是釀成當下悲劇的重要成因之一，但這整件事遠比人們想得更加複雜。中華人民共和國在一九九七年前就鎮壓了政治改革，相關細節參見 Gwynn Guilford, "The Secret History of Hong Kong's Stillborn Democracy," *Quartz,* October 11, 2014, https://qz.com/279013/the-secret-history-of-hong-kongs-stillborn-democracy/。

202. 無言，〈回到英治政府過去的待遇〉，32；甯思，〈歸英不是為了紀念英治時期〉，載於《論歸英：回到英治香港》（香港，熱血時報，2015），94。

203. 凱莉塔圖，〈回歸回你老祖〉，載於《論歸英：回到英治香港》（香港，熱血時報，2015），70；紫維，〈香港就是香港人的香港〉，載於《論歸英：回到英治香港》（香港，熱血時報，2015），92。

204. 無言，〈回到英治政府過去的待遇〉，33；毛來由，〈英屬自治城邦與維多利亞式皇家殖民地〉，載於《論歸英：

回到英治香港》（香港，熱血時報，2015），124–125；凱莉塔圖，〈所謂歸英是什麼一回事？〉，26。

205. 凱莉塔圖，〈所謂歸英是什麼一回事？〉，26–27。
206. 《中華人民共和國政府和大不列顛及北愛爾蘭聯合王國政府關於香港問題的聯合聲明》，www.cmab.gov.hk/en/issues/jd2.htm。
207. 同上
208. Petersen, "Not an Internal Affair," 896–897.
209. 凱莉塔圖，〈所謂歸英是什麼一回事？〉，22。
210. 同上，22；毛來由，〈英屬自治城邦與維多利亞式皇家殖民地〉，124。
211. 凱莉塔圖，〈港獨或歸英，不是難易的問題，是沒法不做的問題〉，載於《論歸英：回到英治香港》（香港，熱血時報，2015），141。
212. 關於香港未來的各種建議，凱莉塔圖在〈所謂歸英是什麼一回事？〉第24頁中給了分析與批評。
213. 凱莉塔圖，〈所謂歸英是什麼一回事？〉，22；凱莉塔圖，〈港獨或歸英，不是難易的問題，是沒法不做的問題〉，141。
214. 凱莉塔圖，〈所謂歸英是什麼一回事？〉，22。
215. 甯思，〈直布羅陀與香港〉，載於《論歸英：回到英治香港》（香港，熱血時報，2015），137–139。
216. 同上，137–138
217. David Lambert, "'As Solid as the Rock'? Place, Belonging and the Local Appropriation of Imperial Discourse in Gibraltar," *Transactions of the Institute of British Geographers New Series* 30 (2005): 206–220.

218. 同上
219. 毛來由〈西班牙民主化后矛盾〉，載於《論歸英：回到英治香港》（香港，熱血時報，2015），138。
220. 凱莉塔圖，〈所謂歸英是什麼一回事？〉，22；甯思，〈直布羅陀與香港〉，137–138。
221. 同上
222. 同上
223. Peter Sloterdijk, *Critique of Cynical Reason* (Minneapolis: University of Minnesota Press, 1987): 13.
224. 同上，11
225. 同上，14

第三章　宛若國度：港中關係的知識／權力

1. 陳浩，〈與時俱進應對「港獨」軟暴力〉，《福建省社會主義學院學報》no. 5（2014），104。
2. 陳浩，〈與時俱進應對「港獨」軟暴力〉，104。
3. 同上
4. 同上
5. 同上，105–106
6. 同上，106
7. Edward Said, *Orientalism* (New York: Penguin, 2003), 41, 6.
8. Said, *Orientalism,* 42.
9. 同上，5
10. 同上，39、43
11. 同上，3

12. Sadik Jalal al-’Azm.“Orientalism and Oriental-ism in Reverse,” *Khamsin,* no. 8 (1981): 5–26.
13. Gerd Baumann, “Grammars of Identity/Alterity: A Structural Approach.”In *Grammars of Identity/Alterity: A Structural Approach,* ed.Gerd Baummann and Andre Gingrich (New York: Berghahn Books, 2004), 19.
14. 同上，19–20
15. 同上，20
16. 同上，21–24
17. 同上，25
18. 同上，26
19. 請見 Magnus Fiskesjö, “The Legacy of the Chinese Empires Beyond ‘the West and the Rest,’” *Education about Asia* 22, no. 1 (2017): 6–10; and Dru Gladney, “Representing Nationality in China: Refiguring Majority/Minority Identities.” *Journal of Asian Studies* 53, no. 1 (1994): 92–123。
20. Sean Roberts, “The Biopolitics of China’s ‘War on Terror’ and the Exclusion of the Uyghurs,” *Critical Asian Studies* 50, no. 2 (2018): 232–258.
21. Stevan Harrell, “Introduction: Civilizing Projects and the Reaction to Them,” in *Cultural Encounters on China’s Ethnic Frontiers,* ed.Steven Harrell (Seattle: University of Washington Press, 1995), 3–36.
22. Louis Althusser, “Ideology and Ideological State Apparatuses,” in *Lenin and Philosophy and Other Essays* (New York: Monthly Review Press, 1971), 175.

23. 關於人類能不能超越海德格所謂的「眾我」(das Man)，請參見 Hubert L. Dreyfus, Being-in-the-World: A Commentary on Heidegger's "Being and Time" (Cambridge, MA: MIT Press, 1991).
24. 也許會有人認為這種視角來自馬克思主義學界，但這樣的詮釋可能反而是盲點。
25. 請見 Said, *Orientalism,* 7。
26. 習近平訓示特區政府新班子全文，2017年7月1日，https://orientaldaily.on.cc/cnt/news/20170702/00176_014.html，載於李琴，〈「校園港獨」思潮的發展脈絡，形成原因及治理啟示〉，《港澳研究》2（2019年），60。
27. Gene Lin, "CUHK Survey Finds That Nearly 40% of Young Hongkongers Want Independence after 2047," *Hong Kong Free Press,* July 25, 2016, https://hongkongfp.com/2016/07/25/17-hongkongers-support-independence-2047-especially-youth-cuhk-survery/.
28. Susan Blum, *Portraits of "Primitives": Ordering Human Kinds in the Chinese Nation* (Lanham, MD: Rowman & Littlefield, 2001).
29. 田飛龍，〈大灣區建設視野下的香港本土治理新思路〉，《廣州社會主義學院學報》2, no. 65（2019），5–20。
30. 同上，9–10
31. William Callahan, *Contingent States: Greater China and Transnational Relations* (Minneapolis: University of Minnesota Press, 2004), 158.
32. 桑普，〈中國的孤兒：香港〉(Hong Kong: Subculture,

2017)。

33. 田飛龍，〈大灣區建設視野下的香港本土治理新思路〉，5。
34. 黃晨璞，〈青年話港獨思想的成因及本質〉，《廣東青年職業學院學報》31, no. 1（2017年2月），17。魏南枝，〈香港青年本土派的政治崛起與走向〉，《中國青年研究》（2018年5月），12–18頁也有相同的論述。
35. 黃晨璞，〈青年話港獨思想的成因及本質〉，17。
36. 同上，17–18
37. 馮慶想、徐海波，〈香港「港獨」現象溯源與消解〉，《理論研究》340, no. 2（2017年4月），49。 類似說法還有陳曦，〈相對剝奪感與香港青年的政治信任〉，《港澳研究》3（2019），35–44；李偉舜，〈「港獨」問題的危害、緣由及對策〉，《特區理論與實踐》no. 6（2017），60；王俊駿〈試論「港獨」的形成原因、基 本特點及策略選擇〉，《廣東省社會主義學院學報》69, no. 4（2017年10月），55。
38. 陳浩，〈與時俱進應對「港獨」軟暴力〉，104。
39. 田飛龍，〈大灣區建設視野下的香港本土治理新思路〉，7–8。
40. 王俊駿〈試論「港獨」的形成原因、基本特點及策略選擇〉，55。
41. 田飛龍，〈大灣區建設視野下的香港本土治理新思路〉，9–10。
42. 請見 James Pomfret and Venus Wu, "China Pressures Hong Kong to Squash Independence Calls Ahead of Polls:

Sources," Reuters, September 6, 2016, www.reuters.com/article/us-hongkong-election-china/china-pressures-hong-kong-to-squash-independence-calls-ahead-of-poll-sources-idUSKCN1175AO.

43. 中華人民共和國香港特別行政區基本法，2019年3月閱讀英文版，www.basiclaw.gov.hk/en/basiclawtext/images/basiclaw_full_text_en.pdf.
44. Government of Hong Kong Special Administrative Region Press Releases, "EAC's Request to Sign Confirmation Form Has Legal Basis," July 19, 2016, www.info.gov.hk/gia/general/201607/19/P2016071900950.htm.
45. Hong Kong Watch, "Political Screening in Hong Kong: The Disqualification of Candidates and Lawmakers Ahead of the March By-Elections," March 8, 2018, www.hongkongwatch.org/all-posts/2018/3/7/political-screening-in-hong-kong-a-report-on-the-disqualification-of-candidates-and-lawmakers.
46. "Hong Kong Independence Activist Banned from Elections," DW, July 30, 2016, www.dw.com/en/hong-kong-independence-activist-banned-from-elections/a-19438981.
47. Karen Cheung, "Civic Passion Candidate Says Will Not Advocate Independence through Run; HKNP Convenor Refuses to Answer," *Hong Kong Free Press,* July 27, 2016, https://hongkongfp.com/2016/07/27/civic-passion-candidate-says-will-not-advocate-independence-run-hknp-convenor-refuses-answer/; and Kris Cheng, "Another Pro-independence Candidate Barred from Running in Legco Election," *Hong*

Kong Free Press, August 2, 2016, https://hongkongfp.com/2016/08/02/another-pro-independence-candidate-barred-running-legco-election/.

48. Kris Cheng, "Edward Leung of Hong Kong Indigenous Barred from Legco Election," *Hong Kong Free Press,* August 2, 2016, https://hongkongfp.com/2016/08/02/breaking-edward-leung-hong-kong-indigenous-barred-legco-election/.
49. Ellie Ng, "Video: Democratic Lawmakers Stage Protests and Alter Oaths as New Term Kicks Off at Hong Kong Legislature," *Hong Kong Free Press,* October 6, 2016, https://hongkongfp.com/2016/10/12/breaking-democratic-lawmakers-stage-protests-alter-oaths-new-term-kicks-off-hong-kong-legislature/.
50. Zheping Huang and Echo Huang, "A Brief History: Beijing's Interpretations of Hong Kong's Basic Law, from 1999 to the Present Day," *Quartz,* November 7, 2016, https://qz.com/828713/a-brief-history-beijings-interpretations-of-hong-kongs-basic-law-from-1999-to-the-present-day/.
51. 請見，例如 Devin Lin, Valentin Günther, and Mathias Honer, "Interpreting Article 104: The Way, the How, the Timing," *Hong Kong Law Journal* 47 (2017): 475; and Lo Pui-yin, "Enforcing an Unfortunate, Unnecessary and 'Unquestionably Binding' NPCSC interpretation: The Hong Kong Judiciary's Deconstruction of its Construction of the Basic Law," Hong Kong Law Journal 48 (2018): 399。
52. 大公報，〈梁游「港獨」路揭秘〉，大公報，2016

年11月28日，http://news.takungpao.com.hk/hkol/topnews/2016-11/3396789.html.

53. 大公報，〈梁游「港獨」路揭秘〉。
54. 同上
55. 韓姍姍，〈從擅闖駐港軍營看「港獨式」激進運動：特徵、原因及危害〉，《港澳研究》1（2014），78。
56. 祝捷、章小杉，〈「香港本土認同」的歷史敘事與真相，兼評「港獨思潮」的形成與演變〉，《港澳研究》1（2016），12–22。
57. 祝捷、章小杉，〈香港激進本土主義的社會心理學分析〉，《港澳研究》1（2017），3–12。
58. 這種說法也出現在朱涵琦〈港獨思潮的分析以及應對措施〉，《現代商貿工業》25（2018），134–135；李優坤，〈香港重建中國認同中的殖民情結探析〉，《兵團黨校學報》169, no. 6（2017），100–105；劉強，〈香港青年政治參與的「本土化」動向及其應對——對「港獨議員辱國事件」的思考〉，中國青年社會科學, no. 2（2017），45–46；馮慶想、徐海波〈香港「港獨」現象〉與李偉舜〈「港獨」問題的危害、緣由及對策〉，而且都沒有注明出處，似乎表示本章結尾所提到的狀況確實存在，而且有點明顯。
59. 祝捷、章小杉，〈香港本土意識〉，13。
60. 同上，14
61. 祝捷、章小杉，〈香港激進本土主義〉，5。
62. 祝捷、章小杉，〈香港本土意識〉，15。
63. 祝捷、章小杉，〈香港激進本土主義〉，6。

64. 同上
65. 同上，〈香港本土意識〉，6。
66. 請見 Benedict Anderson, *The Specter of Comparisons: Nationalism, Southeast Asia and the World* (New York: Verso, 1998)。
67. 祝捷、章小杉，〈香港激進本土主義〉，6。
68. 祝捷、章小杉，〈香港本土意識〉，18。
69. 祝捷、章小杉，〈香港激進本土主義〉，6。
70. 王萬里，〈「港獨」思潮的演化敘事與法理應對〉，《港澳研究》1（2017），19。
71. Said, *Orientalism,* 41, 6.
72. 陳廣漢、李小瑛，〈以發展經濟和改善民生為中心凝聚香港共識〉，《港澳研究》 3（2015），3–9。
73. 陳廣漢、李小瑛，〈以發展經濟和改善民生為中心凝聚香港共識〉，4–5。
74. 同上，7–9
75. Emily Yeh, Taming Tibet: Landscape Transformation and the Gift of Chinese Development (Ithaca, NY: Cornell University Press, 2013) (Tibet).See Xinhua News, "Vocational Training and Education in Xinjiang," Xinhua News, August 16, 2019, www.xinhuanet.com/english/2019-08/16/c_138313359.htm.
76. 例如田飛龍的〈大灣區建設視野下的香港本土治理新思路〉等文章。
77. 馮慶想、徐海波，〈香港「港獨」現象溯源與消解〉，47。

78. 中華人民共和國香港特別行政區基本法
79. 同上
80. 李懿藝，〈「港獨」言論的識別及其法律規制——以《香港基本法》第23條立法為視角〉，《港澳研究》2（2018），50。
81. 王復春，〈在香港特別行政區制定反分裂國家法〉，《地方立法研究》no. 3（2018年5月15日），78–85。
82. 駱偉建，〈「港獨」言行的違法性分析及其法律規制——澳門法院案例的啟示〉，《港澳研究》4（2016），22–29。
83. 同上，24
84. 同上
85. 同上
86. 王復春，〈在香港特別行政區制定《反分裂國家法》〉，80–81。
87. 韓姍姍，〈從擅闖駐港軍營看「港獨式」激進運動：特徵、原因及危害〉，79–80。
88. 陳毅堅、黃彤，〈遏制「港獨」之立法構想〉，《地方立法研究》2, no. 6（2017年11月15日），32。
89. 祝捷、章小杉，〈主權、國家安全與政制改革：「港獨」的《基本法》防控機制〉，《江漢大學學報（社會科學版）》33, no. 4 （2016年8月），15；以及李懿藝，〈「港獨」言論的識別及其法律規制——以《香港基本法》第23條立法為視角〉，40。
90. 李懿藝，〈「港獨」言論的識別及其法律規制——以《香港基本法》第23條立法為視角〉，51。類似觀點可見於駱偉建，〈「港獨」言行的違法性分析及其法律規制——澳門法院案例的啟示〉，25。

91. 駱偉建，〈「港獨」言行的違法性分析及其法律規制——澳門法院案例的啟示〉，23。
92. Elson Tong, "Pro-independence Hong Kong National Party Appeals against Companies Registry's Denial of Registration," *Hong Kong Free Press,* April 11, 2017, https://hongkongfp.com/2017/04/11/pro-independence-hong-kong-national-party-appeals-companies-registrys-denial-registration/.
93. Austin Ramzy, "Hong Kong Bars Pro-independence Candidate from Election," *New York Times,* July 30, 2016, www.nytimes.com/2016/07/31/world/asia/hong-kong-bars-pro-independence-candidate-from-election.html.
94. Kris Cheng, "Explainer: How Hong Kong Is Seeking to Ban a Paro-independence Party Using Existing National Security Laws," *Hong Kong Free Press,* July 19, 2018, https://hongkongfp.com/2018/07/19/explainer-hong-kong-seeking-ban-pro-independence-party-using-existing-national-security-laws/.
95. Carole Petersen, "Prohibiting the Hong Kong National Party: Has Hong Kong Violated the International Covenant on Civil and Political Rights?," *Hong Kong Law Journal* 48 (2018): 789–805.
96. 同上，797
97. 同上，801–802
98. 同上，803–804

99. 同上，793–794

100. 同上

101. 同上

102. 同上

103. 同上，796–797

104. 石鏡泉，〈陳浩天唔係人〉，《香港經濟日報》，2018年8月17日，https://invest.hket.com/article/2139897/%E9%99%B3%E6%B5%A9%E5%A4%A9%E5%94%94%E4%BF%82%E4%BA%BA.

105. 祝捷、章小杉，〈主權、國家安全與政制改革：「港獨」的《基本法》防控機制〉，12。

106. 李琴，〈「校園港獨」思潮的發展脈絡、形成原因及治理啟示〉，52。

107. 相關討論見Yinghong Cheng, Discourses of Race and Rising China (London: Palgrave Macmillan, 2019).

108. 請見 Kevin Carrico, "Eliminating Spiritual Pollution: A Genealogy of Closed Political Thought in China's Era of Opening," *China Journal,* no. 78 (July 2017): 100–119。

109. 同上

110. 這種用生物政治的隱喻來談論偏離常軌的論述技巧，可參閱 Roberto Esposito, *Bios: Biopolitics and Philosophy* (Minneapolis: University of Minnesota Press, 2008), 119。

111. Margaret Wong, "China Raps Hong Kong over Criticism: Further Erosion Seen in Autonomy," *Associated Press,* May 9, 2004. http://archive.boston.com/news/world/articles/2004/05/09/china_raps_hong_kong_over_criticism/.

112. 同上

113. 李優坤，〈香港重建中國認同中的殖民情結探析〉，100–105。

114. 同上，103

115. 石鏡泉，〈陳浩天唔係人〉。

116. 同上

117. 同上

118. 同上

119. Esposito, *Bios,* 126.

120. 李優坤，〈香港重建中國認同中的殖民情結探析〉，104。

121. 同上

122. 參見艾斯波西托對畸形突變論的看法，*Bios*，121。

123. Esposito, *Bios,* 121.

124. 李優坤，〈香港重建中國認同中的殖民情結探析〉，102。劉秀倫、葉新璐，〈「港獨」分離主義對青年國家認同的影響與應對策略〉，《當代青年研究》357, no. 6（2018），126頁也有類似的論述。

125. 李優坤，〈香港重建中國認同中的殖民情結探析〉，102。

126. Gilles Deleuze and Felix Guattari, *Anti-Oedipus: Capitalism and Schizophrenia* (Minneapolis: University of Minnesota Press, 1977), 168; see also the discussion of the Oedipus complex as the blackmail of desire in Rob Weatherill, *The Anti-Oedipus Complex: Lacan, Critical Theory and Postmodernism* (London: Routledge, 2017), 23.

127. Niklas Luhmann, *Social Systems* (Stanford, CA: Stanford University Press, 1995), 373–374.

128. 徐莉，〈根除「政治病毒」 香港由亂轉治返正軌〉，《文匯報》，2020年7月3日，http://paper.wenweipo.com/2020/07/03/PL2007030004.htm.

129. Luhmann, *Social Systems,* 370.

130. Esposito, *Bios,* 116.

131. 霸權的反啟蒙傾向，來自 Peter Sloterdijk, Critique of Cynical Reason (Minneapolis: University of Minnesota Press, 1987)。他在論文中以對話與拒絕對話，重新詮釋了啟蒙的意義。

132. 王復春，《在香港特別行政區制定反分裂國家法》，81。

133. 強世功，《中國香港：文化與政治的視野》（香港，牛津大學出版社，2008）。

134. 中國人寫了很多論述，研究「香港人為何不了解中國，甚至不了解香港」。參見彭藹，〈香港青少年國家認同困境及對策分析〉，《課程教育研究》；李鵬，〈「港獨」思潮的興起、主張及其危害論析〉，《黑龍江社會科學》；王俊駿，〈試論「港獨」的形成原因、基本特點及策略選擇〉，《廣東省社會主義學院學報》；韓姍姍，〈從擅闖駐港軍營看「港獨式」激進運動：特徵、原因及危害〉。

135. Said, *Orientalism,* 3.

136. 同上

137. 徐承恩，《城邦舊事：十二本書看香港本土史》（香港，紅出版，2014），72。

結語

1. Cheung Yuk-man, "'Liberate Hong Kong, the Revolution of Our Times': The Birth of the First Orient Nation in the Twenty-First Century," in *Research Handbook on Nationalism*,ed. Liah Greenfeld and Zeying Wu (Cheltenham, UK: Edward Elgar, 20200, 328.
2. Lewis Loud, "Hong Kong's Protestors Are Resisting China with Anarchy and Principle," *New York Times,* June 28, 2019, www.nytimes.com/2019/06/28/opinion/hong-kong-protests-extradition-china.html.
3. Lewis Loud, "Hong Kong and the Independence Movement That Doesn't Know Itself," *New York Times,* September 27, 2019, ww.nytimes.com/2019/09/27/opinion/hong-kong-umbrella.html.

參考資料

Al-Azm, Sadik Jalal. "Orientalism and Orientalism in Reverse." *Khamsin*, no. 8 (1981): 5–26.

Allen, Jamie. *Seeing Red: China's Uncompromising Takeover of Hong Kong.* Singapore: Butterworth-Heinemann Asia, 1997.

Althusser, Louis. "Ideology and Ideological State Apparatuses." In *Lenin and Philosophy and Other Essays*, 127–186. New York: Monthly Review Press, 1971.

Anderson, Benedict. *Imagined Communities: Reflections on the Origins and Spread of Nationalism*. New York: Verso, 1983.

———. *The Specter of Comparisons: Nationalism, Southeast Asia and the World.* New York: Verso, 1998.

Apple Daily. "*Hohksaang duhklaahp lyuhnmahng: Gongduhk haih bitseui jau dik louh*" [Students' Independence Union: Hong Kong independence is the only path for- ward]. September 28, 2018. Accessed April 1, 2020. https://hk.news.appledaily.com/local/realtime/article/20180928/58736008.

———. "*Tihn Bakjeun waaileuhn: jan pousyun yuh gongduhk mouh yih*" [James Tian's crazy comment: Genuine universal suffrage no different from Hong Kong independence]. July 18, 2014. Accessed July 2020. https://hk.appledaily.com/local/2014 0718/2S2BOTIY73HAO6PDBCNDD2X2SY/.

Aristotle. *The Politics*. Translated by T. A. Sinclair. Revised by Trevor J. Sauders. New York: Penguin, 1982.

Barron, Laignee. "Hong Kong Democracy Activist Joshua Wong Disqualified from Upcoming Election." *Time*, October 29, 2019. Accessed February 10, 2020. https://time.com/5712824/joshua-wong-hong-kong-disqualified-district-elections/.

Barth, Fredrik. Introduction to *Ethnic Groups and Boundaries: The Social Organization of Culture Difference*, edit Press, 1998.

Basic Law of the Hong Kong Special Administrative Region of the People's Republic of China. Accessed March 2019. www.basiclaw.gov.hk/en/basiclawtext/images/basiclaw_full_text_en.pdf.

Bateson, Gregory. "Form, Substance, and Difference." In *Steps to an Ecology of Mind*, 454–471. Chicago: University of Chicago Press, 1972.

Baumann, Gerd."Grammars of Identity/Alterity: A Structural Approach." In *Grammars of Identity/Alterity: A Structural Approach*, edited by Gerd Baummann and Andre Gingrich, 18–50. New York: Berghahn Books, 2004.

Blum, Susan. *Portraits of "Primitives": Ordering Human Kinds in the Chinese Nation*. Lanham, MD: Rowman & Littlefield, 2001.

Branigan, Tania. "Chinese Figures Show Fivefold Rise in Babies Sick from Contaminated Milk." *Guardian*, December 2, 2008. Accessed March 2021. www.theguardian.com/world/2008/dec/02/china.

Brubaker, Rogers. *Citizenship and Nationhood in France and Germany*. Cambridge, MA: Harvard University Press, 1992.

Cabrillac, Bruno. "A Bilateral Trade Agreement between Hong Kong and China: CEPA." *China Perspectives* 54 (July–August 2004): 1–13.

Callahan, William. *Contingent States: Greater China and Transnational Relations*. Minneapolis: University of Minnesota Press, 2004.

Carrico, Kevin. "The Basic Law Is Basically Garbage." *Local News*. September 24, 2018. Accessed March 2021. https://www.localpresshk.com/2018/09/basic-garbage/.

———. "Eliminating Spiritual Pollution: A Genealogy of Closed Political Thought in China's Era of Opening." *China Journal*, no. 78 (July 2017): 100–119.

———. "From Citizens Back to Subjects: Constructing National Belonging in Hong Kong's National Education Center." In *From a British to a Chinese Colony? Hong Kong before and after the 1997 Handover*, edited by Gary Chi-hung Luk, 259–284. Berkeley: Institute of East Asian Studies China Research Monograph, 2017.

———. *The Great Han: Race, Nationalism, and Tradition in China Today*. Oakland: University of California Press, 2017.

———."Swarm of the Locusts: The Ethnicization of Hong Kong-China relations." In *Yellow Perils: China Narratives in the Contemporary World*, edited by Franck Billé and Sören Urbansky, 197–220. Honolulu: University of Hawaii Press, 2018.

Central Government of the People's Republic of China. "*Xianggang juban jiben fa banbu 25 zhounian zhanlan*" [Hong Kong hosts an exhibition to mark the twenty-fifth anniversary of the Basic Law]. April 4, 2015. Accessed May 2019. www.gov.cn/xinwen/2015–04/04/content_2842992.htm.

———."*Xianggang tequ 22 ri juban 'jiben fa banbu shiliu nian yantao hui'*" [Hong Kong SAR hosts a conference on the 16th anniversary of the Basic Law]. Accessed May 2019. www.gov.cn/jrzg/2006–04/22/content_260906_2.htm.

Centre for Communication and Public Opinion Survey. "The Identity and National Identification of Hong Kong People: Survey Results." July 2016. Accessed May 2019. www.com.cuhk.edu tity_Survey%20Results_2016

Chan, Johannes. "Judicial Independence: Controversies on the Constitutional Jurisdiction of the Court of Final Appeal of the Hong Kong Special Administrative Region." *International Lawyer* 33 (1999): 1015–1040.

Chan, Kelvin. "Economists Say CEPA Benefits HK and the Mainland." *South China Morning Post*, September 13, 2003. Accessed August 2019. www.scmp.com/article/427772/economists-say-cepa-benefits-hk-and-mainland.

Chen Guanghan and Li Xiaoying."*Yi fazhan jingji he gaishan minsheng wei zhongxin ningju Xianggang gongshi*" [Consolidate a Hong Kong consensus via economic development and livelihood improvement]. *Hong Kong-Macao Studies* 3 (2015): 3–9.

Chen Hao. "*Yu shi ju jin yingdui 'gangdu' 'ruan baoli'*" [Responding to the domestic violence of HK independence in step with the times]. *Journal of the Fujian Institute of Socialism* 104, no. 5 (2015): 104–106.

Chen Yi. "*Xiangdui boduogan yu Xianggang qingnian de zhengzhi xinren*" [Relative deprivation and political trust among youth in Hong Kong]. *Hong Kong-Macao Studies* 3(2019): 35–44.

Chen Yijian and Huang Tong. "*Ezhi 'gangdu' zhi lifa gouxiang*" [Legislative design of regulating the so-called Hong Kong separatist activities]. *Local Legislation Journal* 2, no. 6 (November 15, 2017): 28–38.

Cheng Chung-tai and Jonathan Kan. *Geibunfaat goileuhng choyih* [A preliminary discussion of reforms to the Basic Law]. Hong Kong: Passiontimes, 2017.

Cheng Ka Ming."Medical Tourism: Chinese Maternity Tourism to Hong Kong." *Current Issues in Tourism* 19, no. 14 (2016): 1479–1486.

Cheng, Kris. "Another Pro-independence Candidate Barred from Running in Legco Election." *Hong Kong Free Press*, August 2, 2016. Accessed August 2020. https://hongkongfp.com/2016/08/02/another-pro-independence-candidate-barred-running-legco-election/.

———."Edward Leung of Hong Kong Indigenous Barred from Legco Election." *Hong Kong Free Press*, August 2, 2016. Accessed August 2020. https://hongkongfp.com/2016/08/02/breaking-edward-leung-hong-kong-indigenous-barred-legco-election/.

———. "Explainer: How Hong Kong Is Seeking to Ban a Pro-independence Party Using Existing National Security Laws." *Hong Kong Free Press*, July 19, 2018. Accessed August 2020. https://hongkongfp.com/2018/07/19/explainer-hong-kong-seeking-ban-pro-independence-party-using-existing-national-security-laws/.

———."Lingnan University President Warns Localist Professor to'Mind Your Words or Suffer the Consequences." *Hong Kong Free Press*, November 12, 2015. Accessed March 2021. https://hongkongfp.com/2015/11/12/lingnanu-president-warns-localist-prof-to-mind-your-words-or-suffer-the-consequences/.

Cheng, Margaret Harris. "Hong Kong Attempts to Reduce Influx of Pregnant Chinese." *Lancet* 369 (2007): 981–982.

Cheng Yinghong. *Discourses* ondon: Palgrave Macmillan, 2019.
Cheung, Alvin Y. H. "Road to Nowhere: Hong Kong's Democratization and China's Obligations under Public International Law."*Brooklyn Journal of International Law* 40, no. 2 (2015): 465–545.
Cheung, Karen. "Civic Passion Candidate Says Will Not Advocate Independence through Run; HKNP Convenor Refuses to Answer." *Hong Kong Free Press*, July 27, 2016. https://hongkongfp.com/2016/07/27/civic-passion-candidate-says-will-not-advocate-independence-run-hknp-convenor-refuses-answer/.
Cheung Yuk-man." 'Liberate Hong Kong, the Revolution of Our Times': The Birth of the First Orient Nation in the Twenty-First Century." In *Research Handbook on Nationalism,* edited by Liah Greenfeld and Zeying Wu, 312–333. Cheltenham, UK: Edward Elgar, 2020.
Chin Wan. *Heimohng jingjih: Sihngbong jyukyuhn leuhn II* [The politics of hope: On Hong Kong as a sovereign city-state II]. Hong Kong: Subculture Publishing, 2016.
———. *Heunggong sihngbong leuhn* [On Hong Kong as a city-state]. Hong Kong: Enrich Publishing, 2011.
———. *Heunggong waihmahn leuhn* [On Hong Kong as a bastion of loyalism]. Hong Kong: Subculture Publishing, 2013.
———. *Sihngbong jyukyuhn leuhn* [On Hong Kong as a sovereign city-state]. Hong Kong: Subculture Publishing, 2015.
Chinese Association of Hong Kong-Macao Studies. "About Us." Accessed September 2019. www.cahkms.org/HKMAC/webView/mc/AboutUs_1.html?0101&%E6%9C%AC%E4%BC%9A%E7%AE%80%E4%BB%8B.
Ching Cheong. "*Chung sahpbaatdaaih hon Heunggong deihah jungguhng dongyuhn kwaimouh*" [An assessment of the number of underground CCP members in Hong Kong based on insights from the 18th Party Congress]. *Mingpao*, November 28, 2012. Accessed April 10, 2020. www.hkfront.org/20121201ch.htm.
Chow, Jason."*Ginkaw Heunggong mahnjuhk*" [Constructing a Hong Kong nationality]. *Comitium*, no. 1 (July 2016): 8–11.
Davis, Michael C. "Interpreting Constitutionalism and Democratization in Hong Kong." In *Interpreting Hong Kong's Basic Law: The Struggle for Coherence*, edited by Hualing Fu, Lison Harris, and Simon N. M. Young, 77–95. London: Palgrave Macmillan, 2007.
Dean, Kenneth, and Brian Massumi. *First and Last Emperors: The Absolute State and the Body of the Despot*. New York: Autonomedia, 1992.
Deleuze, Gilles, and Felix Guattari. *Anti-Oedipus: Capitalism and Schizophrenia*. Minneapolis: University of Minnesota Press, 1977.
———. *A Thousand Plateaus: Capitalism and Schizophrenia*. Vol. 2. Minneapolis: University of Minnesota Press, 1987.

Dixon, Robyn, and Ryan Ho Kilpatrick. "'I Thought I Was about to Die': Eyewitnesses Describe Brutal Beatings by Hong Kong Police." *Los Angeles Times*, September 2, 2019. Accessed March 2020. www.latimes.com/world-nation/story/2019–09–02/hong-kong-police-violence-protesters-eyewitnesses.

Dreyfus, Hubert. *Being-in-the-World: A Commentary on Heidegger's "Being and Time"*. Cambridge, MA: MIT Press, 1990.

Esposito, Roberto. *Bios: Biopolitics and Philosophy*. Minneapolis: University of Minnesota Press, 2008.

Feng Qingxiang and Xu Haibo."*Xianggang 'gangdu' xianxiang shuyuan yu xiaojie*" [Origins of the"Hong Kong independence" phenomenon and its elimination]. *Theoretical Research* 340, no. 2 (April 2017): 47–52.

Feuerwerker, Albert. "China's Modern Economic History in Communist Chinese Historiography." *China Quarterly* 22 (June 1965): 31–61.

Fiskesjö, Magnus. "The Legacy of the Chinese Empires Beyond 'the West and the Rest.'" *Education about Asia* 22, no. 1 (2017): 6–10.

Fokstuen, Anne R."The 'Right of Abode' Cases: Hong Kong's Constitutional Crisis." *Hastings International and Comparative Law Review* 26 (2003): 265–288.

Fong, Brian. "One Country, Two Nationalisms: Center-Periphery Relations between Mainland China and Hong Kong, 1997–2016." *Modern China* 43, no. 5 (2017): 523–556.

Friedman, Jonathan. *PC Worlds: Political Correctness and Rising Elites at the End of Hegemony.* New York: Berghahn Books, 2019.

Gilley, Bruce. "The Case for Colonialism." Withdrawn from *Third World Quarterly* after publication. Accessed April 2020. www.nas.org/academic-questions/31/2/the_case_for_colonialism.

Gladney, Dru. "Representing Nationality in China: Refiguring Majority/Minority Identities." *Journal of Asian Studies* 53, no. 1 (1994): 92–123.

Glucksmann, André. *The Master Thinkers*. New York: Harper & Row, 1980.

Godelier, Maurice. *The Enigma of the Gift*. Chicago: University of Chicago Press, 1999.

Government of Hong Kong Special Administrative Region Press Releases. "EAC's Request to Sign Confirmation Form Has Legal Basis." July 19, 2016. Accessed August 2020. www.info.gov.hk/gia/general/201607/19/P2016071900950.htm.

Greenfeld, Liah. *Nationalism: A Short History*. Washington, DC: Brookings Institution Press, 2019.

———. *Nationalism: Five Roads to Modernity*. Cambridge, MA: Harvard University Press, 1993.

Griffiths, James."Hong Kong Moves to Disqualify More Pro-democracy Lawmakers."

CNN, December 2, 2016. Accessed February 15, 2020. https://edition.cnn.com/2016/12/02/asia/hong-kong-lawmakers-oathgate/index.html.

Guildford, Gwynn. "The Secret History of Hong Kong's Stillborn Democracy." *Quartz*, October 11, 2014. Accessed March 12, 2021. https://qz.com/279013/the-secret-history-of-hong-kongs-stillborn-democracy/.

Han Shanshan. "*Cong shanchuang zhu Gang junying kan 'Gangdu shi' jijin yundong: tezheng, yuanyin ji weihai*" [Thoughts on the Radical Hong Kong Independence Movement Based on the Intrusion into the PLA Barracks: Characteristics, Causes, and Risks]. *Hong Kong and Macau Journal* 1 (2014): 73–82.

Harrell, Stevan."Introduction: Civilizing Projects and the Reaction to Them." In *Cultural Encounters on China's Ethnic Frontiers*, edited by Stevan Harrell, 3–36. Seattle: University of Washington Press, 1995.

Heidegger, Martin."The Age of the World Picture." In *The Question Concerning Technology and Other Essays*, 115–154. New York: Garland Publishing, 1977.

Hicks, George. *Hong Kong Countdown*. Hong Kong: Writers' & Publishers' Cooperative, 1989.

"Hong Kong Independence Activist Banned from Elections." DW. July 30, 2016, www .dw .com /en /hong-kong-independence-activist-banned-from-elections/a-19438981.

Hong Kong National Party, eds. *Comitium*, nos. 1–3 (2016–2017).

Hong Kong National Party Facebook page. "*Heunggong mahnjuhk dong junghohk jingjih kaimuhng gaiwaahk sanmahn gou*" [Press release on Hong Kong National Party middle school political enlightenment scheme]. September 19, 2016. Accessed May 12, 2020. www.facebook.com/hknationalparty/posts/541142572751368/.

———. "*Heunggong mahnjuhk dong yu Toihwaan cheutjihk ajau yahnkyuhn baakhoih yuh jikyut gwokjai geije wuih sanmahn gou*" [Press release on Hong Kong National Party's attendance at the "Human rights, persecution, and self-determination" international press conference held in Taiwan]. December 9, 2016. Accessed May 12, 2020. .www.facebook.com/hknationalparty/posts/578527842346174/.

———. "*Mahnjuhk dong heung Meihgwok jyugong lihngsihgun gaau chingyuhnseun, yiukauh cheuixiao Heunggong gwaanhaih faat*" [National Party delivers petition to United States' Consulate in Hong Kong, requesting that the US abolish the Hong Kong Policy Act]. August 24, 2017. Accessed May 12, 2020. www.facebook.com/hknationalparty/posts/698259103706380/

Hong Kong Tourism Board. "Annual Report, 2014/15, Tourism Performance." 2015. Accessed March 2019. www.discoverhongkong.com/eng/about-hktb/annual-report/annual-report-20142015/tourism-performance/.

Hong Kong Trade and Industry Department."Mainland and Hong Kong Closer Economic Partnership Agreement." 2003. Accessed August 2020. www.tid.gov.hk/english/cepa/legaltext/fulltext.html.

Hong Kong Watch. "Political Screening in Hong Kong: The Disqualification of Can- didates and Lawmakers Ahead of the March By-Elections," March 8, 2018. Accessed August 2020. www.hongkongwatch.org/all-posts/2018/3/7/political-screening-in-hong-kong-a-report-on-the-disqualification-of-candidates-and-lawmakers.

Hsiung, James. "The Hong Kong SAR: Prisoner of Legacy or History's Bellwether?" In *Hong Kong the Super Paradox: Life after Return to China*, edited by James Hsiung, 307–348. New York: St. Martin's Press, 2000.

———. "Introduction: The Paradox Syndrome and Update." In *Hong Kong the Super Paradox: Life after Return to China*, edited by James Hsiung, 1–31. New York: St. Martin's Press, 2000.

Huang Chenpu."*'Qingnianhua' Gangdu sixiang de chengyin ji benzhi*" [The causes and essence of young people's "Hong Kong independence" thought]. *Journal of Guangdong Youth Vocational College* 31, no. 1 (February 2017): 15–19.

Huang Zheping and Echo Huang. "A Brief History: Beijing's Interpretations of Hong Kong's Basic Law, from 1999 to the Present Day." *Quartz*, November 7, 2016. Accessed August 2020. https://qz.com/828713/a-brief-history-beijings-interpretations-of-hong-kongs-basic-law-from-1999-to-the-present-day/.

Hui Lei."*Genchu 'zhengzhi bingdu,' Xianggang you luan zhuangzhi fan zhenggui*" [Eliminate political viruses, so that Hong Kong can recover to normal]. *Wen Wei Po*, July 3, 2020. Accessed August 2020. http://paper.wenweipo.com/2020/07/03/PL2007030004.htm.

International Covenant on Civil and Political Rights. Accessed February 20, 2020. www.ohchr.org/en/professionalinterest/pages/ccpr.aspx.

International Covenant on Economic, Social, and Cultural Rights. Accessed February 20, 2020. www.ohchr.org/en/professionalinterest/pages/cescr.aspx.

Jiang Shigong. *Zhongguo Xianggang: Wenhua yu zhengzhi de shiye* [China's Hong Kong: A political and cultural perspective]. Hong Kong: Oxford University Press, 2008.

Jilaahn Yuhngyihp. "*Mouhyuhng ji yuhng: gungmahn bat hahpjok wahnduhng*" [The use of the useless: on civil disobedience]. *Comitium* 2 (January 2017): 36–43.

Jiwaih. "*Heunggong, jauhsih Heunggong yahn dik Heunggong*" [Hong Kong is the Hong Kong people's Hong Kong]. In *Leuhn gwaiying: wuih dou yingjih Heunggong* [On returning to the UK: Recapturing a British-ruled Hong Kong], 92–94. Hong Kong: Passiontimes, 2015.

Joint Declaration of the Government of the United Kingdom of Great Britain and Northern Ireland and the Government of the People's Republic of China on the Question of Hong Kong. Accessed February 20, 2020. www.cmab.gov.hk/en/issues/jd2.htm.

Kaeding, Malte Philipp."The Rise of 'Localism' in Hong Kong." *Journal of Democracy* 28, no. 1 (January 2017): 157–171.

Kai Keih. "*Chungpo mouhleih yihnsan dik junggwok jihkmahn bakyun: Shi Shu-mei 'wahyuh' yuhhaih leihleuhn dik kaisih*" [Disrupting China's ever-expanding colonial hegemony: Insights from Shih Shu-mei's Sinophone Theory]. *Comitium*, no. 1 (July 2016): 13–19.

Kellogg, Thomas. "Legislating Rights: Basic Law Article 23, National Security, and Human Rights in Hong Kong." *Columbia Journal of Asian Law* 17 (2004): 307–369.

King, Ambrose Yeo-chi. "Administrative Absorption of Politics in Hong Kong: Emphasis on the Grassroots Level." *Asian Survey* 15, no. 5 (May 1975): 422–439.

Kong, Karen. "*Kong Yunming v.* Director of Social Welfare: Implications for Law and Policy on Social Welfare." *Hong Kong Law Journal* 44, no. 1 (2014): 67–82.

Kong Tsung-gan. *Umbrella: Kong*. Detroit: Pema Press, 2017.

Lady Kylie. "*Gongduhk waahk gwaiying batsih naahnyih dik mahntaih sih muhtfaat bat- jouh dik mahntaih*" [Hong Kong independence or returnism: not a question of what is easier or harder, but rather a question of necessity]. In *Leuhn gwaiying: Wuih dou yingjih Heunggong* [On returning to the UK: Recapturing a British-ruled Hong Kong], 140–146. Hong Kong: Passiontimes, 2015.

———. "*Sowaih gwaiying sih sahmmo yat wuihsih*" [What is this "returning to the UK" idea?]. In *Leuhn gwaiying: Wuih dou yingjih Heunggong* [On returning to the UK: Recapturing a British-ruled Hong Kong], 22–30. Hong Kong: Passiontimes, 2015.

———. "*Wuihgwai wuih neih louh juhk*" [Return? Return to your mom!]. In *Leuhn gwaiying: wuih dou yingjih Heunggong* [On returning to the UK: Recapturing a British-ruled Hong Kong], 67–77. Hong Kong: Passiontimes, 2015.

LaFraniere, Sharon."Mainland Chinese Flock to Hong Kong to Give Birth." *New York Times*, February 22, 2012. Accessed February 19, 2020. www.nytimes.com/2012/02/23/world/asia/mainland-chinese-flock-to-hong-kong-to-have-babies.html.

Lam Hong Ching. *Heunggong kongjaang wahnduhng si I: Chobaaih dik saam sahp nihn fausik* [A history of Hong Kong's struggle, vol. 1, Dissecting 30 years of failure]. Hong Kong: Subculture, 2014.

———. *Heunggong kongjaang wahnduhng si II: Jung-gong deuikyut* [A history of Hong Kong's struggle, vol. 2, The Hong Kong-China standoff]. Hong Kong: Subculture, 2015.

———. *Hohkmahn duhkbaahk* [Scholarism monologues]. Hong Kong: Subculture, 2013.

Lam Jeunhim. "*Chan Ho-tin chuk Dahklohngpou tuhngsih jaichoih Jung Gong, Gong-fu gap wuihying Heunggong sih daanduhk gwaanseui kuei'*" [Andy Chan calls on Trump to sanction both China and Hong Kong, the Hong Kong government urgently responds "Hong Kong is a separate customs territory"]. *Apple Daily*, August 20, 2018. Accessed May 1, 2020. https://hk.news.appledaily.com/local/daily/article/20180820/20480322.

Lambert, David."'As Solid as the Rock'? Place, Belonging and the Local Appropriation of Imperial Discourse in Gibraltar." *Transactions of the Institute of British Geographers* New Series 30 (2005): 206–220.

Lee, Ching Kwan, and Ming Sing, eds. *Take Back Our Future: An Eventful Sociology of the Hong Kong Umbrella Movement*. Ithaca, NY: Cornell University Press, 2019.

Lee, Jack. "*Heunggong sihfau yingyauh mahnjuhk jihkyut dik kyuhnlei?*" [Should Hong Kong have the right to self-determination?]. In *Undergrad* Editorial Board, ed., "*Heunggong mahnjuhk, mihngwahn jihkyut*" [Hong Kong nationality, self-determination of our own future]. *Undergrad* (February 2014): 34–37.

Leung Kai-ping. Introduction to *Undergrad* Editorial Board, ed., "*Heunggong mahnjuhk, mihngwahn jihkyut*" [Hong Kong nationality, self-determination of our own future]. *Undergrad* (February 2014): 22–23.

———. "*Jungwuhn chithaahn jangyih yuh buntou jingjih guhngtuhngtai*" [The local political community and t the removal of welfare eligibility limits]. In Undergrad Editorial Board, ed., "Heunggong mahnjuhk, mihngwahn *jihkyut*" [Hong Kong nationality, self-determination of our own future]. *Undergrad* (February 2014): 24–26.

Li Feng. *Early China: A Social and Cultural History*. Cambridge: Cambridge University Press, 2013.

———. "'Feudalism' and Western Zhou China: A Criticism." *Harvard Journal of Asiatic Studies* 63, no. 1 (2003): 115–144.

Li Peng."*'Gangdu' sichao de xingqi, zhuzhang jiqi weihai lunxi*" [An analysis of the origins, main proposals, and harms of the "Hong Kong independence" trend]. *Social Sciences in Heilongjiang*, no. 4 (2017): 19–24.

Li Qin."*'Xiaoyuan gangdu' sichao de fazhan mailuo, xingcheng yuanyin ji zhili qishi*" [The pro-independence movement on Hong Kong's campus: Its evolution, causes, and implications]. *Hong Kong-Macao Studies* 2 (2019): 52–61.

Li Weishun. "*'Gangdu' wenti de weihai, yuanyou ji duice*" [The origins and dangers of "Hong Kong independence," as well as countermeasures]. *Practice and Theory of SEZs*, no. 6 (2017): 59–67.

Li Yiyi."*'Gangdu' yanxing de shibie jiqi falü guizhi-yi 'Xianggang jibenfa' di ershisan tiao lifa wei shijiao*" [Detection and legal regulation of "Hong Kong Independence" speech: A perspective from Article 23 of the Hong Kong Basic Law]. *Hong Kong-Macao Studies* 2 (2018): 40–53.

Li Youkun. "*Xianggang chongjian Zhongguo rentong Zhong de zhimin qingjie tanxi*" [An exploration of Hong Kong's colonial complex in the process of reconstructing Chi- nese identity in the city]. *Journal of the Party School of Xinjiang Production and Con- struction Corps of the Chinese Communist Party* 169, no. 6 (2017): 100–105.

Lian Yi-zheng."*Taahm wuhjiu gwokjihk: leuhn gongyahn sihngwaih siusou mahnjuhk*" [Of passports and nationalities: On designating the Hong Kong people as a minority nationality]. *Hong Kong Economic Journal*, November 6, 2012. www1.hkej.com/dailynews/article/id/644727/%E8%AB%87%E8%AD%B7%E7%85%A7%E5%9C%8B%E7%B1%8D%E2%80%94%E2%80%94%E8%AB%96%E6%B8%AF%E4%BA%BA%E6%88%90%E7%82%BA%E5%B0%91%E6%95%B8%E6%B0%91%E6%97%8F.

Liberal Party. "Survey on the Removal of Welfare Eligibility Limits." January 6, 2014. www.liberal.org.hk/index.php?option=com_content&view=article&id=900&mid=49&lang=tc&__cf_chl_captcha_tk__=5131a30cdd5bb6d09a69c78261f65c861beb7fc7–1588591776–0–AWj2ivFFFrsIsT66nC909U2o5h8vUdNHIIqgd YjJac79jlTIIxthR59H15Q6VFYkwOa91VkI6u8RMPVDXXYjAh_YLAipg8kxv WtJOG4KJMAB1sz3ppYv-BGerwcuTkaTeJ6lrWCuV5B-0zygdlhZ6jORlc ZYduhUaxlj1obudNUSrsp91Xk61pPKMNZIb2fadauNKAzVT5gDNKD 9iAUHy0lUj_yN_o93hR7QVpdt5OuRmw38qm8_GHuXucEmLx4xOqlc OSuo2_wCluCnQMWxMbnZkWtAEYcFqzlY_2zIN6–uFblsaTYqag0L5_0T2 Sp1erE-MHYDgIph2iRfZTfiQ0jHijlxDDdN3–GCfZGJHD0j29WxNs J-2SVeOZfje-8hD3nDpVDLxXIXlExmD2mda6itDgNob_5C0O9eQ3ch9o9Q ObUfG7oCBAV5UjoNCQXJfJ46tygv5_HzfNPQbmJjvQknG4qDgSfQYGF cu0bo4SxQG0XMhlkAEsUyGr_Qjo16VMzpMgZun5PeLJ8P-vNRfkjnIAyEt16QV1bgLGf0vCBSrR4z_aGwroebiCWt62nOieW_dvKFtqeyImM7a MVz62sN_ffgTLFlz1zii-3TxNk9UdHFbXUQv-1uYGZYlFpnEQ.

Lin, Devin, Valentin Günther, and Mathias Honer."Interpreting Article 104: The Way, the How, the Timing." *Hong Kong Law Journal* 47 (2017): 475.

Lin, Gene."CUHK Survey Finds Nearly 40% of Young Hongkongers Want Independence after 2047." *Hong Kong Free Press*, July 25, 2016. Accessed February 2020. https://hongkongfp.com/2016/07/25/17–hongkongers-support-independence-2047–especially-youth-cuhk-survery/.

Liu Qiang."*Xianggang qingnian zhengzhi canyu de 'bentuhua' dongxiang ji qi ying-dui- dui 'gangdu yiyuan chenguo shijian' de sikao*" [The trend of "localism" in the political participation of Hong Kong youth and countermeasures—reflections on "Hong Kong independence legislators insulting the nation"]. *Chinese Youth Social Science*, no. 2 (2017): 43–49.

Liu Xiulun and Ye Xinlu."*'Gangdu' fenli zhuyi dui qingnian guojia rentong de yingxiang yu yingdui celüe*" [Influence of "Hong Kong independence movement" separatism on the youth's national identity and its countermeasures]. *Contemporary Youth Research* 357, no. 6 (2018): 123–128.

Lo Pui-yin. "Enforcing an Unfortunate, Unnecessary and 'Unquestionably Binding' NPCSC Interpretation: The Hong Kong Judiciary's Deconstruction of Its Construction of the Basic Law." *Hong Kong Law Journal* 48 (2018): 38.

Local Studio. *Hong Kong Is Not China*. Hong Kong: Local Studio, 2015.

Loud, Lewis. "*Syunguei yuh foguei*" [Elections as an imperial examination]. In *Ngoh maihsat joih jeh cheuhng jihkmahn yauhhei* [I am lost in this colonial game], 26–30. Hong Kong: Ideate Trails Press, 2018.

———. "Hong Kong and the Independence Movement That Doesn't Know Itself." *New York Times*, September 27, 2019. Accessed August 2020. nytimes.com/2019/09/27/opinion/hong-kong-umbrella.html.

———. "Hong Kong's Protestors Are Resisting China with Anarchy and Principle." *New York Times*, June 28, 2019. Accessed August 2020. nytimes.com/2019/06/28/opinion/hong-kong-protests-extradition-china.html.

Luhmann, Niklas. *Political Theory in the Welfare State*. Berlin: Walter De Gruyter, 1990.

———. *Social Systems*. Stanford, CA: Stanford University Press, 1995.

Luk, Kiano. "How Does Mainlandization Affect Hong Kong's Tourism Industry." In *Mainlandization of Hong Kong: Pressures and Responses*, edited by Joseph Yu-shek Cheng, Jacky Chau-kiu Cheung, and Beatrice Kit-fun Leung, 151–188. Hong Kong: City University of Hong Kong Press, 2017.

Luo Weijian. "*'Gangdu' yanxing de weifaxing fenxi jiqi falü guizhi—Aomen fayuan anli de qishi*" [Analysis of illegality about statements and actions of "Hong Kong independence" and the legal regulations: Enlightenments from the case of Macao courts]. *Hong Kong-Macao Studies* 4 (2016): 22–29.

Lyotard, Jean-François. *The Differend: Phrases in Dispute*. Minneapolis: University of Minnesota Press, 1988.

———. *La Guerre des Algériens:* Écrits, *1956–1963*. Edited by Mohammed Ramdani. Paris: Galilée, 1989.

Ma, Eric Kit-wai, and Joseph Man Chan. "Global Connectivity and Local Politics: SARS, Talk Radio, and Public Opinion." In *SARS: Reception and Interpretation in Three Chinese Cities*, edited by Deborah Davis and Helen Siu, 19–44. London:

Routledge, 2007.
Ma Ngok."Civil Society in Self-Defense: The Struggle against National Security Legislation in Hong Kong." *Journal of Contemporary China* 14, no. 44 (2005): 465–482.
Mann, James. *The China Fantasy: Why Capitalism Will Not Bring Democracy to China*. New York: Penguin, 2008.
Mauss, Marcel. *The Gift: Expanded Edition*. Chicago: Hau Books, 2016.
Mingpao. "*Mahnjuhk dong: 80 junghohk yahp 'kaimuhng gaiwaahk,' haauhjeung chik 'heung sailou maaihsau bat douhdak*" [National Party: 80 middle schools involved in "enlightenment scheme," school principal declares "targeting kids is immoral"]. *Mingpao*, September 20, 2016. Accessed May 1, 2020. https://news.mingpao.com/pns/%E6%B8%AF%E8%81%9E/article/20160920/s00002/1474308150162/%E6%B0%91%E6%97%8F%E9%BB%A8–80%E4%B8%AD%E5%AD%B8%E5%85%A5%E3%80%8C%E5%95%9F%E8%92%99%E8%A8%88%E5%8A%83%E3%80%8D-%E6%A0%A1%E9%95%B7%E6%96%A5%E3%80%8C%E5%90%91%E7%B4%B0%E8%B7%AF%E5%9F%8B%E6%89%8B%E4%B8%8D%E9%81%93%E5%BE%B7%E3%80%8D.
Mouh Loihyauh. "*Saibaanngah mahnjyufa hauh maauhteuhn*" [Tensions after Spain's democratization]. In *Leuhn gwaiying: wuih dou yingjih Heunggong* [On returning to the UK: Recapturing a British-ruled Hong Kong], 134–139. Hong Kong: Passiontimes, 2015.
———. "*Yingsuhk jihjih sihngbong yuh waihdoleiha sik wohngga jihkmahndeih*" [A UK- held self-ruling city-state and a Victorian-style royal colony]. In *Leuhn gwaiying: Wuih dou yingjih Heunggong* [On returning to the UK: Recapturing a British-ruled Hong Kong], 124–127. Hong Kong: Passiontimes, 2015.
Mouhyihn. "*Heunggong doyuhn mahnfa buiging*" [Hong Kong's multicultural background]. In *Leuhn gwaiying: Wuih dou yingjih Heunggong* [On returning to the UK: Recapturing a British-ruled Hong Kong], 80–82. Hong Kong: Passiontimes, 2015.
———. "*Wuihdou yingjih jingfu gwoheui dik doihyuh*" [Recapturing the UK's Hong Kong governance model]." In *Leuhn gwaiying: Wuih dou yingjih Heunggong* [On returning to the UK: Recapturing a British-ruled Hong Kong], 31–34. Hong Kong: Passiontimes, 2015.
Ng, Ellie. "Video: Democratic Lawmakers Stage Protests and Alter Oaths as New Term Kicks Off at Hong Kong Legislature." *Hong Kong Free Press*, October 6, 2016. Accessed August 2020. https://hongkongfp.com/2016/10/12/breaking-democratic -lawmakers-stage-protests-alter-oaths-new-term-kicks-off-hong-kong-legislature/.
Nihngsi. "*Gwaiying bat sih waihliuh geinihm yingjih sihkeih*" [Returning to the UK is not just for nostalgia]. In *Leuhn gwaiying: Wuih dou yingjih Heunggong* [On

returning to the UK: Recapturing a British-ruled Hong Kong], 94–97. Hong Kong: Passiontimes, 2015.
———. "*Jihkboulohtaap yuh Heunggong*" [Gibraltar and Hong Kong]. In *Leuhn gwaiying: Wuih dou yingjih Heunggong* [On returning to the UK: Recapturing a British-ruled Hong Kong], 137–139. Hong Kong: Passiontimes, 2015.
Peng Ai."*Xianggang qingshaonian guojia rentong kunjing ji duice fenxi*" [Analysis of the challenges of national identification among Hong Kong youth and possible policy responses]. *Course Education Research* 32 (2018): 20–21.
Pepper, Suzanne. *Keeping Democracy at Bay: Hong Kong and the Challenges of Chinese Political Reform*. Lanham, MD: Rowman & Littlefield, 2008.
Petersen, Carole. "Hong Kong's Spring of Discontent: The Rise and Fall of the National Security Bill in 2003." In *National Security and Fundamental Freedoms: Hong Kong's Article 23 under Scrutiny*, edited by Carole Petersen, Fu Hualing, and Simon N. M. Young, 13–62. Hong Kong: Hong Kong University Press, 2005.
———."National Security Offences and Civil Liberties in Hong Kong: A Critique of the Government's 'Consultation' on Article 23 of the Basic Law." *Hong Kong Law Journal* 32 (2002): 457–470.
———. "Not an Internal Affair: Hong Kong's Right to Internal Autonomy and Self-Determination under International Law." *Hong Kong Law Journal* 49, no. 3 (2019): 883–904.
———. "Prohibiting the Hong Kong National Party: Has Hong Kong Violated the International Covenant on Civil and Political Rights?" *Hong Kong Law Journal* 48 (2018): 789–805.
Pils, Eva. "The Party's Turn to Public Repression: An Analysis of the '709' Crackdown on Human Rights Lawyers in China." *China Law and Society Review* 3, no. 1 (2018): 1–48.
Piuchan, Manisa, Chi Wa Chan, and Jack Kaale. "Economic and Socio-cultural Impacts of Mainland Chinese Tourists on Hong Kong Residents." *Kasetsart Journal of Social Sciences* 39 (2018): 9–14.
Pomfret, James, and Venus Wu."China Pressures Hong Kong to Squash Independence Calls ahead of Polls: Sources." Reuters, September 6, 2016. Accessed August 2020. www.reuters.com/article/us-hongkong-election-china/china-pressures-hong-kong-to-squash-independence-calls-ahead-of-poll-sources-idUSKCN1175AO.
Powers, John. *The Buddha Party: How the People's Republic of China Works to Define and Control Tibetan Buddhism*. Oxford: Oxford University Press, 2017.
Public Opinion Programme. "Ethnic Identity-Chinese in Broad Sense (per Poll, by Age Group), August 1997–June 2019." Last updated June 2019. Accessed January 2020. www.hkupop.hku.hk/english/popexpress/ethnic/eidentity/chibroad/poll/datatables.html.

———. "People's Ethnic Identity." Last updated June 2019. Accessed January 2020. www.hkupop.hku.hk/english/popexpress/ethnic/index.html.
Qin, Amy, and Tiffany May. , New Bridge Has a Downside: 'That Kind of Tourist,.' " *New York Times,* November 23, 2018. Accessed May 2020. www .nytimes .com /2018 /11 /23 /world /asia /china -hong-kong-tung-chung.html.
Quenthai. "*Chuhng faanjihk gokdouh hon 'Heunggong mahnjuhk leuhn' dik batjuk*" [A critique of *Hong Kong Nationalism* from an anti-colonial perspective]. *Comitium*, no. 2 (January 2017): 44–51.
———. "*Jungwah mahnjuhk jyuyih deui Heunggong dik yihchuhng jihkmahn*" [Chinese nationalism's dual colonization of Hong Kong]. InMedia HK, July 25, 2015. AAccessed April 18, 2020. www.inmediahk .net /node /1036196.
Ramdani, Mohammed. "L'Algérie: Un différend." In *La Guerre des Algériens:* Écrits, *1956–1963*, edited by Mohammed Ramdani, 9–31. Paris: Galilée, 1989.
Ramzy, Austin."Hong Kong Bars Pro-independence Candidate from Election." *New York Times*, July 30, 2016. Accessed March 2021. www.nytimes.com/2016/07/31/world/asia/hong-kong-bars-pro-independence-candidate-from-election.html.
Rée, Jonathan."Internationality." *Radical Philosophy* 60 (Spring 1992): 3–11.
Ringen, Stein. *The Perfect Dictatorship: China in the 21st Century*. Hong Kong: Hong Kong University Press, 2016.
Roberti, Mark. *The Fall of Hong Kong: China's Triumph and Britain's Betrayal.* New York: John Wiley & Sons, 1996.
Roberts, Sean. "The Biopolitics of China's 'War on Terror' and the Exclusion of the Uyghurs." *Critical Asian Studies* 50, no. 2 (2018): 232–258.
RTHK. "Demosistō Drops 'Self-Determination' Clause." RTHK, January 11, 2020. Accessed January 15, 2020. https://news.rthk.hk/rthk/en/component/k2/1502283-20200111.htm?spTabChangeable=0.
Said, Edward. *Orientalism.* New York: Penguin, 2003.
Sang Pu. *Junggwok dik guyih: Heunggong yahn* [China's orphan: The Hong Kong people]. Hong Kong: Subculture, 2017.
Scott, Ian. *Political Change and the Crisis of Legitimacy in Hong Kong*. Honolulu: Uni- versity of Hawaii Press, 1989.
Shek, Arthur."*Chan Ho-tin mh haih yahn*" [Andy Chan is not a human being]. *Hong Kong Economic Times*, August 17, 2018. Accessed August 2020. https://invest.hket.com/article/2139897/%E9%99%B3%E6%B5%A9%E5%A4%A9%E5%94%94%E4%BF%82%E4%BA%BA.
Shih Shu-mei. "The Concept of the Sinophone." *PMLA* 126, no. 3 (May 2011): 709–718.
Shih Shu-mei, Tsai Chien-hsin, and Brian Bernards, eds. *Sinophone Studies: A Critical Reader*. New York: Columbia University Press, 2013.

Siu Kit. *Heunggong buntoh wahnduhng si I* [A history of the localist movement in Hong Kong, vol. 1]. Hong Kong: Passiontimes, 2019.

———. *Heunggong buntoh wahnduhng si II* [A history of the localist movement in Hong Kong, vol. 2]. Hong Kong: Passiontimes, 2019.

———. *Wohngtin giksaat bong* [Heaven's hit list]. Hong Kong: Passiontimes, 2018.

Skinner, G. William, and pliance Succession in Rural Communist China: A Cyclical Theory." In *A Sociological Reader on Complex Organizations*, edited by Amitai Etzioni, 410–438. New York: Holt, Rinehart, and Wilson, 1969.

Sloterdijk, Peter. *Critique of Cynical Reason*. Minneapolis: University of Minnesota Press, 1987.

———. *Terror from the Air*. Los Angeles: Semiotext(e), 2009.

———. "What Happened in the Twentieth Century? A Critique of Extremist Reason." In *What Happened in the Twentieth Century?*, 55–81. London: Polity, 2018.

SOCrecHK. *"28MAR2016 gindong syunyihn—Heunggong Mahnjuhk dong gindong geihjewuih* (1/3)" [March 28, 2016 announcement of the founding of the party—Hong Kong National Party press conference]. Accessed May 1, 2020. https://youtu.be/DVSZakCo9nE.

Sontag, Susan. *Illness as Metaphor and AIDS and Its Metaphors*. London: Picador, 2001.

Stand News."*Chingnihn sanjing dang luhk joujik jou lyuhnmahng jin laahp wuih, cheung 2021 Heunggong jihkyut gungtauh*" [Youngspiration and five other organizations establish an alliance to win seats in the legislative council, call for a 2021 referendum on self-determination]. Stand News, April 10, 2016. Accessed April 15, 2016. www.thestandnews.com/politics/%E9%9D%92%E5%B9%B4%E6%96%B0%E6%94%BF%E7%AD%89%E5%85%AD%E7%B5%84%E7%B9%94–%E7%B5%84%E8%8 1%AF%E7%9B%9F%E6%88%B0%E7%AB%8B%E6%9C%83–%E5%80%A12021% E9%A6%99%E6%B8%AF%E8%87%AA%E6%B1%BA%E5%85%AC%E6%8A%95/.

Ta Kung Pao. "*Diuhchah: Leung Yau duhklouh kitbei; Gaauyuhk yihmjuhng satbaaih, seui faansi*" [Investigation: Revealing Yau and Leung's path to "independence"; a failure in education that requires reflection]. *Ta Kung Pao*, November 28, 2016. Accessed July 2020. http://news.takungpao.com.hk/hkol/topnews/2016–11/3396789.html.

———. "*'Heunggong mahnjuhk dong' Chan Ho-tin gungyihn ngaugit 'Muhngduhk'*" [Hong Kong National Party's Andy Chan openly colludes with "Mongolian independence"]. *Ta Kung Pao*, November 12, 2016. Accessed March 26, 2020. http://news.takungpao.com.hk/hkol/topnews/2016–11/3390941.html.

Tai, Benny."The Principle of Minimum Legislation for Implementing Article 23 of the

Basic Law." *Hong Kong Law Journal* 32 (2002): 579–612.
Tian Feilong."*Dawan qu jianshe shiye xia de Xianggang bentu zhili xin silu*" [New direc- tions in the administration of Hong Kong from the perspective of developing the Greater Bay Area]. *Journal of Guangzhou Institute of Socialism* 65, no. 2 (2019): 5–20.
Tong, Elson."Pro-independence Hong Kong National Party Appeals against Companies Registry's Denial of Registration." *Hong Kong Free Press*, April 11, 2017. Accessed March 2021. https://hongkongfp.com/2017/04/11/pro-independence-hong-kong-national-party-appeals-companies-registrys-denial-registration/.
Tsang, Steve. *A Modern History of Hong Kong*. London: I. B. Tauris, 2007.
Tsering Topgyal. *China and Tibet: The Perils of Insecurity*. London: Hurst, 2016.
Tsering Woeser. *Tibet on Fire: Self-Immolations against Chinese Rule*. New York: Verso, 2016.
Tsui Sing Yan. *Heunggong: Watchou dik gabong, buntou gundim dik Heunggong yuhn- lauh si* [Hong Kong: A national history, second edition]. Taipei: Rive Gauche Publishing, 2019
———. *Sihngbong gauhsih: Sahpyih bun syu hon Heunggong buntou si* [A history of the city-state: Reading Hong Kong local history through twelve books]. Hong Kong: Red Publishing, 2014.
———. *Sisok gabong: Junggwok jihkmahn jyuyih kohng chiuh hah dik Heunggong* [on my homeland: Hong Kong under Chinese colonization]. Taipei: Avanguard Publishing, 2019.
Undergrad Editorial Board, ed. *Heunggong mahnjuhk leuhn* [Hong Kong nationalism]. Hong Kong: Hong KRongeUvniiveerwsity cUondperygradounatelyStudent Union Publishing, 2015.
———. "*Heunggong mahnjuhk, mihngwahn jihkyut*" [Hong Kong nationality, self-determination of our own future]. *Undergrad* (February 2014).
———. "*Heunggong, mahnjyu, duhklaahp*" [Hong Kong, democracy, independence]. *Undergrad* (September 2014).
United Nations General Assembly."General Assembly Resolution 1514 of 14 December 1960: Declaration on the Granting of Independence to Colonial Countries and People." December 14, 1960. https://www.ohchr.org/EN/Professional Interest/Pages/Independence.aspx.
United Press International (UPI). "Text of Address by Jiang Zemin." June 30, 1997. www.upi.com/Archives/1997/06/30/Text-of-address-by-Jiang-Zemin/8090867643200/.
Veg, Sebastian. "The Rise of 'Localism' and Civic Identity in Post-Handover Hong Kong." *China Quarterly* 230 (June 2017): 323–347.

Wang Fei-ling. *The China Order: Centralia, World Empire, and the Nature of Chinese Power*. Albany: State University of New York Press, 2017.

Wang Fuchun. "*Lun Xianggang tequ fan fenlie guojia lifa*" [On establishing an anti-secession law for the HKSAR]. *Local Legislation Journal* 3, no. 3 (May 15, 2018): 78–85.

Wang Junjun."*Shilun 'gangdu' de xingcheng yuanyin, jiben tedian ji celue xuanze*" [A preliminary examination of the causes and basic characteristics of Hong Kong independence, as well as options for responding to this phenomenon]. *Journal of Guangdong Institute of Socialism* 69, no. 4 (October 2017): 55–57.

Wang Wanli. "*'Gangdu' sichao de yanhua qushi yu fali yingdui*" [The evolutionary trend and legal response to the thought of "Hong Kong independence"]. *Hong Kong-Macao Studies* 1 (2017): 13–25.

Weatherill, Rob. *The Anti-Oedipus Complex: Lacan, Critical Theory and Postmodernism*. London: Routledge, 2017.

Wei Nanji. "*Xianggang qingnian bentupai de zhengzhi jueqi yu zouxiang*" [The political rise and future direction of Hong Kong's young localists]. *China Youth Research* (May 2018): 12–18.

Williams, James. *Lyotard and the Political.* London: Routledge, 2000.

Wong Chun Kit. Introduction to *Heunggong mahnjuhk leuhn* [Hong Kong nationalism], edited by *Undergrad* Editorial Board, 13–21. Hong Kong: Hong Kong University Undergraduate Student Union Publishing, 2015.

Wong, Joshua (with Jason Ng). *Unfree Speech: The Threat to Global Democracy and Why We Must Act Now*. New York: W. H. Allen, 2020.

Wong, Margaret. "China Raps Hong Kong over Criticism: Further Erosion Seen in Autonomy." Associated Press, May 9, 2004. Accessed August 2020. http://archive.boston.com/news/world/articles/2004/05/09/china_raps_hong_kong_over_criticism/.

Wong Wang-chi. *Lihksi dik chahmchuhng: Chuhng Heunggong hon Junggwok daaihluhk dik Heunggongsi leuhnseuht* [The burden of history: A Hong Kong perspective on the mainland discourse of Hong Kong history]. Oxford: Oxford University Press, 2000.

Wu, Venus, and Greg Torode. "Hong Kong Lawmakers Condemn 'Unlawful' Disqualification of Candidate." Reuters, January 29, 2018. Accessed March 30, 2020. www.reuters.com/article/us-hongkong-politics/hong-kong-lawyers-condemn-unlawful-disqualification-of-candidate-idUSKBN1FI0U4.

Wu Rwei-ren."The Lilliputian Dreams: Preliminary Observations of Nationalism in Okinawa, Taiwan and Hong Kong." *Nations and Nationalism* 22, no. 4 (2016): 686–705.

Xi Jinping."Foster and Practice Core Socialist Values from Childhood." In *The Governance of China*, 200–205. Beijing: Foreign Languages Press, 2014.

Xinhua News. "Vocational Training and Education in Xinjiang." *Xinhua News*, August 16, 2019. www.xinhuanet.com/english/2019-08/16/c_138313359.htm.

———. "*Xianggang juban jianianhua huodong tuiguang jiben fa*" [Hong Kong hosts a carnival to promote the Basic Law]. *Xinhua News*, February 21, 2009. Accessed July 2020. http://news.sohu.com/20090221/n262382186.shtml.

Yam, Bernard. "Cross-Border Childbirth between Mainland China and Hong Kong: Social Pressures and Policy Outcomes." *PORTAL: Journal of Multidisciplinary International Studies* 8, no. 2 (2011): 1–13.

Yeh, Emily. *Taming Tibet: Landscape Transformation and the Gift of Chinese Development*. Ithaca, NY: Cornell University Press, 2013.

Yuen Yuen-lung. "*Jeh sihdoih dik naahp-haam: Heunggong, mahnjyu, duhklaahp*" [An era's call to arms: Hong Kong, democracy, independence]. In *Undergrad* Editorial Board, ed., "*Heunggong, mahnjyu, duhklaahp*" [Hong Kong, democracy, independence]. *Undergrad* (September 2014): 30–32.

Zhao Jinqiu."The SARS Epidemic under China's Media Policy." *Media Asia* 30, no. 4 (January 2003): 191–196.

Zhu Hanqi."*Gangdu sichao de fenxi yiji yingdui suoshi*" [An analysis of the"Hong Kong independence" trend and and countermeasures]. *Modern Business Trade Industry* 25 (2018): 134–135.

Zhu Jie and Zhang Xiaoshan. *Critique of Hong Kong Nativism: From a Legal Perspective.* Singapore: Springer, 2019.

———. "*XXianggang bentu yishi' de lishixing shuli yu huanyuan*" [A historical narration and restoration of "Hong Kong's sense of nativeness," with a review of the formation and evolution of "Hong Kong independence" thought]. *Hong Kong and Macao Studies* 1 (2016): 12–22.

———. "*Xianggang jijin bentu zhuyi zhi shehui xinli toushi* [A Psycho–social Perspective on Radical Localism in Hong Kong]." *Hong Kong and Macao Studies* 1 (2017): 3–12.

———. "*Zhuquan, guojia anquan yu zhengzhi gaige: 'gangdu' de 'jiben fa' fangkong jizhi*" [Sovereignty, national security, and political reform: Prevention mechanism against "Hong Kong Independence" under the Hong Kong Basic Law]. *Journal of Jianghan University (Social Science Edition)* 33, no. 4 (August 2016): 12–19.

亞當斯密 026
異國兩制：從香港民族主義到香港獨立
Two Systems, Two Countries: A Nationalist Guide to Hong Kong

作　　者　凱大熊（Kevin Carrico）
譯　　者　盧靜、劉維人

堡壘文化有限公司
總 編 輯　簡欣彥
副總編輯　簡伯儒
責任編輯　張詠翔
封面設計　mollychang.cagw
內文排版　家思排版工作室
行銷企劃　許凱棣、黃怡婷

出版　堡壘文化有限公司
發行　遠足文化事業股份有限公司
（讀書共和國出版集團）
地址　231新北市新店區民權路108-3號8樓
電話　02-22181417
Email　service@bookrep.com.tw
郵撥帳號　19504465 遠足文化事業股份有限公司
客服專線　0800-221-029
網址　http://www.bookrep.com.tw
法律顧問　華洋法律事務所　蘇文生律師
印製　韋懋實業有限公司
初版1刷　2023年6月
定價　新臺幣480元
ISBN　978-626-7240-65-6
EISBN　9786267240618 (EPUB)
EISBN　9786267240625 (PDF)

國家圖書館出版品預行編目（CIP）資料

異國兩制：從香港民族主義到香港獨立 / 凱大熊（Kevin Carrico）作；劉維人，盧靜譯. -- 初版. -- 新北市：堡壘文化有限公司出版：遠足文化事業股份有限公司發行, 2023.06
面；　公分. --（亞當斯密；26）
譯自：Two systems, two countries : a nationalist guide to Hong Kong
ISBN 978-626-7240-65-6（平裝）

1. CST: 中國政治制度　2. CST: 一國兩制
3. CST: 香港問題　4. CST: 香港特別行政區

573.938　　112007367